Helmut Blatt

SEHNSUCHT NACH DEM EWIGEN

Helmut Blatt

Sehnsucht nach dem Ewigen

Eine himmlische Entdeckungsreise

francke

Über die Autor:

Helmut Blatt ist „Bibellehrer“ im besten Sinne des Wortes. Seine Tätigkeit als Referent im Außendienst für die Studien- und Lebensgemeinschaft Tabor (Marburg) umfasst Lehre, Predigt und Evangelisation. Er ist verheiratet und Vater von 4 erwachsenen Kindern. Mit seiner Frau Rosi lebt er in Lohra bei Marburg.

Als Bibelübersetzung wurde, wenn nicht anders vermerkt, die revidierte Elberfelder Übersetzung genommen. Unterstreichungen und Fett im Bibeltext wurden vom Verfasser vorgenommen.

Bibliografische Information Der Deutschen Bibliothek
Die Deutsche Bibliothek verzeichnet diese Publikation in der Deutschen Nationalbibliografie; detaillierte bibliografische Daten sind im Internet über http://dnb.ddb.de abrufbar.

ISBN 978-3-86827-412-7

Umschlaggestaltung: Verlag der Francke-Buchhandlung GmbH / Sven Gerhardt
Satz: Verlag der Francke-Buchhandlung GmbH
Druck und Bindung: CPI Moravia Books, Korneuburg

www.francke-buch.de

Inhaltsverzeichnis

Vorwort

Als ich meinem 60. Geburtstag entgegeneilte, fragte ich mich: Über was hast du in den vergangenen 35 Jahren nur wenig gepredigt? Da fiel mir bald das Thema „Himmel" ein. Ich sagte mir: In dieser Welt bin ich „nur" zu einem Zwischenstopp als ein Hindurcheilender. Dort, wo du für immer und ewig sein wirst, hatte bis jetzt nicht gerade die erste Priorität in deinen biblischen Studien. Du hast dich viele Jahre mit der Erreichung von Menschen beschäftigt, die noch keine Beziehung zu Jesus Christus hatten und tust es immer noch. Du hast viele lehrhaft-seelsorgerliche Predigten gehalten. Das alles war und ist gut. Aber dort, wo du für immer sein wirst, welche Rolle spielt das in deinem Leben? Für deine Reisen in Deutschland und darüber hinaus hast du manche Zeit investiert. Du hast die Landkarten vieler europäischer Länder studiert. Manches hast du zu deinen Zielorten in Asien oder Südamerika gelesen. Nun wird es aber nötig Zeit zu investieren, um dich mit der himmlischen „Landkarte", der ewigen Herrlichkeit Gottes zu beschäftigen. Zudem geht es in diesem Buch um die Frage, welche Rolle der Himmel heute spielt, als die uns umgebende Welt Gottes. Von der inneren Ausrichtung des Paulus las ich schon vor vielen Jahren:

> *„... da wir nicht das Sichtbare anschauen, sondern das Unsichtbare; denn das Sichtbare ist zeitlich, das Unsichtbare aber ewig"* (2.Kor 4,18).

So entstanden diese Zeilen zum Himmel, der Ewigkeit Gottes. Öfters wurde mir das Herz warm bei dem, was die Bibel dazu sagt. Gerne gebe ich die gewiss nicht alles umfassende kleine Studie weiter. Sie ist für solche gedacht, die eine lebendige Hoffnung haben durch die Auferstehung Jesu von den Toten. Sie wendet sich an die, die sich nach dem Himmel sehnen und an die, denen diese Sehnsucht verloren gegangen ist. Sie will resignierte, frustrierte Christen ebenso erreichen, wie diejenigen, die bis in die Haarspitzen durch den Heiligen Geist motiviert sind.

Der Himmel ist die entscheidende Realität für alles, was diese Welt beeinflusst. Dort fallen die Entscheidungen, die die Ereignisse in unserer sichtbaren Welt bestimmen. Darauf können Christen Einfluss nehmen. Wir haben direkten Zugang zu der Schaltzentrale des Universums. Somit ist das Thema Himmel auch ein sehr praktisches für die bedrängenden Probleme und Widerwärtigkeiten heute. Die Mitteilungen über den Himmel entlassen uns in die Tauglichkeit für die Herausforderungen von heute. Denn niemals waren Christen wirksamer in und unentbehrlicher für diese Welt, als die Ewigkeit einen weiten Raum in ihren Gedanken einnahm. Mit dem Himmel im Herzen sind Christen nicht zu bremsen und aufzuhalten. Zum Segen für die Welt und zur Ehre ihres einzigartigen Herrn Jesus Christus.

„Weil es meine Heimat ist“

Neulich stand ein kurzes Statement meiner Frau in unserem örtlichen Mitteilungsblatt. Dort gab es eine Aktion: „Ich liebe (Name unseres Ortes), weil …“ Dieser kurze Satz sollte dann mit einer persönlichen Aussage ergänzt werden. Meine Frau schrieb dann dahinter: „… weil es meine Heimat ist“. Diese fünf Worte fand die Redaktion erwähnenswert. Und so erschien dieser kurze aber nicht weniger aussagekräftige Satz im Mitteilungsblatt. Ich fand darin den Grund für die Beschäftigung mit dem Thema dieses Buches treffend formuliert. „Warum schreibe ich ein Buch über den Himmel?“ Gibt es nichts Besseres und Wichtigeres in dieser Welt zu tun, werden manche fragen? Gibt es keine drängenderen Aufgaben, mit denen man seine kurze Lebenszeit füllen sollte? Gewiss wäre das Leben verfehlt, wenn man sich „nur“ mit dem Himmel beschäftigen würde.

Unsere ausweglosen Probleme liegen mit darin begründet, dass wir uns zu wenig mit der ewigen Heimat beschäftigen.

Aber das ist wohl nicht die Gefahr von uns Christen im satten Westen des 21. Jahrhunderts. Unsere vielfältigen und oft auch ausweglosen Probleme liegen vielleicht zutiefst darin begründet, dass wir uns zu wenig mit der ewigen Heimat beschäftigen. Dabei meine ich nicht, dass wir uns besonders mit spektakulären Berichten über Jenseitserfahrungen abfüllen sollten. In diesem vorliegenden Buch geht es mir um etwas anderes. Ich möchte uns Christen bewegen, mehr darüber nachzudenken, was Gott in seinem Wort über sich und seinen Himmel sagt. Denn nur Gottes Offenbarung in seinem Wort kann uns ganz gewisse Fakten über unsere himmlische Heimat sagen. Ohne jeden bitteren Beigeschmack, ohne jede Übertreibung, ohne spekulative Äußerungen und ohne leere Versprechungen. Ewigkeit macht alltagstauglich, schon immer. Warum? Sie hat Goldgrund und schließt uns Schatzkammern auf, die wir in dieser Welt vergeblich suchen, aber so sehr benötigen: Zuversicht, Hoffnung, Lichtblicke.

Ewigkeit macht alltagstauglich, schon immer.

Wir brauchen einen festen Blick auf die Ewigkeit. Der Himmel ist die ewige Heimat. Sie wartet auf jeden, der im Vertrauen auf Gottes Wort und seiner Gnade lebt. Der Himmel ist unsere eigentliche Heimat, das sagt uns unser Schöpfer und Erlöser. Denn wir haben hier, bei allem Schönen, das wir heute bestimmt auch besitzen und genießen dürfen (auf diesen Hinweis legen wir ja so großen Wert), keinen bleibenden Aufenthaltsort (Hebr 13,14). Diese Welt ist „nur" Durchgangsstation zum Ewigen und Unvergänglichen. Wir befinden uns „nur" auf der Durchreise. Wir dürfen wie die Hindurcheilenden sein, das ewige Ziel fest vor Augen. Darauf möchten die folgenden Ausführungen etwas den Blick hinwenden. Die Vorfreude auf die ewige Herrlichkeit soll geweckt werden.

Diese Welt ist „nur" Durchgangsstation zum Ewigen. Wir befinden uns auf der Durchreise.

Nicht zuletzt habe ich aber diese kleine Studie für mich selbst geschrieben. Immer noch neige ich so sehr dazu, mich in dieser Welt mit ihren Herausforderungen einzugraben. Im Alltagsgeschäft vergesse ich nur zu schnell, dass ich mich im Vorläufigen befinde. Zu schnell verwischen sich die Grenzen für das, was vergänglich ist und für das, was für ewig bleibt. Ich drohe mich im Gestrüpp irdischer Herausforderungen zu verheddern. Zu schnell verflüchtigt sich die Ewigkeitshoffnung, wird zur Bedeutungslosigkeit abgestempelt und nur noch verschwommen wahrgenommen. Vor lauter Effizienzdenken wird manchmal die Beschäftigung mit dem Ewigen aus meinem geschäftigen Alltag wegrationalisiert. Ich meine es mir nicht leisten zu können, Zeit zu nehmen und meinen Blick fest auf die Ewigkeit zu richten. Hier und jetzt sei ich gefragt und gefordert. Aber solche Einstellung benötigt dringend einer Korrektur.

Unser Leben braucht mehr Oasen. Gott gibt sie uns reichlich, wenn wir uns die Augen dafür öffnen lassen. Wir sind sklavisch vor den Karren eines Zeitgeistes gespannt, dessen Kennzeichen die Hetze und der Distress sind. Vergessen wir nicht: Wer schneller lebt ist früher am Ziel und nicht selten schneller am Rande des Abgrunds. Ausgelaugte Menschen sind nicht gerade attraktiv. Über viele Jahre gilt in unserer hochtechnisierten Welt: Wer etwas auf sich hält, hat auch schon seinen Burnout gehabt. Eine Modekrankheit als Ausweis für die eigene Wichtigkeit und Unabkömmlichkeit. Die Chronik vom Himmel löst und befreit von diesen destruktiven Lebensmustern. Sie will

Die Chronik vom Himmel löst und befreit von destruktiven Lebensmustern.

ein Stoppzeichen setzen bei unserem Rennen und Jagen auf der Überholspur. Fahr einmal raus auf den Rastplatz „Ewigkeit". Lass sie neu dein Leben durchwehen. Atme tief bei Gottes Zukunftsverheißungen durch. Komme bei dem Ewigen an, schon gleich jetzt in diesem Moment. Danke Gott, dass er mich immer willkommen heißt. Ohne die erdrückenden religiösen Vorleistungen, die wir meinen bringen zu müssen und zu denen wir oft nicht mehr fähig sind. Er stellt keinen Forderungskatalog auf, wenn ich bei ihm zur Ruhe kommen will. Wenn nötig steige aus und lass mal den wieder ans Ruder, der dich nicht zu neuen Hochgeschwindigkeitsrekorden antreibt. Lass Jesus wieder neu dein Hirte werden. Mit Oasen kennt er sich gut aus. Nach wie vor führt er uns gerne zu „stillen Wassern" und „erquickt meine Seele" (Ps 23). Er gönnt uns die Wüsteninseln. Und er hat seine Freude an dir, wenn du öfters dort zur Ruhe kommst. Er selbst ist die Oase. Nach wie vor gilt die Einladung Jesu:

> *„Kommt her zu mir, alle ihr Mühseligen und Beladenen! Und ich werde euch Ruhe geben" (Mt 11,28).*

Den Augen von uns Christen würde wieder mehr Glanz gut stehen. Die Angst um so vieles frisst die Freude auf, die doch ein Erkennungszeichen von Christen sein darf. Der Glanz in den Augen unserer Enkel erinnert mich neu an meine Bestimmung als Kind des himmlischen Vaters in dieser Welt. Wie können sich solche Kleinen ganz der Fürsorge ihrer Eltern anvertrauen, ohne jedes Wenn und Aber. Vertrauensvoll stürzen sie sich in die starken Arme ihrer Vertrauenspersonen. Diesen Glanz sah ich bei meinen Indienreisen in den Augen der Kinder, die alle weit unter der Armutsgrenze leben.

Und diesen Glanz vermisse ich manchmal so sehr, wenn ich in den Spiegel schaue. Müde und matt, manchmal auch ängstlich sind meine Augen nach strapaziösen Diensten für den Herrn der Ewigkeit. Ob der himmlische Vater den Dienst für ihn und das Leben mit ihm so verstanden hat? Mich hat die Beschäftigung mit dem Himmel wieder etwas auf Spur gebracht. Hin und wieder musste ich ein Stopp setzen und Gott einfach anbeten, über seinen guten und ewigen Gedanken mit meinem Leben. Das wünsche ich jedem, der sich auf die folgenden Gedanken einlässt. Glanz in den Augen soll mit die beste Werbung für das Evangelium sein. Wir sollten doch nicht erst durch die Fußballfans des „BVB“ oder der „Bayern“ lernen, was Begeisterung ist und wie sie bei gewonnener Meisterschaft aus ihren Augen strahlt.

Lass die Ewigkeit dein Herz ausleuchten. Mit der Zeit kann sich viel Unnötiges und Belastendes in unserem Herzen festsetzen. Jesus weiß als Realist sehr genau, was dort alles an Gedanken aufsteigen und zwingende Macht über uns ausüben kann (Mt 15,19-20; Joh 2,25). Und wie schnell sind wir mit Gier, Hochmut und Unreinheit erfüllt und verseucht. Im Handumdrehen können wir auf einer schmierigen Rutschbahn landen und finden keinen Halt mehr. Es gibt eine Liedstrophe, die schon vielen Christen wegweisend gewesen ist:

„Ewigkeit, in die Zeit, leuchte hell herein,
dass uns werde klein das Kleine und das Große groß erscheine.“

So kann die Beschäftigung mit dem Ewigen korrigierend und stabilisierend sein. Sie wirkt wie eine Heil- und Fastenkur.

Ewigkeit, richtig verstanden, entschlackt ein Leben von krankmachenden Giftstoffen.

Ewigkeit, richtig verstanden, entschlackt ein Leben von mancherlei Giftstoffen, die krank machen. Sie richtet uns neu auf die Herzensgemeinschaft mit dem Vater und dem Sohn aus. Nähren wir unser Herz mit den Gedanken an ihn, dann durchzieht Heilung nicht nur unseren Geist. Manche Schmerzen weichen aus Herz und Leib. Sein Licht aus der ewigen Welt lässt uns in den Belastungen des Lebens den nicht vergessen, der vom Himmel her regiert.

Wer den Ewigen liebt, kann gelassener leben. Er muss nicht um sein Leben fürchten. Das entlastet, macht gelassener. Steht nicht geschrieben: „Ein gelassenes Herz ist des Leibes Leben" (Spr 14,30)? Für Nachfolger Jesu hat nicht nur der Tod seinen Schrecken verloren. Auch die Bedrohungen in dieser Zeit können mir das Unzerstörbare, das Leben mit Gott jetzt und für immer, nicht nehmen. Gewiss, das Sterben und alles was damit zusammenhängen kann, ist auch für Christen oft nicht leicht zu ertragen. Für manche Kinder Gottes ist es ein sehr schmerzhafter, dorniger Weg, bis sie in dieser Welt für immer die Augen schließen. Ein deprimierender Befund beim Arzt kann den Boden unter den Füßen wegziehen. Ein Schicksalsschlag kann bis ins Mark erschüttern. Dennoch hat der Tod durch Jesu Tod und Auferstehung für immer seinen Schrecken verloren. Und diejenigen sind nicht ständig zu erschrecken, die den Tod als Eingang in die ewige Heimat sehen. Sie wissen, sie kommen nun an den Ort, wo sie ihr Erlöser empfangen wird. Sie gehen in eine Welt, wo Jesus die himmlischen Wohnungen für sie bereitet hat. Sie betreten einen Ort voller Herrlichkeit Gottes, die ihr Herr für sie ausgedacht hat. Krankheit, Leid, Schmerzen,

Trauer, Versuchung, Sünde, Teufel und Tod haben dort kein Existenzrecht mehr.

Der Schreiber des Hebräerbriefes fasst den Sieg Jesu und seine Auswirkungen in folgende Worte:

> *„... um durch den Tod den zunichte zu machen, der die Macht des Todes hat, das ist den Teufel, und um alle die zu befreien, die durch Todesfurcht das ganze Leben hindurch der Knechtschaft unterworfen waren“* (Hebr 2,14-15).

Diese Befreiung von der Todesfurcht ist etwas, das in seiner Dimension kaum von uns erfasst werden kann. Denn der Selbsterhaltungstrieb ist der stärkste Antrieb des Menschen. Unsere Kommentare zu den Themen dieser Welt und Zeit sollten hin und wieder unsere Ewigkeitshoffnung durchblitzen lassen! Verspüren andere etwas von der Hoffnung, die wir in Jesus haben? Können wir loslassen, was wir noch so fest umklammern? Prägt Ewigkeitshoffnung unsere Einstellung zu Hab und Gut?

Prägt Ewigkeitshoffnung unseren Umgang mit Hab und Gut?

Gott möchte uns schon heute immer mehr befreien, um für ihn zu leben. So fasst es Hedwig von Redern (1866–1935) Anfang des 20. Jahrhunderts in folgende Versform, was sie als Ewigkeitshoffnung im Herzen trug:

„Nein, nein, das ist kein Sterben, wenn Christen heimwärts geh'n.
Es ist nur ein Verwandeln vom Glauben in das Seh'n.
Es ist ein Aufwärtsschwingen dahin, wo sie zu Haus.
Von Fremdlingschaft zur Freiheit, zur Ruh' im Weltgebraus.
Sie geh'n vom Erdendunkel ins helle schöne Licht,
sie tauschen Kreuz mit Krone vor Jesu Angesicht.
Nein, nein, das ist kein Sterben, das ist Triumph und Glück,
drum lasst sie uns nicht halten, drum sehnt sie nicht zurück.
Es ist nur um ein Kleines, ein Stücklein Weges hier,
Ein kurzes einsam Wandern, ein Tag – dann folgen wir.
Das Perlentor bleibt offen, bis Gott spricht: „Nun ist's Zeit!"
Und alles Harr'n und Hoffen wird Schau'n und Seligkeit.
Ach nein, das ist kein Sterben. Wir halten glaubend fest.
Wir wissen: Gott kann trösten und Gnade hält uns fest.
Wir bleiben hier und droben doch immerdar vereint,
weil uns dieselbe Liebe als helle Sonne scheint.
Und hier im Tal der Tränen hält uns des Heilands Hand,
Bis wir am Ziele dort stehen im ew'gen Vaterland.

Ich muss gestehen, für unsere Ohren heute im 21. Jahrhundert klingen diese Worte etwas fremd. Vielleicht nur, weil uns die Ewigkeit bei Gott noch nie so richtig vertraut wurde?

Dennoch: der Tod bleibt die letzte Glaubensprüfung für ein Kind Gottes in dieser Welt. Es ist der Übergang vom Glauben in das Schauen in einem Augenblick. Dann lassen wir das von Kindheit an Vertraute hinter uns, um einen noch nie gesehenen Raum zu betreten. Dabei stützen wir uns allein auf die Zusage in Gottes Wort. Das ist Glaube, wie die Bibel ihn versteht:

„Der Glaube aber ist eine Verwirklichung dessen, was man hofft, ein Überführtsein von Dingen, die man nicht sieht“ (Hebr 11,1).

Haben wir Vorbereitungen für unsere letzte Reise getroffen?

Ich erinnere mich noch sehr gut, als ich zu einer Familienfreizeit nach Südtirol fuhr. Unterwegs kam ich an der Grenze zu Österreich ganz schön ins Schwitzen. Warum? Ich hatte meinen Pass auf einem Rastplatz verloren. Wahrscheinlich war mir mein Portemonnaie mit den nötigen Papieren gestohlen worden. Ich merkte wieder einmal: Reisen ist ein Ausgeliefertsein an viele Menschen – inklusive den Taschendieben, die auch ihre Tageseinnahmen erzielen müssen. Die Grenzbeamten hielten meine Angaben schriftlich fest und überprüften sie auf ihre Richtigkeit. Alles stimmte und war korrekt. Dennoch meinten die Beamten, ich müsse unbedingt zurück nach Hause fahren (650 km) und mir dort die nötigen Papiere besorgen. Unmöglich! Dieses Prozedere würde mehrere Tage dauern. In Südtirol warteten schließlich über 80 Teilnehmer der Freizeit auf mich. Dort hatte ich in den folgenden 14 Tagen die geistliche Betreuung wahrzunehmen.

Da war guter Rat teuer. Nun hatte ich den Schlagbaum schon hinter mir und befand mich schon auf österreichischem Staatsgebiet. So entschloss ich mich mit bibberndem Herzen weiterzufahren, ohne Pass, ohne alle anderen nötigen Papiere, ohne mein Portemonnaie. Das Herz schlug noch einmal höher, als wir die Grenze zu Italien anfuhren. Die Fahrzeuge vor uns wurden durchgewunken. Dann waren wir dran. Ob wir die Ausweise vorzeigen mussten? Zum Glück war es schon später Nachmittag und die Sonne schien heiß. Der Grenzbeamte hatte kein sonderliches Interesse daran, seiner Pflicht nachzukommen und nach unseren Ausweisen zu fragen. Ein kräftiges Dankeschön an den Grenzbeamten, der sich offensichtlich schon auf den Feierabend vorbereitete, kam parallel zu einem Seufzer der Erleichterung über meine Lippen und die meiner Frau. Aber auch ein großer Dank an Gott, der sich über uns sechs im Auto erbarmte.

Seit 1977 bin ich ständig in Deutschland und manchmal darüber hinaus unterwegs. Meine Hauptaufgabe und meine Berufung von Gott sind evangelistische und seelsorgerlich-lehrhafte Vortragsveranstaltungen. Wenn ich kurz vor Reiseantritt stehe, dann heißt es mehr denn je, alle Gedanken zusammenzunehmen. Für unsere längeren Freizeiten im In- und Ausland haben wir seit vielen Jahren eine größere Checkliste. Für die kürzeren Dienste im Inland habe ich eine Checkliste im Kleiderschrank hängen. Vor jeder Abreise in den Jahren seit 1977 werfe ich noch einen kurzen Blick auf diese Liste. Obwohl ich wohl schon tausendmal meinen Koffer gepackt habe, kommt es doch immer wieder einmal vor, dass ich etwas vergesse. Mal ist es die Krawatte, mal die Socken, mal ein Kabel für das Laptop oder andere elektronische Geräte. Eigentlich, so denken manche, sollte das nach den vielen Reisen nicht mehr vorkommen, dass man etwas vergisst. Aber das Leben ist wie es ist. Und die Vergesslichkeit nimmt beim Älterwerden nicht gerade ab.

Für meine Dienste in Übersee ist es wichtig, einen gültigen Ausweis mit einem Visum für die Zeit dort zu haben. Dabei ist es nicht nur wichtig einen Pass zu haben, sondern einen noch gültigen Pass. In Tel Aviv, Moskau, Chennai oder Rio wäre ich mit einem fehlenden Pass und Visum nicht so glimpflich davongekommen. Wechseln wir die Grenzen zu einem Land, dann gibt es eine Passpflicht und manchmal sogar eine Visumpflicht. Das weiß jeder, der international unterwegs ist. Unwissenheit darin führt zu ärgerlichen Unannehmlichkeiten und eigentlich vermeidbaren Komplikationen. Selbst im Inland muss ich mich überall ausweisen können, wenn ich von staatlich autorisierten Personen kontrolliert werde.

Nun geht es in diesem Buch nicht primär um die Pflichten eines Staatsbürgers. Es geht um unsere gültigen „Papiere", wenn wir in den Himmel wollen. Wie gesagt: Wer unterwegs ist und Grenzen überschreiten will, braucht einen gültigen Pass. Das gilt besonders für den Moment, in dem wir die Grenze vom Leben zum physischen Tod überschreiten. Dann liegt unser Leben unweigerlich fest. Nach dem Tod können wir uns keine „Passierscheine" mehr zum Eintritt in den Himmel erwerben. Was wir nicht vor dem Tod besorgt haben, haben wir nach dem Tod auch nicht in der „Hand". Es ist also wichtig, dass wir uns hier auf dieser Erde für unsere letzte Reise in die Ewigkeit vorbereiten.

Was wir nicht vor dem Tod besorgt haben, haben wir nach dem Tod nicht in der „Hand".

Deshalb ist die Frage nach einem „Pass" und dazu einem gültigen keine Nebensächlichkeit. Wir müssen folgende Fragen beantworten können: Wie und wo bekommen wir einen gültigen Passierschein zum Eintritt in die ewige Herrlichkeit Gottes? Was muss darauf stehen? Von welcher „Behörde" muss er unterzeichnet sein? Wann nehme ich ihn in Empfang? Wie lange ist die ausgestellte Genehmigung gültig? Muss ich ihn immer wieder erneuern, damit er seine Gültigkeit behält?

Jesus verheißt, wenn es um die „gültigen Papiere" für das ewige Leben im Himmel geht:

> *„Wahrlich, wahrlich, ich sage euch: Wer mein Wort hört und glaubt dem, der mich gesandt hat, <der> hat ewiges Leben und kommt nicht ins Gericht, sondern er ist aus dem Tod in das (ewige, unzerstörbare) Leben übergegangen"* (Joh 5,24).

Es geht also um die Worte Jesu. Sie sind unüberbietbar. Keiner hat so geredet. Er hat geredet und er redet noch heute. Wo? In seinem Buch, in dem er das hat niederschreiben lassen, was gültig ist. Schon immer und immer noch gültig ist. Er beantwortet die ersten und die letzten Fragen. Und Fragen über Fragen können aufsteigen, wenn es um die allerwichtigste Aufgabe hier auf dieser Erde geht: Die gültige Genehmigung zum Eintritt in den Himmel abzuholen. Allein sie garantiert uns die ewige und unzerstörbare Gemeinschaft mit Gott. Derjenige, der diesen gültigen Pass besitzt, hat große Verheißungen von Gott! Und eine der wichtigsten Zusagen Gottes ist die, dass er uns in dieser Zeit sicher führt und auch an das himmlische Ziel bringt. So verhieß Gott dem flüchtigen Jakob vor langer Zeit:

> *„Und siehe, ich bin mit dir, und ich will dich behüten überall, wohin du gehst, und dich in dieses Land zurückbringen; denn ich werde dich nicht verlassen, bis ich getan, was ich zu dir geredet habe"* (1.Mose 28,15).

Gott wollte mit diesem Gauner Jakob sein. Zuvor hatte er seinen blinden Vater und seinen Bruder mit Raffinesse und der Hilfe seiner Mutter über den Tisch gezogen. Jakob hatte wohl alles verdient, nur nicht solche Zusage von dem lebendigen Gott. Aber so ist Gott eben, unberechenbar, und auch nicht selten ungerecht nach unseren gesetzlichen Maßstäben. Er war mit Jakob in den nächsten Jahren. Und er will mit uns auf dem Weg sein! Gott verheißt mir ganz persönlich: Du bist auf deiner Lebensreise nicht allein. Jesus verheißt uns, dass er uns in dieser Welt bewahrt und an sein Ziel bringt:

> *„Meine Schafe hören meine Stimme, und ich kenne sie, und sie folgen mir; und ich gebe ihnen ewiges Leben, und sie gehen nicht verloren in Ewigkeit, und niemand wird sie aus meiner Hand rauben. Mein Vater, der <sie> mir gegeben hat, ist größer als alle, und niemand kann <sie> aus der Hand <eines> Vaters rauben"* (Joh 10,27-29).

Wenn uns dazu auch noch Menschen begleiten, die Jesus Christus vertrauen, kann das die Saiten unseres Lebens neu auf Dank stimmen. Aber in dieser Welt befinden wir uns immer im Werden und nie im Geworden sein. Einer, der den himmlischen Pass von Jesus selbst bekommen hat, kann immer noch im Glauben straucheln. Würden wir allerdings durch unsere Selbstgerechtigkeit und unseren Perfektionismus errettet, dann würde keiner die ewige Herrlichkeit bei Gott erreichen. Denn keiner wird den Himmel passieren nur weil er meint, die Zehn Gebote gehalten zu haben. Ein junger, sehr religiöser Mann meinte, durch einen sauberen Lebensstil auch eine reine Weste zu haben. Dennoch hatte er keine Gewissheit bei der Frage, wie sicher er sich des ewigen Lebens sein konnte (Mk 10,17-22). Weil wir allein durch die Begnadigung Gottes errettet werden und errettet bleiben, können wir trotz unserer Unvollkommenheit und Sündhaftigkeit gewiss sein:

„... denn alle haben gesündigt und erlangen nicht die Herrlichkeit Gottes und werden umsonst gerechtfertigt durch seine Gnade, durch die Erlösung, die in Christus Jesus ist" (Röm 3,23-24).

Haben wir den himmlischen Passierschein in der Tasche? Haben wir die Gewissheit, dass wir alle wesentlichen Reisevorbereitungen getroffen haben? Doch wie kommen wir zur Gewissheit in der Frage nach der ewigen Gemeinschaft mit Gott über den Tod hinaus?

Haben wir den Passierschein für den Himmel in der Tasche?

Manche versuchen heute, auf Pilgerreisen den Weg zur Seligkeit zu finden. Das hat schließlich eine reiche Tradition. Früher konnte solch eine Reise aus zweierlei Gründen durchgeführt werden. Die einen reisten, um für Gott unterwegs zu sein (*ambulare pro Deo*). So wie einst Abraham sich auf den Weg zum verheißenen Land machte. Sie hatten den Ruf Gottes in ihrem Leben wahrgenommen und folgten Gottes Führung. Andere führten eine Pilgerreise wegen einer schweren Bestrafung durch, infolge eines enormen Verbrechens (*peccata enormia*). Dann wurde diesen Straffälligen die Rolle des Bettlers auferlegt. Mit Hut, Geldbeutel, Stock und Abzeichen – um auf der Pilgerstraße sein Heil zu finden. Aber können Menschen so die Gewissheit des ewigen Lebens finden? Wir wissen aus vielen Berichten, dass Gott unzählige Möglichkeiten hat, um Menschen zu begegnen. Aber alle Begegnungen mit Gott haben ein entscheidendes Kriterium: Bist du bei der Suche nach dem ewigen Leben dem Sohn Gottes, Jesus Christus selbst begegnet?

Alle eigenen Anstrengungen, mögen sie noch so strapaziös sein, können uns weder die Schuld abnehmen, noch die Gewissheit der Vergebung erwirken. Da bleibt die Bibel sehr eindeutig. Unser Nachhausekommen zu Gott können und müssen wir uns nicht erwandern. Es ist nicht durch menschliche Mühen und kirchliche Rituale zu erreichen. Auch steinige Lebenswege erschließen uns nicht von selbst die Ewigkeit. Unsere Schuld können wir nicht durch harte Entbehrungen abbüßen. Ewiges Leben kann ein Mensch nur dadurch bekommen, wenn er seine Schuld vor Gott bereut und bekennt, die mögliche Vergebung durch Jesus in Anspruch nimmt und ihn bittet, Herr seines Lebens zu werden.

> *„Und dies ist das Zeugnis: dass Gott uns ewiges Leben gegeben hat, und dieses Leben ist in seinem Sohn. Wer den Sohn hat, hat das Leben; wer den Sohn Gottes nicht hat, hat das Leben nicht“* (1.Joh 5,11-12).

In der Begegnung mit Jesus eröffnet sich eine tiefe Gewissheit, die gewiss auch Schwankungen unterlegen sein kann:

> *„Ich bin ebenso in guter Zuversicht, dass der, der ein gutes Werk in euch angefangen hat, es vollenden wird bis auf den Tag Christi Jesu“* (Phil 1,6).

> *„Der Gott aller Gnade aber, der euch berufen hat zu seiner ewigen Herrlichkeit in Christus, er selbst wird <euch>, die ihr eine kurze Zeit gelitten habt, vollkommen machen, stärken, kräftigen, gründen“* (1.Petr 5,10).

Das Große im Evangelium ist die Tatsache: Gott, der Schuldlose, reicht den Rebellen die Hand zur Aussöhnung. Der Stärkere schließt mit dem Schwächeren Frieden. Das Trennende zwischen ihm und seinen Geschöpfen, die Sünde, richtete Gott an dem einzig sündlosen, seinem Sohn Jesus Christus. Mehr konnte Gott nicht tun und weniger wollte Gott nicht tun. Er tat alles, damit Friede zwischen ihm und den Menschen einkehren kann.

Das Große im Evangelium ist: Gott, der Stärkere, schließt mit dem Schwächeren Frieden.

Trotz der unumstößlichen Tatsache, dass Jesus die Sühnung für die Sünden der ganzen Welt ist (1.Joh 2,2), geschieht das Unglaubliche: die allermeisten Menschen gehen ewig verlorenen! So sieht es jedenfalls Jesus:

> *„Geht hinein durch die enge Pforte! Denn weit ist die Pforte und breit der Weg, der zum Verderben führt, und viele sind, die auf ihm hineingehen. Denn eng ist die Pforte und schmal der Weg, der zum Leben führt, und wenige sind, die ihn finden"* (Mt 7,13-14).

Erst die freie und willentliche Hinwendung zu dem gekreuzigten und auferstandenen Jesus lässt uns den Weg ins ewige Verderben verlassen. Gottes Entscheidung bedingt für uns benötigt auch eine willentliche Entscheidung des Menschen für Gott. Die Bibel spricht nicht nur von dem Ereignis der Versöhnung, das ganz allein von Gott ausging und auch von ihm vollendet wurde. Sie spricht auch von der Bedingung, die daran geknüpft wurde. Versöhnung zwischen Gott und den Menschen realisiert sich nur dann, wenn wir Menschen in Gottes ausgestreckte Hand zur Versöhnung einschlagen:

> *„So sind wir nun Gesandte an Christi statt, indem Gott gleichsam durch uns ermahnt; wir bitten für Christus: Lasst euch versöhnen mit Gott“* (2.Kor 5,20)!

Es nützt schlussendlich dem Menschen nicht das Allergeringste, dass Gott seinen Sohn in diese Welt gesandt hat und er am Kreuz von Golgatha die Sünden der Welt wegtrug und sühnte. Versöhnung hat immer das Einverständnis von beiden Parteien zur Voraussetzung. Ich darf und muss mit meinem Herzen glauben und das auch über die Lippen bringen:

> *„Denn wenn du mit deinem Munde bekennst, dass Jesus der Herr ist, und in deinem Herzen glaubst, dass ihn Gott von den Toten auferweckt hat, so wirst du gerettet. Denn wenn man von Herzen glaubt, so wird man gerecht; und wenn man mit dem Munde bekennt, so wird man gerettet“* (Röm 10,9-10; LÜ).

Solch ein Bekenntnis kann leise oder laut geschehen. Aber Gott misst nicht meine Lautstärke, er schaut in mein Herz. Daran ist Gott interessiert. Doch eine Diskussion über den Weg zum Himmel führt Gott nicht. Nur über den Gekreuzigten von Golgatha kann ich das Ticket für den Himmel lösen! Für jeden Menschen, zu jeder Zeit, in jeder Kultur und in jeder Nation. Das Geheimnis des Gekreuzigten aber kann nur der erfassen, der von persönlicher Schuld weiß. In der Begegnung mit dem heiligen, sündlosen Gott wird der Mensch zum Sünder und der Sünder zu einem von Gott gerecht Gesprochenen.

Das Geheimnis des Gekreuzigten kann nur der erfassen, der von persönlicher Schuld weiß.

Der gekreuzigte und auferstandene Christus ist und bleibt Dreh- und Angelpunkt in der Frage: „Wie komme ich in den Himmel?" Der vielleicht bekannteste Bibelvers fasst das Evangelium so zusammen:

> *„Gott hat die Menschen so sehr geliebt, dass er seinen einzigen Sohn hergab. Nun werden alle, die sich auf den Sohn Gottes verlassen, nicht zugrunde gehen, sondern ewig leben. Gott sandte den Sohn nicht in die Welt, um die Menschen zu verurteilen, sondern um sie zu retten. Wer sich an den Sohn Gottes hält, wird nicht verurteilt. Wer sich aber nicht an ihn hält, ist schon verurteilt, weil er Gottes einzigen Sohn nicht angenommen hat"* (Joh 3,16-18 - GN).

So war es, so ist es und so bleibt es – AMEN! Der ehemalige Bundeskanzler Schröder würde sagen: „Basta". Schluss, Aus, fertig mit der Diskussion. Damit ist alles gesagt.

Wenn himmlische Hoffnung irdisch werden soll

Daran kann ich mich noch gut erinnern. Es war auf einer meiner ersten Dienstreisen 1978 quer durch die Republik. Sie führte mich nach Nordwestdeutschland und Norddeutschland. Als ich einige Dienste in Ostfriesland hinter mir hatte, musste ich weiter nach Hamburg. Dazu war es nötig über die Weser zu setzen. Nach dem Lösen meines Tickets auf der Fähre gab ich dem Bediensteten noch ein kleines Traktat mit christlichem Inhalt. Als er kurz hineinschaute fragte er mich, ob ich von den Zeugen Jehovas sei. „Nein", erwiderte ich und setze zu einer kurzen Erklärung an. Aber er unterbrach mich schnell und fügte vielsagend und auch etwas frustriert hinzu: „Ach wissen sie, an den da oben kommt man sowieso nicht ran." Mit „den da oben" meinte er Gott, der für ihn total unerreichbar schien. Weit weg. Wer weiß, ob da über dem Sternenzelt wirklich ein guter Vater wohnt, wie Friedrich Schiller in seiner Ode „An die Freude" meinte („Brüder – überm Sternenzelt muss ein guter Vater wohnen")?

Auf den nächsten Seiten möchte ich einige wenige Hinweise geben, weshalb in der westlichen Welt der Himmel so weit weg und unerreichbar scheint. Nicht wenige Zeitgenossen verweigern sich dem Gedanken an den Himmel und haben sich von ihm verabschiedet. Allerdings wissen die meisten heute nicht, weshalb sie so denken und so leben, wie sie es tun. Hier haben einige „Aufklärer“ und Zyniker wohl ganze Arbeit geleistet.

Einer der größten Spötter des 19. Jahrhunderts war der Dichter Heinrich Heine (1797–1856). Die Speerspitze seiner Ironie richtete sich besonders gegen die Vertreter der christlichen Kirchen und deren Hierarchie. Ihnen warf er Untätigkeit gegenüber den sozialen und wirtschaftlichen Missständen vor. Anstatt vom Himmel zu reden und die Menschen auf ein Jenseits zu vertrösten, sollten sie lieber die Ärmel hochkrempeln (was er selbst nicht tat). Die humanitären Nöte bei der aufstrebenden Industrialisierung Westeuropas schrien im wahrsten Sinne des Wortes zum Himmel. In den Städten herrschten unter den Fabrikarbeitern das wirtschaftliche Elend und ein furchtbares moralisches Chaos. Gewalt in den Familien war an der Tagesordnung. Die schrecklichen Folgen des Alkoholismus allgegenwärtig. Frauen wurden von ihren Männern missbraucht und entwürdigt. Gegen diese Missstände und deren Verursacher hätten die Kirchen deutlicher ihre Stimme erheben müssen, klagen Heinrich Heine und mit ihm andere scharfe Zeitbeobachter zu Recht. Anstatt vom Jenseits zu predigen, sollte der Klerus lieber helfend zupacken und an den Schaltstellen der Macht auf eine Änderung der desolaten Situation dringen.

Das alte Lied von aller irdischen Entsagung

Besonders seit dem Beginn der Aufklärung Ende des 17. Jahrhunderts wurde die Kritik an der Bibel und ihren Aussagen immer deutlicher. Immer weniger wurde von den Aussagen und Berichten der Bibel vom aufklärerischen Geist verschont. Angefangen bei der Schöpfung bis hin zu den Aussagen über den Himmel und die Ewigkeit wurde alles infrage gestellt und auch unverhohlen dem Spott ausgesetzt. Heinrich Heine verhöhnte mit beißender Ironie die Kirche und deren Diener. Auch die Botschaft der Bibel kam bei ihm nicht ungeschoren davon. In seinem satirischen Versepos „Deutschland. Ein Wintermärchen“ folgte ein Zerriss der christlichen Hoffnung auf einen Himmel und die Ewigkeit bei Gott. So flossen aus seiner Feder folgende Strophen und ließen ein junges Mädchen unschön aber voller Inbrunst singen:

Sie sang vom irdischen Jammertal,
Von Freuden, die bald zerronnen,
Vom Jenseits, wo die Seele schwelgt
Verklärt in ew'gen Wonnen.
Sie sang das alte Entsagungslied,
Das Eiapopeia vom Himmel,
Womit man einlullt, wenn es greint (weint),
Das Volk, den großen Lümmel.
Ich kenne die Weise, ich kenne den Text,
Ich kenn auch die Herren Verfasser;
Ich weiß, sie tranken heimlich Wein
Und predigten öffentlich Wasser.
Ein neues Lied, ein besseres Lied,
O Freunde, will ich euch dichten!
Wir wollen hier auf Erden schon
Das Himmelreich errichten.
Wir wollen auf Erden glücklich sein,
Und wollen nicht mehr darben;
Verschlemmen soll nicht der faule Bauch,
Was fleißige Hände erwarben.
Ja, Zuckererbsen für jedermann,
Sobald die Schoten platzen!

Den Himmel überlassen wir
Den Engeln und den Spatzen.
Und wachsen uns Flügel nach dem Tod,
So wollen wir euch besuchen
Dort oben, und wir, wir essen mit euch
Die seligsten Torten und Kuchen.

Der Himmel war für Heinrich Heine und seine aufgeklärten Freunde keine erstrebenswerte Option. Hier auf der Erde sollte seiner Ansicht nach das Himmelreich errichtet werden. Dafür kämpfte er leidenschaftlich.

Hinzufügen möchte ich noch, dass es am Ende seines Lebens eine innere Wende gegeben haben muss. Es ging dem Juden Heinrich Heine ja nie primär um eine Kritik an Gott, sondern er tadelte Gottes Diener auf dieser Erde und die Institution Kirche. Nicht selten predigten sie Wasser und tranken selbst Wein. Über sein Bekenntnis im Nachwort seiner Gedichtsammlung „*Romanzero*" lesen wir, wie ihm seine Verrisse und Spöttereien keine Ruhe mehr ließen. Folgende Zeilen hinterließ er seinen Freunden und der Nachwelt. Von diesem scharfsinnigen und erhabenen Dichter und Denker ist Erstaunliches zu lesen:

„Wenn man auf dem Sterbebett liegt, wird man sehr empfindsam und möchte Frieden machen mit Gott und der Welt. Seit ich selber der Barmherzigkeit Gottes bedürftig bin, habe ich allen meinen Feinden Amnestie erteilt. Gedichte, die nur halbwegs Anzüglichkeiten gegen Gott enthielten, habe ich mit ängstlichem Eifer den Flammen überliefert. Es ist besser, dass die Verse brennen als der Versemacher. Ja, ich habe mit dem Schöpfer Frieden gemacht zum größten Ärger meiner aufgeklärten Freunde, die mir Vorwürfe

machten über dieses Zurückfallen in den alten Aberglauben, wie sie meine Heimkehr zu Gott zu nennen belieben. Ich bin zurückgekehrt zu Gott wie der verlorene Sohn, nachdem ich lange bei den Hegelianern (Hegel, 1770–1831, war ein Philosoph des deutschen Idealismus) die Schweine gehütet habe. Das himmlische Heimweh überfiel mich. In der Theologie muss ich mich des Rückschreitens beschuldigen, indem ich zu einem persönlichen Gott zurückkehrte."

So weit das Bekenntnis von Heinrich Heine, geschrieben zu Paris, 1851. Aber er blieb mit solchen Äußerungen eine Ausnahme unter den Intellektuellen seiner Zeit. Und seine vorher geschriebenen Texte und Verse liefen um die halbe Welt.

„Aufklärerische" Ideen sollen den Himmel auf die Erde holen

Es gibt einen großen geschichtlichen Ballast aus dem 19. Jahrhundert, wenn es um die Realität des Himmels geht. Auch mitverursacht durch Ludwig Feuerbach (1804–1872) und Karl Marx (1818–1883) mit ihrer Religionskritik, die bis heute immer wieder in den Medien, meist zu christlichen Feiertagen, auftaucht und als neue Erkenntnis verkauft wird (u.a „Der Spiegel" Nr. 52, 2012). Marx und Feuerbach stellten sowohl die Religiosität als auch die Religionen mit ihren Glaubensaussagen und Institutionen rational als auch ethisch-moralisch infrage. Den Absolutheitsanspruch der monotheistischen Religionen (Judentum, Christentum, Islam) verwarfen sie total. Ihnen ging es besonders darum, das Christentum ad absurdum und ins gesellschaftliche Aus zu führen.

In den gelehrten Gottesbildern des Christentums sahen sie

nicht mehr als das Produkt menschlicher Vorstellungen, nach dem Motto: „Der Mensch schuf Gott nach seinem Bilde." Gott sei nur der an den Himmel projizierte Selbstausdruck der menschlichen Endlichkeit, die sich Unendlichkeit ersehnt. Wenn also Gott nur ein Ausfluss menschlicher Fantasie war, so konnte der Himmel nicht mehr sein als eine Wunschform menschlichen Denkens. Ein Jenseits gibt es somit nicht mehr. Marx meinte:

> *„Die Religion ist der Seufzer der bedrängten Kreatur, das Gemüt der herzlosen Welt, wie sie der Geist geistloser Zustände ist. Sie ist das Opium des Volkes"* (Aus: Zur Kritik der Hegelschen Rechtsphilosophie, 1844).

Den Christen wurde vorgeworfen, mit dem Gerede vom Himmel würde eine Ablenkung von den Problemen auf dieser Erde und ihrer Lösung betrieben. In diesen Äußerungen liegen Sinn und Unsinn sehr dicht beieinander. Genauso wie Glaube, Aberglaube und Wissenschaftsgläubigkeit hier und da bestimmte Schnittmengen haben.

Im 18. Jahrhundert stand das christliche Monopol auf eine ethische Lebensführung besonders in der Kritik. Der Kritikpunkt im 19. Jahrhundert war die soziale Funktion der vorherrschenden christlichen Religion. Die Kirche versagte weithin in den neuen Herausforderungen der Industrialisierung.

Feuerbach hatte eine Absicht bei all seinen schriftlichen Niederlegungen. Er wollte die Menschen umkrempeln, „aus Theologen zu Anthropologen, … aus Kandidaten des Jenseits zu Studenten des Diesseits"[1] machen. Seine radikale Kritik an

1 Das vollständige Zitat lautet: „Der Zweck meiner Schriften ist, die Menschen aus Theologen zu Anthropologen, aus Theophilen zu Philanthropen, aus Kandidaten des Jenseits zu Studenten des Diesseits, aus religiösen und politischen Kammerdienern der himmlischen und irdischen Monarchie und Aristokratie zu freien, selbstbewussten Bürgern der Erde zu machen. An die

der Existenz einer jenseitigen Welt war aus dem Zeitgeist des Materialismus geboren (Materialismus: Richtung der Philosophie, die im Stofflichen und nicht im Geistigen den Grund aller Wirklichkeit sieht). Der umwälzende Fortschritt in der Industrialisierung des 19. Jahrhunderts verleitete zu einer großen Wissenschaftsgläubigkeit. Dadurch bewogen setzte sich der Mensch in seiner Überheblichkeit zum Maß aller Dinge und der Wahrheit. Auch Feuerbach und Marx fielen dieser Arroganz zum Opfer. Begünstigt wurde der Erfolg ihrer Ideen leider auch durch eine gewisse fortschrittsfeindliche und vernunftfeindliche Haltung in Teilen der Kirche. Auch die ideologische Nähe der Kirche zur herrschenden Obrigkeit verlieh den Ideen von Feuerbach und Marx Flügel, mit denen sie weite Teile der Gesellschaft erreichten und begeisterten.

Mit der im 17. Jahrhundert einsetzenden Bibelkritik wurden dann im Lauf der Zeit christliche Theologie und Dogmen als Priesterbetrug zur Unterdrückung des Volkes diagnostiziert. Die Voraussetzung dafür war u.a. die Bibelkritik, die die Bibel als ein rein menschliches und damit fehlerhaftes Buch ansah. Daraufhin wurden alle Wunder und die Auferstehung Jesu dem Zeitgeist geopfert. Und als Drittes wurde die Forderung erhoben, dass die Hoffnung auf eine jenseitige Welt schnellstens aufgeben werden sollte.

Der Existenzialismus (J.P. Sartre, S. de Beauvoir, A. Camus, G. Marcel, M. Heidegger) bestätigte die geforderte aber unbewiesene Annahme, dass es nur diese Welt und keine jenseitige gibt. In dieser philosophischen Ausrichtung versteht sich

---

Stelle des Glaubens ist der Unglaube getreten, an die Stelle der Bibel die Vernunft, an die Stelle der Religion und Kirche die Politik, an die Stelle des Himmels die Erde, an die Stelle des Gebets die Arbeit, an die Stelle der Hölle die materielle Not und an die Stelle des Christen der Mensch."

der Mensch selber nur im Erleben seiner selbst. Er wird also nicht mehr als ein von Gott geschaffenes Wesen gesehen, das auf seinen Schöpfer hin bezogen ist. Der Mensch ist sich selbst Ursprung, Mitte und Ziel. Wenn auch durch diese Philosophie eine religiöse Grundhaltung nicht abgelehnt wird, so gibt es doch keine Bestimmung des Menschen durch Gott mit dem Ziel der ewigen Herrlichkeit. Im Existenzialismus bedeutet das so viel, dass zuerst Materie existiert und nicht der Geist. Der Mensch ist Mittelpunkt der Überlegungen. Er begegnet sich, taucht in der Welt auf und definiert sich danach. Damit ist jede Hoffnung auf die Geborgenheit in Gott und ein Weiterleben nach dem Tod nicht mehr bedeutsam.

Friedrich Nietzsche (1844–1900), der Philosoph der Gottlosigkeit, beschwörte in seinem „Zarathustra", der in seinem Stil einer antichristlichen Bergpredigt einem Gegen-Evangelium gleicht, seine Leser:

> ***„Bleibt der Erde treu und glaubt denen nicht, welche euch von überirdischen Hoffnungen reden! Giftmischer sind sie, ob sie es wissen oder nicht."***

Nietzsche setzte auf den Übermenschen und den Gedanken der ewigen Wiederkehr. Sein Leben beendete er im Wahnsinn.

Angesichts einer scheinbar erdrückenden Beweislage möchten manche Christen sich dann doch lieber in ein Mauseloch verkriechen. Man kommt sich so kleinkariert, von gestern und schäbig vor, weil doch große Geister anscheinend bewiesen haben, dass es keinen Himmel geben kann. Aber was ist mit den Bankrotterklärungen des angeblich „real existierenden Sozialismus und Kommunismus", der auf breiter Front scheiterte?! Jene mit ihren Ideen Gescheiterten meinten, eine biblisch

Kann es das Gehoffte wirklich nicht geben? Diese Logik darf fröhlich und getrost hinterfragt werden!

begründete Jenseitshoffnung beruhe nur in der völlig unbegründeten Hoffnung auf eine zukünftige bessere Welt im Jenseits. Aber ist das schon unrealistisch, was man hofft? Kann es das Gehoffte wirklich nicht geben? Diese Logik darf fröhlich und getrost hinterfragt werden! Warum? Weil diese Logik eben auf einem Denkfehler beruht! Hier tritt der Mensch an die Stelle Gottes und bestimmt, was gehofft werden darf und was nicht. Mit Toleranz und geistiger Weite hat das nichts mehr zu tun.

Eine Kehrtwende hin zum Übersinnlichen

Eine Wende hin zum Übersinnlichen begann sich in der Hippieszene abzuzeichnen, beginnend in den 60er-Jahren des vorigen Jahrhunderts. Mit verursacht durch den weltweiten Siegeszug der Drogen und einer Renaissance des Okkulten fingen bei manchen Menschen die Uhren anders an zu ticken. Seit den in der Drogenszene gemachten Erfahrungen mit dem Übersinnlichen wird die unsichtbare Welt zunehmend ein Faktor im Denken nicht weniger Zeitgenossen. Science-Fiction-Filme, die mit *Die Reise zum Mond* im Jahr 1902 begannen, fristeten bis zum Jahr 1977 mehr ein Schattendasein. Doch mit zwei Blockbustern *Krieg der Sterne* (1977) und *Unheimliche Begegnung der dritten Art* (1977) wurde ein neues Zeitalter eingeläutet. Weitere Filme wie *Alien* (1979) oder *E.T.* (1982) brachen alle Kassenrekorde. Neuere Filme wie *Avatar – Aufbruch nach Pandora* (2008) eröffnen in 3D noch größere Dimensionen. Dazu kam seit den 90er-Jahren ein Engelboom, der bis heute ungebrochen anhält. Das alles scheint eine Wende hin zum Übersinnlichen anzudeuten.

In der sogenannten modernen Theologie herrscht allerdings noch ein Denken wie in der Zeit der Aufklärung des 18. und 19. Jahrhunderts. Die Säulen der Bibelkritik scheinen für nicht wenige Theologen unantastbar. Dort wird u.a. eine unsichtbare Welt mit einem Himmel und einer Hölle als nicht existent vorausgesetzt. Man will wohl die Eierschalen scheinbar aufgeklärten Denkens nicht ablegen. Warum auch? Solange man sich seiner Anstellung mit einem nicht unansehnlichen Gehalt, auch bei leeren Kirchenbänken, sicher ist, gibt es keinen Anlass, sich mit einer veränderten Weltsicht auseinanderzusetzen. Die Existenz bis zum Sterben ist durch eine satte Pension gut abgesichert und die Bürokratie muss erledigt werden.

Das Ergebnis: Ein weithin gut organisierter religiöser Leerlauf in manchen Kirchen. Keine lebendige Hoffnung mehr am Grab. Kein markerschütternder Aufruf zu einer Hinwendung zu dem lebendigen Gott. Wie auch, wenn man selbst keine Hoffnung auf den Himmel hat? Sollen die Aussagen der Bibel über Gott, Himmel und Ewigkeit alles nur Mythologie, ein Lauf ins Leere, ins Nichts sein? Nein! Denn es gibt genug Christen weltweit, die an Gott und einem Jenseits festhalten, genauso, wie es in der Bibel offenbart ist. Das schließt in der Bibelauslegung gewiss nicht aus, dass wir die biblischen Schilderungen über Himmel und Ewigkeit in Vergleichen und Bildern deuten müssen. Dennoch haben wir nicht den geringsten Grund, die lebendige Hoffnung, durch die Auferstehung Jesu eingeläutet, fahren zu lassen.

Wir haben keinen Grund, die lebendige Hoffnung, durch die Auferstehung Jesu eingeläutet, aufzugeben.

Warum beschäftigen sich immer weniger Zeitgenossen mit dem Himmel?

Trotz allen redlich gemeinten Versuchen bleibt der Himmel jedoch für uns Menschen und auch für uns Christen etwas weit Entferntes. Und für nicht wenige ein unbegreiflicher und unerreichbarer Wunschtraum. Himmel ist für uns „Erdlinge" das, was von unserer irdischen Wirklichkeit zu weit entfernt scheint. Bleibt für viele zum Schluss nur noch der Himmel auf Erden möglich und übrig. Dass wir uns nicht falsch verstehen: wir müssen uns unbedingt dem Diesseits stellen mit seinen komplexen Herausforderungen. Aber diese Forderung, Engagement für die Erde oder Hoffnung auf den Himmel bleibt eine irreführende Alternative. Es geht immer um beides: Himmel und Erde, und zwar in dieser Reihenfolge.

Leider spielt der Himmel auf den Kanzeln gerade in Deutschland kaum oder gar keine Rolle. Im Gegensatz dazu lebt die Gemeinde Jesu in der zweiten und dritten Welt sehr stark in der Hoffnung auf die Ewigkeit bei Gott. Dort, wo die Gemeinde Jesu Drangsal, Verfolgung und materiellem Notstand ausgesetzt ist, wird der Himmel eine immer größere Realität. Wir Vollbeschäftigten sind angeblich mit Wichtigerem ausgelastet. Gerade aber die Perspektive der Ewigkeit macht Menschen, so beweist es die Geschichte tausendfach, für die irdischen Anforderungen tüchtig. Diese Sichtweise bewahrt davor, den Kopf hängen zu lassen

Wohlstand jedoch, über längere Zeit genossen, lässt den Himmel in der Regel in weite Ferne rücken. Denn welch einen Grund sollte jemand haben, der sich im materiellen Luxus befindet, sich mit dem Himmel zu beschäftigen? So wird dann der Himmel auf unvergessliche, glückliche Stunden auf dieser Erde reduziert. Das sind dann Momente voller Leichtigkeit, Harmonie und Erfolg. Solange die Kassen klingeln, die Aktien ordentlich Rendite bringen und die Jahresurlaube sicher sind, warum sollte ich dann noch nach einem Mehr suchen?! Ein jenseitiger Himmel bleibt deshalb für viele Wohlstandsbürger allein den Pfaffen, Engeln und Spatzen überlassen.

So lehnen die Mehrheit der Materialisten, Freidenker und Intellektuellen rundweg ab, dass es ein Leben nach dem Tod geben wird. Für sie bleibt die Sache mit dem Himmel oder der Hölle im besten Fall diffus, vage und verschwommen. Kämpferisch werden sie meist erst dann und agieren wie religiöse Fanatiker, wenn ihr existenzialistisches Weltbild angekratzt und infrage gestellt wird. Hier fühlen sie sich auf den Plan gerufen. Nicht selten auch deshalb, weil viele Christen zu Himmelskomikern geworden sind. Wie Heinrich Heine schon richtig bei den sogenannten Geistlichen beobachtete: Sie predigen Wasser und trinken selbst Wein.

Werden Christen durch ihren Lebenswandel unglaubwürdig, dann werden große Barrieren für einen Glauben an Gott und die Ewigkeit aufgerichtet. Ja, Gottes Bodenpersonal ist für nicht wenige Zeitgenossen ein kaum überwindbares Hindernis geworden. Es sind Christen, die bewirken, dass viele nicht zum Kern der christlichen Botschaft durchdringen: Dem Gott, der uns unsäglich liebt und unser Schicksal zu seinem eigenen gemacht hat. Der Gott, der uns in Jesus Christus besucht und unser Elend ertragen hat und mitträgt. Der Gott, der alle zu sich in den Himmel einlädt, die vom Leben zerrissen und zerfetzt wurden. Der ihnen in aller Sinnlosigkeit sagen will, dass es in diesem Leben schon eine lebendige

Gott lädt alle zu sich in den Himmel ein, die vom Leben zerrissen und zerfetzt wurden.

Hoffnung gibt. Er will sie zu Himmelsbürgern machen. Schon heute und jetzt.

Wenn der Horizont der Ewigkeit weiter verdunstet

Wenn es für den Menschen keine lebendige Hoffnung auf ein Leben nach dem Tod gibt, so bleibt ihm nur noch die Konzentration auf dieses Leben. Hier muss er nun alles herausholen, was sich ihm bietet. Da hinein investiert ein Mensch ohne Ewigkeitsperspektive alles. Auf der Erde will er das Glück genießen. Hier soll die Post abgehen, die Fete stattfinden und die Korken knallen. Eine Vertröstung auf ein scheinbar trügerisches Jenseits, von dem man sowieso nichts Genaues weiß, mindert nur die Lebensqualität. Riesengroß ist allerdings die Enttäuschung, wenn sich bestimmte Erwartungen und Vorstellungen vom Leben nicht erfüllen. So sitzt der Frust tief bei denen, die mancherlei Spielarten der Spaßgesellschaft hinter sich haben und nicht die ersehnte emotionale Erfüllung darin fanden. Der Weg ins Maßlose und Unersättliche, in irgendeine Spielart lustreicher Ausschweifung, steht aber weiterhin auf dem Programm. Dass dies in noch tieferen Frust führt, wird erfolgreich ausgeblendet. Lebenslügen sind nun einmal bindend. Sie fordern ihren harten Tribut ein.

In das geistige Sinnvakuum des Materialismus sind manche östlichen Lehren gestoßen. So hat der Hinduismus und Buddhismus mit seiner Lehre der Reinkarnation viele Menschen im Westen begeistert. In unserem Land glauben genauso viele Menschen an die Reinkarnation wie an die Auferstehung der Toten im christlichen Sinn (je circa 30 %). In den Jahren nach dem Krieg gilt bei vielen unbewusst die buddhistische Weisheit: Der Weg ist das Ziel. Damit gibt es keine wirklichen Ziele mehr. Luxus, Leistung, Leidenschaft stehen auf dem abwechslungsreichen Programm. Darum geht es. Das bedeutet uns alles. Pausenlos und am allerbesten sofort. Dem hat sich alles in unserem Umfeld zu unterwerfen.

Ob wir als Christen dazu einen sinnvollen und erfüllenden Gegenentwurf haben? Oder packen wir Christen uns auch so viel auf den Weg, dass das Ziel nicht mehr zu erkennen ist?! Beschlagnahmen uns Anforderungen und Probleme im alltäglichen Existenzkampf derart, dass wir das Ziel aus den Augen verlieren? Deshalb ist Lebensbewältigung im Hier und Jetzt angesagt. Die anstehenden Probleme sind derart bedrängend und bedrückend, dass der Gedanke an ein Leben nach dem Tod bei vielen Christen wenig Raum findet. Was nicht gerade meine jeweilige Situation tangiert, wird links liegen gelassen. Die Frage nach der Ewigkeit und dem Himmel taucht meist erst dann wieder auf, wenn durch eine entsprechende Krankheitsdiagnose schlagartig die Endlichkeit an unsere Tür pocht. Dann blitzt der Horizont der Ewigkeit wieder auf. Auch die Konfrontation mit schrecklichen Katastrophen spült bei manchen diese Thematik für eine kurze Zeit wieder an die Oberfläche. Oder wenn ein nahestehender Mensch für immer die Augen schließt.

Doch wir machen eine weitere unangenehme Entdeckung, wenn wir bei bekennenden Christen etwas genauer hinschauen. Dann stellen wir fest: die fehlende Perspektive der Ewigkeit ist nicht selten mit einer mangelnden geistlichen Lebensweise und einem tiefer gehenden Bibelstudium verbunden. Die Bibel wird meist nur noch im Schnelldurchgang gelesen und wahrgenommen. Für die Predigt im Gottesdienst scheint sie nicht mehr bedeutsam zu sein. Zitiert jemand Bibelstellen von der Kanzel, steht er in der Gefahr, sich der theologischen Rechthaberei und der Lächerlichkeit preiszugeben. Dem Geist Gottes wird kaum mehr die Zeit gegeben, zu uns zu reden.

Wir sehnen uns nach Stille, aber wir ertragen sie nicht mehr.

Die Beschleunigung unseres Lebens durch die Printmedien, das Internet, Handy und andere visuelle Medien tun ein Übriges, um nicht vor Gott stille zu werden. Die visuellen und akustischen Reize beschlagnahmen uns derart stark, dass Gottes Stimme nur noch selten an unser Ohr dringt. Wir sehnen uns nach Stille, aber wir ertragen sie nicht mehr, so sang schon der Liedermacher und Komponist Siegfried Fietz Anfang der Siebzigerjahre. Wie viel mehr heute: Stress frisst Stille auf, auch die Stille vor Gott und unsere ewige Hoffnung.

Die Welt steht vor unlösbaren Problemen – The Show must go on

Trotz allen umwälzenden Weiterentwicklungen auf vielen Gebieten steht die Welt vor unlösbaren Problemen. Wir stehen vor dem finanziellen GAU. Die Staatsverschuldungen wachsen ins Uferlose und sind nicht mehr zurückzuzahlen. Der Kampf um das zum Überleben unentbehrliche Trinkwasser und andere Rohstoffe wird zu militärischen Konflikten in großem Ausmaß führen. Die Gesetzlosigkeit in großem Stil beherrscht ganze Länder und Regierungen. Das international organisierte Verbrechen hat seine Fangarme über Kontinente ausgebreitet. Die Altersstruktur in den technologisch hochentwickelten westlichen Industriestaaten steht wie ein Unheilsbote vor der Tür. Sie wird zu nicht mehr in den Griff zu bekommenden sozialen

Katastrophen führen. Das Auseinanderklappen der Arm-Reich-Schere schreitet unaufhaltsam weiter.

Diese und andere soziale Schieflagen hängen drohend über uns wie ein Damoklesschwert, national wie international. Vor all dem können wir die Augen auch als Christen verschließen. Aber den Kopf in den Sand stecken oder sich auf rosarote Wolken zu katapultieren bringt weder eine sichere Lösung noch eine tragfähige Hoffnung. Aber die unausgesprochene Devise scheint zu lauten: The Show must go on.

Die einzige wirkliche Sicherheit, die einzelne Menschen zu allen Zeiten hatten, war ihre Zuflucht zu Gott. Das ließ sie gelassener in den nächsten Tag gehen und in die Zukunft schauen. Sie wussten um den, der alle Tage bei ihnen ist. Sein Vertrauen setzten sie auf den, dem alle Vollmacht im Himmel und auf der Erde gegeben ist (Mt 28,18.20). Das war der Reichtum der Menschen, die dem Gott der Bibel vertrauten. Damit konnten sie getrost leben und sterben. Ihr Bekenntnis war eindeutig:

> *„Dennoch bleibe ich stets an dir; denn du hältst mich bei meiner rechten Hand, du leitest mich nach deinem Rat und nimmst mich am Ende mit Ehren an. Wenn ich nur dich habe, so frage ich nicht nach Himmel und Erde. Wenn mir gleich Leib und Seele verschmachtet, so bist du doch, Gott, allezeit meines Herzens Trost und mein Teil“* (Ps 73,26).

Wer wohl zum Schluss die bessere Wahl getroffen hat? Der Agnostiker, der Materialist, der Philosoph, der Bibelkritiker oder derjenige, der sein Vertrauen in allem Chaos auf den lebendigen Gott setzt? Spätestens dann, wenn wir in dieser Welt die Augen für immer schließen, werden wir erkennen, wer verblendet und wer sehend war. Auf Gott und seine Zusagen ist nach wie vor

Setzen wir unsere letzte Hoffnung auf günstige wirtschaftliche und politische Entwicklungen?

Verlass. Gerade dann, wenn es um uns herum hart, kalt, brutal und ungerecht zugeht, möchte er sich zu uns stellen. Er möchte nach wie vor unser Begleiter in den dunklen Tälern unseres Lebens sein! Setzen wir unsere letzte Hoffnung nicht auf günstige wirtschaftliche und politische Entwicklungen. Sie werden in der Sackgasse enden, solange sich der Mensch im Stolz gegenüber Gott ergeht. Aber gerade diesen Menschen wollen wir das sagen, was sie weiterschauen lässt, ihnen eine unzerstörbare Hoffnung gibt. Nichts braucht die Welt momentan mehr als das Evangelium, die nicht klein zu kriegende Siegesnachricht und die Hoffnungsbotschaft.

Unterschiedliche theologische Sichtweisen

Bevor wir uns in die vielfältigen Aussagen über den Himmel vertiefen, möchte ich noch auf eine unterschiedliche Einordnung biblischer Aussagen hinweisen. Wie bei jeder Thematik der Bibel gibt es auch zu den zukünftigen Ereignissen differenzierende Sichtweisen. Eine kontrastierende Einordnung von den in diesem Buch aufgezeigten zukünftigen Begebenheiten ist diejenige des A-Millennianismus (= es gibt darin kein zukünftiges Friedensreich Christi hier auf dieser Welt für einen Zeitraum von tausend Jahren. Dieses Reich ereigne sich heute schon).

Zur Lehre des A-Millennianismus gehört auch, dass Satan heute schon durch Jesu Sieg am Kreuz gebunden im Abgrund sei, wie es in Offenbarung 20,2-3 beschrieben ist. Zudem gibt es keine künftige Neuschöpfung von Himmel und Erde im

Sinne eines bis jetzt noch nicht vorhandenen neuen Himmels und einer neuen Erde. Im A-Millennianismus geht es lediglich um eine Verwandlung und Erneuerung der alten Welt in eine neue. Danach soll die jetzige alte Welt nach einem göttlichen Erneuerungsprozess die neue Erde sein, von der die Bibel berichtet. Das Gleiche gilt für Aussagen über den neuen Himmel. Auch er wird nach dieser Sichtweise nicht verbrennen, sondern erneuert, restauriert.

Diese Sichtweise wird vom Verfasser auf den folgenden Seiten nicht geteilt. Er sieht hier eine Verwechslung in den biblischen Aussagen über das zukünftige irdische Millennium (1000-jährige Reich) mit einer erneuerten Erde und den Aussagen über die Ewigkeit. In der Sichtweise des A-Millennianismus aber gibt es kein zukünftiges tausendjähriges Friedensreich als besonderen Zeitabschnitt auf dieser Erde. Deshalb müssen notgedrungen alle Aussagen über einen total neuen Himmel und eine neue Erde auf den jetzigen Himmel und die jetzige Erde bezogen werden. Verheißungen der Bibel mit Bezug auf die Ewigkeit realisieren sich dann hier in dieser Welt.

Wir werden uns vor Gott verantworten müssen

Kurt Marti, ein Schweizer Dichter, schrieb einmal:

> *„Das könnte manchen Herren so passen wenn mit dem Tode alles beglichen... [und] für immer bestätigt wäre".*

Ein Hauptirrtum menschlicher Wünsche und Hoffnungen zeigt sich darin, alles Jenseitige und die damit verbundene Verantwortung für alle Taten auszuschließen. Warum soll und

Es gibt eine letzte Gerechtigkeit, sowohl für alle Opfer als auch für alle Täter.

muss es jedoch einen Gott, einen Himmel und eine Hölle geben? Vergessen wir nicht: Dieses Leben hinterlässt weithin mehr Fragen als Antworten. Ein Jenseits, das quälende Fragen beantwortet und fehlende Gerechtigkeit ausgleicht, ist nicht überflüssig. Denn eine bohrende Frage, die fast alle Menschen beschäftigt, ist die nach einer ausgleichenden Gerechtigkeit. Eine letzte Gerechtigkeit, sowohl für alle Opfer als auch für alle Täter. Gerechtigkeit für alle Geschundenen und alle Despoten. Für alle Leidenden und alle Leidverursacher. Gibt es keinen allwissenden und allmächtigen Gott, gibt es keine letzte befriedigende Gerechtigkeit. Dann können keine Fragen beantwortet, kein Trost gespendet und keine Hoffnung mehr vermittelt werden.

Auch das gibt zu bedenken: Gibt es keinen Gott, und damit keine letzte Instanz, gibt es keine schützende Moral mehr für unser Miteinander. Wozu sollte ich nach guten ethischen Richtlinien leben, wenn sie mich in meiner Entfaltung hindern könnten? Wozu nicht das Finanzamt betrügen oder den Ehepartner belügen, wenn es die Not gebietet und die Lust erfordert? Gibt es keine letzte Instanz über mir, dann kann jeder tun und lassen, was er will. Hauptsache, ich mache Kohle und befriedige meine Triebe. Man darf sich beim Ausüben des Bösen nur nicht erwischen lassen oder muss die entsprechende Rechtfertigung dafür bereithalten.

Die Existenz von einer letzten unbestechlichen Bilanz lässt einen bewahrenden Sinn in unser Verantwortungsgefühl und ethisches Verhalten kommen. Dieses Wissen, dass das Leben vor einem gerechten Gott verantwortet werden muss, weist den

Menschen in seine Schranken. Ohne die Jenseitsperspektive der Bibel würde er mehr und mehr zum Tier pervertieren, zum Herrenmenschen, wie die Geschichte es tausendfach belegt. Der Charakterlosigkeit und Gewalt wären Tor und Tür geöffnet. Ungezügelt, maßlos, ohne Hemmungen, wenn nötig mit brachialer Gewalt, setzt der autonome Mensch seine Interessen und seine Ideologie auf Kosten anderer durch. Das Leben in dieser Welt bleibt für Milliarden ein Jammertal. Unterdrückt, ausgebeutet, entrechtet, ohne jegliche wahrnehmbare Hoffnung gebende Stimme. Ihr Leben ist nicht mehr als ein Dahinvegetieren. Von echter Lebensqualität keine Spur. Warum? Weil einige nicht mehr in der Verantwortung vor Gott leben.

Aber es gibt einen Gott im Himmel und auf der Erde. Ohne einen gerechten und richtenden Gott gäbe es keinen Zuspruch, kein Abwischen der Tränen mehr. Ohne die Botschaft von Himmel und Hölle gibt es keine wirkliche Antwort auf die unzählbaren Tragiken des Lebens. Das Leben bliebe ein ungelöstes Rätsel. Es wäre im besten Fall nicht mehr als ein übler Witz.

Die biblische Botschaft lautet: Es gibt einen Gott im Himmel, der seine Augen Tag und Nacht über allen Menschen und Ereignissen offen hält. Und vor diesem Gott wird einmal jeder Einzelne für sich und sein Tun und Lassen Rechenschaft ablegen müssen (Mt 12,34). Über allen Taten der Menschen wird einmal Bilanz gezogen. Keiner kann sich diesem Gott entziehen, auch nicht durch Feuerbestattungen, weil die Persönlichkeit des Menschen immateriell ist. In einem letzten, von Gott angesetzten Gerichtstag werden die ewigen Trennlinien vollzogen: Himmel und Hölle (Off 20,11-

Im letzten, von Gott angesetzten Tag werden die unrevidierbaren Trennlinien vollzogen.

15). Unsichtbar, doch vor Gott real, sind sie heute schon vorhanden (Mt 7,13-14).

Die Botschaft der Bibel lautet klar und deutlich: Es gibt einen Gott, an dem sich keiner vorbeischmuggeln kann. Es gibt für alle Täter und Opfer eine Gerechtigkeit. Es gibt den doppelten Ausgang der Geschichte. Es gibt einen Himmel und eine Hölle. Eine ewige Gemeinschaft mit Gott und eine ewige Trennung von Gott. Er wird sich in diesem letzten Gericht der Menschheit nicht unseren verbogenen und selbstherrlichen Maßstäben anpassen. Gott wird am Ende nicht alles glattbügeln und fünf gerade sein lassen. Er wird nicht durch die Finger schauen. Er wird Böses richten und verdammen und Gutes belohnen – und das nach den Aussagen, die wir in der Bibel nachlesen können. Dann wird sein „Wehe" ewige, nie mehr rückgängig zu machende Konsequenzen haben für diejenigen, die ohne ihn lebten und agierten. Aus welchem Grund sollte Gott sich und seine Worte in Bezug zur Ewigkeit ändern? Lesen wir einmal folgende Verse aus dem Propheten Jesaja. Sie können eine heilsame Wirkung auf unser Leben haben:

> *„Wehe denen, die das Böse gut nennen und das Gute böse; die Finsternis zu Licht machen und Licht zu Finsternis; die Bitteres zu Süßem machen und Süßes zu Bitterem! Wehe denen, die in ihren eigenen Augen weise sind und sich selbst für verständig halten! Wehe denen, die Helden sind im Weintrinken und tapfere Männer im Mischen von Rauschtrank; die den Ungerechten wegen eines Bestechungsgeschenkes gerecht sprechen, den Gerechten aber ihre Gerechtigkeit absprechen! ... sie haben das Gesetz des HERRN der Heerscharen verworfen und das Wort des Heiligen Israels verschmäht. Darum ist der Zorn des HERRN ge-*

gen sein Volk entbrannt, und er hat seine Hand gegen sie ausgestreckt und sie geschlagen" (Jes 5,20-25).

Irren wir uns nicht. Wir können Gott zwar heute in die letzte Schublade stecken. Aber wir können nicht verhindern, dass er Gott bleibt. Für immer und ewig. Und dass er das letzte Wort über jeden Menschen sprechen wird. Und das folgt dem ewiggültigen Gesetz:

„Irrt euch nicht, Gott lässt sich nicht verspotten! Denn was ein Mensch sät, das wird er auch ernten. Denn wer auf sein Fleisch sät, wird vom Fleisch Verderben ernten; wer aber auf den Geist sät, wird vom Geist ewiges Leben ernten" (Gal 6,7-8).

Der Schlüssel zur Realität der Ewigkeit

Der englische Literaturwissenschaftler C.S. Lewis (1898–1963) beschließt sein Buch *„Über den Schmerz"* mit einem Kapitel über den Himmel, welches mit den Worten beginnt:

„Wir sind heutigentags sehr schüchtern, den Himmel auch nur zu erwähnen. Wir fürchten uns vor dem Spott über die Kuchen im Himmel. Wir hören sehr ungern den Vorwurf, wir suchten uns zu drücken vor der Pflicht, hier und jetzt eine bessere Welt zu schaffen und träumten stattdessen von einer glücklichen Welt anderswo."

Im Gefolge der Aufklärung und der zersetzenden Bibelkritik wollte der Mensch mit seinen allzu begrenzten verstandesmäßigen Möglichkeiten Gott wegdiskutieren. Er wollte keinen Gott mehr über sich dulden, dem er vielleicht einmal Rechenschaft ablegen müsste. Aufklärerische Gedanken, die Gott wegdiskutieren, haben ihre tiefste Wurzel nicht in intellektuellen Problemen, sondern in der ethisch-moralischen Dimension. Der Mensch streifte alle Bevormundung der Kirche ab. Er wollte letztlich sein eigener Herr sein und sich im Ausleben seiner Sichtweisen und Triebe nichts vorschreiben und sich nicht beschneiden lassen.

So erinnert dieses Kapitel der Geschichte wieder an die uralte Versuchung: „Ihr werdet sein wie Gott" (1.Mo 3,5). Wir wissen schon selbst was gut und schlecht ist. Aber die geistigen Fähigkeiten des Menschen nach dem Sündenfall sind nicht dafür ausgelegt, Gottes Existenz zu beweisen noch einen Beweis dagegen zu erbringen. Mit rationalen Möglichkeiten Gott zu leugnen oder zu begründen gleicht letztlich dem Versuch, mit einer Waage die Außentemperatur zu messen. Der Versuch, mit einem Thermometer das Gewicht eines Menschen zu messen, wird ebenso scheitern. Warum? Man wendet einfach das falsche Instrument an. Und der Verstand, allein auf sich und seine Möglichkeiten gestellt, ist das falsche Instrument, Aussagen über Gott, die Ewigkeit und den Himmel zu machen. Deshalb kann die Vernunft nur falsche Ergebnisse hervorbringen, wenn es um die Gottesfrage und die Existenz eines Jenseits geht. Die Bibel erinnert daran, dass es nur ein Instrument gibt, das letztlich etwas zur Existenz Gottes sagen kann:

Rational Gott zu leugnen gleicht letztlich dem Versuch, mit einer Waage die Außentemperatur zu messen.

„Der Glaube aber ist eine Wirklichkeit dessen, was man hofft, ein Überführtsein von Dingen, die man nicht sieht" (Hebr 11,1).

Entscheidend also ist die Wirklichkeit eines von Gott geschenkten Glaubens. Nur dieser erlebt die daraus erwachsende Dimension eines erneuerten menschlichen Denkens und Wahrnehmens. Da heraus kann er letzte, treffende und verbindliche Aussagen über Gott machen. Dem Glauben allein ist es vorbehalten, Gott und die von ihm beabsichtigten Aussagen in seinem Wort als Wahrheit zu verstehen und als verändernde Wirklichkeit zu erleben.

Diese Hoffnung setzt immer ungeahnte Kräfte frei, sich dem Diesseits in seiner allgegenwärtigen und vielfältigen Problematik zuzuwenden. Ein wirklicher Christ wird niemals die Augen vor dem irdischen Elend verschließen. Er wird sich im Namen Gottes der Not dieser Welt entgegenstemmen und anpacken, wo Gott ihn hinstellt. Das geschieht jeden Tag unzählbar durch Menschen, die Jesus Christus als Herrn und Heiland anerkennen.

Was sollen wir an der Existenz des Himmels lernen?

Die Schöpfung von Himmel und Erde geschah durch das befehlende Wort des Herrn:

> *„Durch des HERRN Wort ist der Himmel gemacht und all sein Heer durch den Hauch seines Mundes"* (Ps 33,6).

Er, der alles erschuf, was unsere Augen sehen, steht zu seiner Schöpfung bis zum heutigen Tag. Nicht ohne Bedeutung sollte deshalb auch die Formulierung in unserem Glaubensbekenntnis sein: „Ich glaube an den Allmächtigen, den Schöpfer des Himmels und der Erde." Wenn es um den Herrn des Himmels geht, ist beides gemeint, der sichtbare und der unsichtbare Himmel, über den Gott herrscht und regiert. Und über diesem Herrn und Gott stehen keine Machthaber im irdischen oder überirdischen Bereich. Über diesem Gott ist keine Instanz mehr zu finden.

Mit Gott als Schöpfer wird die unumschränkte Macht und gebietende Autorität Gottes herausgestellt. Alles ist ihm unterworfen. Nichts und niemand kann seine Majestät antasten. Gerade Gott als Schöpfer der Milliarden Galaxien und Zentrum des geistlichen Himmels sollte dem Menschen die gebührende Ehrfurcht geben. Von diesem Gott her wird auch die Schwere der menschlichen Sünde in ihrem rebellischen Aufstand gegen ihn definiert. Das kleine Menschlein führt freche, überhebliche und gotteslästerliche Reden gegen den Herrscher des Himmels und der Erde. Aber kann er damit der letzten Realität entfliehen?

Könnten wir nicht auf die Beschäftigung mit dem Himmel verzichten? Warum soll es so bedeutsam sein, uns auf den Himmel zu konzentrieren? Wenn wir vom Himmel sprechen, dann sprechen wir besonders von dem Gott, der Himmel und Erde geschaffen hat. Er hat alles geschaffen, das Sichtbare und das Unsichtbare, schreibt Paulus an die Kolosser (Kol 1,16). Nichts ist ohne Bedeutung, was Gott geschaffen hat. Deshalb ist es so wichtig, den Himmel kennenzulernen.

Nichts ist ohne Bedeutung, was Gott geschaffen hat, weder das Sichtbare noch das Unsichtbare.

Menschen können nicht leben ohne an den Himmel zu denken

In unserer deutschen Sprache gibt es für den Himmel nur ein Wort. Wenn wir vom Himmel sprechen, dann meinen wir zuerst das Gewölbe, das Firmament, das sich über uns befindet im Unterschied zu dem, was unter uns ist und auf dem wir stehen, die Erde. Da geht es beim sichtbaren Himmel um ein physisches Verständnis. Erst in zweiter Linie denken wir an den unsichtbaren Himmel. Im englischsprachigen Raum gibt es für den Himmel zwei Worte; sky und heaven. Dabei meint heaven den geistlichen Himmel, in dem Gott und die Engel wohnen. Und sky meint den Himmel, an dem die Wolken ziehen und die Vögel fliegen. Da weiß gleich jeder, von welchem Himmel der andere spricht.

Sprechen wir vom sichtbaren, physischen Himmel, dann meinen wir auch die Sterne, den Mond und die Sonne, die mit dem natürlichen Auge sichtbar sind. Darüber hinaus verstehen wir unter Himmel auch unsere Galaxie, die eine Ausdehnung von 100.000 Lichtjahren hat. Ein Lichtjahr (9,46 Billionen Kilometer) ist die Strecke, die das Licht in einem Jahr zurücklegt (1 Billion ist eine 1 mit 12 Nullen). Die Entfernung von der Erde zur Sonne beträgt etwa 150 Millionen Kilometer. Das Licht dorthin braucht 8,3 Minuten. Ein Jahr hat 525.600 Minuten. Das bedeutet, dass das Licht in einem Jahr 63.097-mal die Distanz von der Erde zur Sonne zurücklegt. Und doch ist unser Sonnensystem nicht mehr als ein Staubkörnen im gesamten Universum. Dieser Kosmos besitzt Milliarden von Galaxien wie die unsere. Jede einzelne dieser Galaxien besitzt Milliarden von Sternen. Dieser galaktische Himmel besitzt in seiner Ausdehnung Dimensionen, die jede menschliche Vorstellungskraft sprengen.

In allen Kulturen und zu allen Zeiten gab und gibt es vom Himmel ein Verständnis im metaphysischen Sinn. Dieser übernatürliche Himmel war im Leben der Menschen vorherrschend und bestimmte ihre irdische Existenz maßgeblich (Metaphysik setzt sich aus zwei griechischen Worten zusammen: *metá*, „danach, hinter, jenseits“, und *phýsis*, = Natur, natürliche Beschaffenheit“). Mit Himmel im geistigen, übernatürlichen Sinn meint der Mensch den Sitz der Götter oder der Gottheit. Himmel ist schlichtweg das, was für ihn mit seinen fünf natürlichen Sinnen nicht zu erfassen ist und es eines „sechsten“ Sinns bedarf. Er

Der Mensch in seiner Kleinheit und Ohnmacht spürt, dass es etwas Mächtigeres als ihn gibt.

spürt, dass es etwas Mächtigeres als ihn gibt und sein Schicksal von dort bestimmt wird. Von dort fühlt er sich bedroht. Hier spürt der Mensch seine Kleinheit und Vergänglichkeit, seine Ohnmacht und Hilflosigkeit. In fast allen Kulturen fürchtet man die Götter, die vom Himmel her das Schicksal der Menschen bestimmen.

Wenn wir vom sichtbaren Himmel, dem Universum oder denn unsichtbaren Himmel sprechen, sind Bescheidenheit und Demut angebracht. Reden wir Menschen vom physischen und geistlichen Himmel und dem Gott, der dort existiert, dann sollten wir zurückhaltender in unseren altklugen Äußerungen werden. Der Mensch, von jeher von einer Spielart der Maßlosigkeit und Arroganz geprägt, meint schon immer, sich zum Nabel der Welt machen zu müssen. Er denkt, er könnte über alles eine letzte Beurteilung abgeben. Da wird schnell die Frage nach der eigenen Kompetenz nebensächlich. Der Prediger, ein Buch der Bibel, mahnt zur behutsamen Diskretion, wenn es um unser Beurteilungsvermögen geht:

> *„Sei nicht vorschnell mit deinem Mund, und dein Herz eile nicht, ein Wort vor Gott hervorzubringen! Denn Gott ist im Himmel, und du bist auf der Erde; darum seien deine Worte wenige“* (Pred 5,1).

Denn wo viele Worte sind, sind auch viele Irrtümer. Nirgends irrt der Mensch mehr als in der Einschätzung seiner Größe und der Unendlichkeit Gottes. Gerade in seiner Überheblichkeit über Gott und seine Mitmenschen tritt etwas von Blindheit zutage, mit der er durch die Sünde geschlagen ist. Er weiß anscheinend nicht, wie klein er ist und wie groß der Gott sein muss, der Himmel und Erde geschaffen hat.

Der Himmel sprengt unseren Erkenntnishorizont

Der 1. Kanzler der Bundesrepublik Deutschland, Konrad Adenauer (1876–1967), meinte einmal:

> *„Wir leben alle unter dem gleichen Himmel, aber wir haben nicht alle den gleichen Horizont."*

Die Frage nach dem Himmel bleibt immer auch eine Frage nach dem persönlichen Horizont. Es geht in unserem **Erkenntnishorizont**, den wir besitzen, zuerst um einen **Erfahrungshorizont.** Denn wir können nur das denken, was wir gelernt und erfahren haben. Ich kann nie etwas über echte Geborgenheit und Liebe sagen, wenn ich sie nicht durch Menschen erfahren habe. Und ich kann nichts über den Himmel und den sagen, der ihn erschaffen hat, wenn ich ihn nicht erfahren habe. Erfahrungen prägen den Horizont, in dem wir leben. Sie bestimmen unser Blickfeld mehr als wir ahnen.

Darüber hinaus gibt es auch den **Wissenshorizont** durch die Wissenschaft. Hier lernen wir etwas von dem Stand der Forschung in den unterschiedlichen Disziplinen. Dieser Wissenshorizont übersteigt den Erfahrungshorizont. Er weitet den Blick des Menschen, egal ob es um den Makrokosmos oder den Mikrokosmos geht. Er kann in Welten vordringen, die dem sichtbaren Auge verschlossen bleiben. Ohne die Hilfswerkzeuge für ein erweitertes Wissen wie Elektronenteleskope in der Astronomie könnten wir bestimmte Dinge nicht wissen.

Dann gibt es noch den **Offenbarungshorizont**. Er übersteigt sowohl den natürlichen Erfahrungshorizont als auch den Wissenshorizont der gesamten Menschheit. Hier geht es um das, was hinter der Physik und aller anderen Wissenschaft steckt. Dort geht es um die Erkenntnis, die kein Verstand ergründen kann. Hier werden uns durch Gottes Geist und Wort die unsichtbaren Realitäten aufgeschlüsselt. Dadurch erkennen wir, was letztlich unsere Existenz hervorgerufen und bis zu diesem Augenblick erhalten hat. Erst die erfahrene persönliche Gemeinschaft mit ihm macht mich zu kompetenten Äußerungen fähig über ihn und seinen Wohnort, den Himmel. Die Begegnung mit dem, der alles erschaffen hat, sprengt gewohnte und vertraute Grenzen menschlicher Wahrnehmung und menschlichen Wissens.

Nur von Gott gewirkte Erkenntnisse entschlüsseln die unsichtbaren Realitäten.

Es ist der Blick hinter die Kulissen dieser Welt, der ungeahnte Dimensionen erschließt. Diesen Blick muss uns Gott selbst offenbaren. Dadurch lernen wir, was Anfang und das Ziel aller Schöpfung und damit auch der Menschheitsgeschichte ist. Erst die Gabe des Heiligen Geistes erschließt dem Menschen diese Aussicht. Sein Gesichtskreis erweitert sich entscheidend, wenn Gottes Geist ihm den Schleier lüftet und er mit seinem Herzen anfängt wirklich zu verstehen. Sein Erkenntnisradius bekommt so die Fähigkeit mehr zu sehen, als das natürliche Auge jemals zu sehen imstande ist. Paulus berichtet davon in einem seiner Briefe an die Korinther. Die Korinther meinten ja, mit ihrer Gnosis, ihren philosophischen Erkenntnissen, das Gelbe vom Ei zu haben. Im Gegensatz dazu schreibt er von einer alle Dimensionen sprengenden Erkenntnis durch den Geist Gottes:

„Wir aber haben nicht den Geist der Welt empfangen, sondern den Geist, der aus Gott ist, damit wir die <Dinge> kennen, die uns von Gott geschenkt sind. Davon reden wir auch, nicht in Worten, gelehrt durch menschliche Weisheit, sondern in <Worten>, gelehrt

durch den Geist, indem wir Geistliches durch Geistliches deuten" (1.Kor 2,12-13).

Gerade bei dem Faktum eines übernatürlichen geistlichen Himmels, der weit über die Schöpfung des Universums hinausgeht, bekommt diese Tatsache Gewicht. Gott muss uns die Erkenntnis, dass es den geistlichen Himmel mit Gott im Zentrum gibt, durch seinen Geist aufschließen. Suchen wir den Himmel nur im irdischen Glück und die Erklärung für Sinn und Ziel unseres Daseins nur im eigenen Erkenntnishorizont, dann leben wir mit einer stark eingeschränkten Sichtweise. „Wer nur den Himmel auf Erden sucht, hat im Erdkundeunterricht geschlafen", meint Stanislaw Jerzy Lec, polnischer Lyriker und Aphoristiker. Gerade auch wir vermeintlich Aufgeklärten sollten wissen, dass es mehr gibt, als wir wissen und die naturwissenschaftliche Forschung bis heute bestätigt hat. Aber dazu müssen wir uns auf Gott einlassen, ihn suchen.

Der sichtbare Himmel ist zu einem bestimmten Zweck geschaffen

Der sichtbare Himmel ist ein Aufruf zur Erkenntnis und Anbetung Gottes. Für alle Menschen hat sich Gott darin sichtbar manifestiert. Mit dieser biblischen Sichtweise sollte den Menschen auch die Angst vor der irrealen aber dennoch Furcht einflößenden Macht von Sonne, Mond und Sternen genommen werden. Der Himmel ist Gottes Schöpfung und soll den kleinen und vergesslichen Menschen an Gottes Größe und Herrlichkeit erinnern. Die Gestirne des Himmels haben keinen verborgenen Einfluss auf den Menschen, der nach Orientierung, Glück, Gelingen und Schutz sucht. Das Gebet des Nehemia stellt Gott in großartiger Weise als den Schöpfer des Himmels und der Erde dar. Hier wird bezeugt, dass sich die Engel des Himmels vor Gott als Schöpfer niederwerfen:

> *„Du, HERR, bist es, du allein. Du, du hast den Himmel gemacht, die Himmel der Himmel und all ihr Heer, die Erde und alles, was darauf ist, die Meere und alles, was in ihnen ist. Und du machst dies alles lebendig, und das Heer des Himmels wirft sich vor dir nieder“* (Neh 9,6).

Gott beabsichtigte mit seiner Schöpfung des Himmels etwas ganz Bestimmtes. Er will dem unbehausten Menschen Geborgenheit schenken, wenn er zu ihm seine Zuflucht nimmt. Von den Sternen braucht er nichts zu erwarten und sich nicht vor ihnen fürchten. Wir lesen in den Psalmen des Alten Testaments:

> *„Die Himmel erzählen die Herrlichkeit Gottes, und das Himmelsgewölbe verkündet seiner Hände Werk“* (Ps 19,2).

Der Himmel will uns von Gottes Wesen, seiner ewigen Kraft als auch von seiner göttlichen Majestät erzählen. Sie dokumentieren seine Kraft und Göttlichkeit:

> *„Denn sein (für uns Menschen heute) unsichtbares <Wesen>, sowohl seine ewige Kraft als auch seine Göttlichkeit, wird seit Erschaffung der Welt in dem Gemachten wahrgenommen und geschaut, damit sie ohne Entschuldigung seien“* (Röm 1,20).

> *„Denn alle Götter der Völker sind Götzen (eigentlich: „Nichtse“, ein Spottwort), aber der HERR hat die Himmel gemacht. Majestät und Pracht sind vor seinem Angesicht, Kraft und Freude in seiner Stätte“* (1.Chr 16,26-27).

Der sichtbare Himmel ist erfüllt von Gottes Herrlichkeit und hat einen Predigtauftrag für uns Menschen. Ohne hörbare Worte, ohne einen Prediger verkündigt der sichtbare Himmel Tag und Nacht die Größe Gottes. Still, klar und ohne menschliches Beiwerk predigt der Himmel den Menschen die Herrlichkeit Gottes. Heute können wir mehr denn je etwas von der Größe des Universums ahnen und dem Gott, der dies alles erschuf. Der große Königsberger Philosoph Immanuel Kant (1724–1804) philosophierte noch darüber:

> *„Die Vernunft entrüstet sich bei dem Gedanken, all das dem Zufall zuzuschreiben. Zwei Dinge erfüllen das Gemüt mit Bewunderung und Ehrfurcht: der gestirnte Himmel über uns und das moralische Gesetz in uns.“*

Für die Gläubigen des Alten Testaments rief der Himmel immer wieder ein Staunen darüber hervor, dass dieser Schöpfer sich uns kleinen Menschen zuwendet und sich um uns ganz persönlich kümmert:

> *„Wenn ich anschaue deine Himmel, deiner Finger Werk, den Mond und die Sterne, die du bereitet hast: Was ist der Mensch, dass du sein gedenkst, und des Menschen Sohn, dass du dich um ihn kümmerst“* (Ps 8,4-5)?

Der Himmel kann durch Gottes Geist ein Staunen darüber hinterlassen, wer Gott in seiner Macht ist und was er schaffen kann.

Das Universum hinterlässt ein Staunen darüber, wer Gott in seiner Macht ist.

Der Himmel weist auf den nicht einzugrenzenden Gott hin

Vielleicht kennen wir das Gebet des Königs Salomo bei der Einweihung des ersten Tempels in Jerusalem nach 20-jähriger Bauzeit. Er hatte auf dem heutigen Tempelberg ein imposantes Bauwerk für den Ort errichtet, wo Gott wohnen wollte. Als dieser fertiggestellt war, erstaunt der König selbst über dieses prunkvolle Haus. Er kommt aus dem Staunen nicht mehr heraus, als er über den eigentlichen Sinn dieses Tempels nachdenkt. Seine Gedanken drückt er in einem der großen Gebete aus, das uns im Alten Testament überliefert ist. Darin rühmt der gottesfürchtige König die erhabene und unfassbare Größe Gottes. Dabei stellt er Gottes Majestät in eine Beziehung zur Erde und den verschiedenen Himmeln, von denen er wusste:

> *„Ja, sollte Gott wirklich auf der Erde wohnen? Siehe, die Himmel und die Himmel der Himmel können dich nicht fassen; wieviel weniger dieses Haus, das ich gebaut habe“* (1.Kön 8,27)!

Ihm wird deutlich, dass der erhabene Gott nicht in ein menschliches Bauwerk zu begrenzen ist. Selbst die irdischen Himmel können Gottes Größe nicht erfassen. Wie viel weniger nun dieses Bauwerk, von dem Gott versprochen hatte, dass er dort wohnen und den Menschen begegnen wolle. Es wäre geradezu lächerlich, wollte man den unendlichen Gott in einige Mauern aus Stein und Mörtel begrenzen und zwängen. Er ist der Gott, der nicht einzumauern ist und der sich nicht einsperren lässt. Aber er ist auch der Gott, der sich den Menschen offenbart und fassbar macht. Dieser Ausdruck: „die Himmel und die Himmel der Himmel" drückt die unbeschreibliche Größe und Fülle des Schöpfergottes aus. Heute würden wir vielleicht von „Megahimmeln" oder „Gigahimmeln" sprechen. Und diese Himmel wurden von Gott ins Dasein gerufen. Dieser Ausdruck will verdeutlichen, es gibt mehr, als wir sehen und erforschen können. Hinter der riesengroßen sichtbaren Schöpfung gibt es die noch größere unsichtbare Schöpfung, den Himmel Gottes.

Noch an anderen Stellen spricht die Bibel von den Himmeln der Himmel:

> *„Du, HERR, bist es, du allein. Du, du hast die Himmel gemacht, die Himmel der Himmel und all ihr Heer, die Erde und alles, was darauf ist, die Meere und alles, was in ihnen ist. Und du machst dies alles lebendig, und das Heer des Himmels wirft sich vor dir nieder"* (Neh 9,6).

Und im Neuen Testament predigt Paulus in Athen auf dem Areopag von dem Gott, der nicht in Tempeln einzusperren ist:

> *„Der Gott, der die Welt gemacht hat und alles, was darin ist, er, der Herr des Himmels und der Erde, wohnt nicht in Tempeln, die mit Händen gemacht sind"* (Apg 17,24).

Hören wir also auf mit den Versuchen, Gott einen bestimmten Distrikt zuzuordnen. So, wie die Weite des Universums unfassbar ist, so auch der ewige Gott. **Er ist derjenige, der alles geschaffen hat, alles durchdringt und dennoch nur ein Gebet weit von uns entfernt ist.** Er ist Gott im Himmel und auf der Erde. In einem ergreifenden Gebet formuliert Mose seine Gotteserkenntnis, die er durch viele Offenbarungen und Erfahrungen gewonnen hatte:

> *„Herr, mein Gott, du hast begonnen, mir, deinem Diener, deine Größe und Macht zu zeigen. Nirgends im Himmel und auf der Erde gibt es einen Gott, der so gewaltige Taten und erstaunliche Wunder vollbringt wie du“* (5.Mo 3,24 – GN).

Mose hatte diese Erkenntnis nicht aus philosophischen Überlegungen gewonnen. Auch nicht durch astronomische Berechnungen und Einsichten. Er hatte sich auf diesen Gott eingelassen. Er ließ es zu, dass Gottes Offenbarung seinem Leben neue Dimensionen eröffnete. Das sprengte die Grenzen seines geistigen Erfassungsvermögens. Und so erschloss sich ihm eine neue Größenordnung, die des Glaubens. Mit ihr konnte er Erfahrungen mit dem Gott des Himmels und der Erde machen, die sich jedem notorischen Zweifler verschließen, verharrt er in seinem Skeptizismus.

Man kann mit Gott Erfahrungen machen, die sich jedem notorischen Zweifler verschließen.

Himmel und Erde sind dem Gericht unterworfen

Der geschaffene Himmel ist mit der Erde durch den Sündenfall verseucht und somit dem Gericht und der Auslöschung durch Gott im Gericht preisgegeben. Deshalb werden sie einmal nicht mehr existent sein, im Gegensatz zu Gott und seinem Wort, das in Ewigkeit Bestand hat. Der Apostel Petrus schreibt von der Vergänglichkeit, der Auflösung von Himmel und Erde. Sie werden heute aufbewahrt für das Feuer, das alles vernichten wird, was von der Sünde befleckt und mit ihr in Verbindung stand. Und dazu gehören sowohl der Himmel als auch die Erde:

> *„Die jetzigen Himmel und die <jetzige> Erde aber sind durch dasselbe Wort aufbewahrt und für das Feuer aufgehoben zum Tag des Gerichts und des Verderbens der gottlosen Menschen“* (2.Petr 3,7).

> *„Es wird aber der Tag des Herrn kommen wie ein Dieb; an ihm werden die Himmel mit gewaltigem Geräusch vergehen, die Elemente aber werden im Brand aufgelöst und die Erde und die Werke auf ihr <im Gericht> erfunden werden“* (2.Petr 3,10).

Dies geschieht vor dem Beginn der Ewigkeit. Gott verfährt so mit seiner Schöpfung, wie er es in seiner Reinheit, Heiligkeit und Gerechtigkeit für angemessen hält. Was durch die Sünde beschmutzt und von ihr durchdrungen ist, ist dem ewigen Gericht Gottes verfallen. Es kann die Ewigkeit in Gottes Herrlichkeit nicht erreichen. Daran wird deutlich, dass die Sünde eine Realität ist, die das Gericht Gottes nach sich zieht und vernichtend ist.

Alles, was nicht mit Gott durch das Blut Jesu Christi versöhnt ist, wird Gottes verdammendes Gericht erfahren. Nur das, was durch das Blut Jesu mit Gott versöhnt ist, hat eine Ewigkeitsperspektive.

> *„... diese sind es, die aus der großen Bedrängnis kommen, und sie haben ihre Gewänder gewaschen und sie weiß gemacht im Blut des Lammes. Darum sind sie vor*

> *dem Thron Gottes und dienen ihm Tag und Nacht in seinem Tempel; und der auf dem Thron sitzt, wird über ihnen wohnen"* (Off 7,15).

Für diesen Dienst in der Ewigkeit wird Gott selbst einen neuen Himmel und eine neue Erde schaffen. Wie unsere Existenz und unser Dienst dort aussieht, deutet die Bibel nur an. Auf jeden Fall wird er in einer neuen Dimension stattfinden, die wir uns jetzt noch nicht vorstellen können.

Dass Gott heute aber noch nicht die Erde und den Himmel durch sein Feuer vernichtet, hängt mit seiner ungeheuren und unglaublichen Langmut zusammen:

> *„Der Herr verzögert nicht die Verheißung, wie es einige für eine Verzögerung halten, sondern er ist langmütig euch gegenüber, da er nicht will, dass irgendwelche verloren gehen, sondern dass alle zur Buße kommen"* (2.Petr 3,9).

Allein Gottes Wille zur Rettung des Menschen lässt diesen Tag noch nicht eintreffen. Doch dieser Tag der Zerstörung wird ganz gewiss kommen. Zu allen Zeiten hat es Menschen gegeben, die darüber lächelten und spotteten. Ihnen war das alles nur übertriebenes, frommes Geschwätz. Doch Gott selbst sagt auch dies in seinem Wort voraus:

> *„Und zuerst dies wisst, dass in den letzten Tagen Spötter mit Spötterei kommen werden, die nach ihren eigenen Begierden wandeln und sagen: Wo ist die Verheißung seiner Ankunft? Denn seitdem die Väter entschlafen sind, bleibt alles so von Anfang der Schöpfung an"* (2.Petr 3,34).

Die Vernichtung von Himmel und Erde war schon fester Bestandteil alttestamentlicher Prophetie:

> *„... denn die Himmel werden wie Rauch zerfetzt werden, und die Erde wird zerfallen wie ein Kleid, und ihre Bewohner werden dahinsterben wie Mücken. Aber mein Heil wird in Ewigkeit bestehen, und meine Gerechtigkeit wird nicht zerschlagen werden“* (Jes 51,6).

So, wie Gott es verheißen hat, so wird es geschehen. Hier wird Himmel und Erde als vergänglich bezeichnet, wie Rauch, der sich auflöst und wie ein Kleid, das sich irgendwann pulverisiert. In Gegensatz dazu wird Gottes Heil und seine Gerechtigkeit immer bestehen. Sie sind keinem Verfallsprozess unterworfen. Er wird das gesamte Universum und die Erde zu Asche machen, sodass ihre Stätte nicht mehr gefunden wird:

> *„Und ich sah einen großen weißen Thron und den, der darauf saß, vor dessen Angesicht die Erde entfloh und der Himmel, und keine Stätte wurde für sie gefunden“* (Off 20,11).

Der allmächtige Gott ist der einzige, der Macht hat, seine Worte auch zur Erfüllung zu bringen.

Der allmächtige Gott ist der einzige, der Macht über seine Worte hat sie zu erfüllen. Dazu bestimmt er die Zeit und die Art und Weise, wie sich seine Vorhersagen erfüllen werden. Denn durch sein Wort hat er die Himmel und die Erde gemacht (1.Mo 1 und 2; Ps 33,6). Und durch seinen Befehl wird er sie auch vernichten. Nach wie vor steht hinter dem Wort Gottes seine unbegrenzte Macht. Er beendet in dieser Welt die Macht von Herrschern und ganzer Dynastien. Er wird auch die Existenz des von ihm geschaffenen Himmel und der Erde zu seiner Zeit beenden. Denn Gottes Wort beweist seine Macht nicht nur bei der Schöpfung, sondern auch im letzten Gericht. Auch für das Gericht gilt:

> *„Denn des HERRN Wort ist wahrhaftig, und was er zusagt, das hält er gewiss"* (Ps 33,4 – LÜ).

Der Himmel Gottes – die alles entscheidende Wirklichkeit

Auf den nächsten Seiten werden wir in die heute schon reale aber noch für uns unsichtbare Welt Gottes anhand der Bibel eintauchen. Viele Aspekte tun sich auf, die uns die Bibel darüber mitteilt. Für mich konkretisierte sich je länger je mehr die göttliche Wirklichkeit.

Der Himmel – die umfassende Realität Gottes

Der ehemalige Mathematik-Professor Hans Rohrbach (1903–1993) wurde einmal von einem Kollegen der theologischen Fakultät Mainz mehr ironisch gefragt: „Herr Professor, können Sie mir sagen, wo sich Jesus jetzt nach knapp 2.000 Jahren bei seiner Himmelfahrt befindet?" Hans Rohrbach, ein an Jesus gläubiger Mann gab seinem Kollegen die entsprechende Antwort. Dabei machte er ihm deutlich, dass Jesus, wenn er mit Lichtgeschwindigkeit unterwegs wäre, noch nicht einmal unser Sonnensystem mit seinem Radius von etwa 50.000 Lichtjahren verlassen hätte. Aber er wusste, dass die Entrückung Jesu in den Himmel kein mathematisches Problem ist, sondern ein Glaubensproblem.

Wo befindet sich nun der Himmel, von dem die Bibel so oft spricht? Und was alles beinhaltet der Himmel, den die Bibel als Wohnsitz und Aufenthaltsort des dreieinigen Gottes beschreibt? Nach den unzweideutigen Aussagen der Bibel wohnt und thront dort Gott von Ewigkeiten her. Ohne Gott selbst wäre der Himmel nicht erwähnenswert. Aber mit Gott im Zentrum ist der Himmel alles, wofür es sich zu leben lohnt. Hier ist der Gott, den die Bibel als das Alpha und das Omega, den Anfang und das Ziel, bezeichnet.

Ohne Gott selbst wäre der Himmel nicht erwähnenswert. Aber mit Gott ist der Himmel alles, wofür es sich zu leben lohnt.

Dieser Himmel als Wohnstätte Gottes ist jedoch kein ferner Ort, zu dem wir Lichtjahre reisen müssten. Er ist die alles einschließende und alles umgebende Wirklichkeit Gottes. Die sichtbare Schöpfung, und das meint nicht weniger als das gesamte Universum, ist für Gott zu klein. Schon ein Salomo wusste durch die Offenbarung Gottes:

> *„Ja, sollte Gott wirklich auf der Erde wohnen? Siehe, die Himmel und die Himmel der Himmel können dich nicht fassen; wieviel weniger dieses Haus, das ich gebaut habe“* (1.Kön 8,27)!

Alles Sichtbare ist von dieser Wirklichkeit des geistigen Himmels Gottes eingehüllt. Wir spüren sofort, dass es hier um Dimensionen geht, die der natürliche Mensch nicht im Geringsten erfassen kann. So können wir sagen, dass es keinen Ort auf dieser Erde oder in den Tiefen des Weltalls gibt, den Gott nicht kennt, sieht und umschließt. Deshalb fragte Gott die Menschen, die vor ihm flüchteten:

> *„Oder kann sich jemand in Schlupfwinkeln verbergen, und ich, ich sähe ihn nicht?, spricht der HERR. Bin ich es nicht, der den Himmel und die Erde erfüllt?, spricht der HERR“* (Jer 23,24).

So ist der Himmel Gottes uns ganz nahe. Jesus, der jetzt zur Rechten Gottes, des Vaters sitzt, sagte, dass er bei uns ist und uns allezeit wie die Atmosphäre umgibt (Mt 28,20). Der Himmel ist lediglich für uns heute die unsichtbare Dimension. Aber er ist genauso Realität wie die jetzt sichtbare Welt. Dieses Wissen und diese Gewissheit schenkt uns der Heilige Geist durch die Bibel. David spricht davon, was ihm durch den Geist von diesem Geheimnis der Allgegenwart und Allwissenheit offenbart wurde:

> *„HERR, du erforschest mich und kennest mich. Ich sitze oder stehe auf, so weißt du es; du verstehst meine Gedanken von ferne. Ich gehe oder liege, so bist du um mich und siehst alle meine Wege. Denn siehe, es ist kein Wort auf meiner Zunge, das du, HERR, nicht schon wüsstest. Von allen Seiten umgibst du mich und hältst deine Hand über mir. Diese Erkenntnis ist mir zu wunderbar und zu hoch, ich kann sie nicht begreifen“* (Ps 139,1-6; LÜ).

Gott sieht und hört alles, ja er kennt jeden Gedanken unseres Herzens und jedes Wort, bevor wir es aussprechen. Das kann nur durch die Allgegenwart Gottes erklärt werden, vor der nichts verborgen ist. Nichts, aber auch gar nichts kann vor ihm geheim gehalten werden und in die Geheimhaltung abtauchen (Hebr 4,13). Das beinhaltet auch den großen Trost, dass wir uns zu jeder Zeit und in jeder Situation an ihn wenden können. Sagte nicht Jesus: „Ich bin bei euch alle Tage“?! Überall ist er erreichbar und ansprechbar. Sein Geist durchdringt die gesamte geschaffene Materie. Wir dürfen uns in ihm bergen, weil es keinen Ort gibt, der nicht von ihm umschlossen ist.

> *„Scheol und Abgrund (Aufenthaltsort der Toten und der Dämonen) <liegen offen> vor dem HERRN, wieviel mehr die Herzen der Menschenkinder“* (Spr 15,11)!

Sprechen wir vom Himmel Gottes so wird deutlich: Wir dürfen Gott nicht in unser stark eingeschränktes geistiges Erfassungsvermögen einzwängen. So, wie wir manchmal über Kinder lachen, so lächelt Gott ab und zu über unsere allzu klugen wissenschaftlich oder philosophisch geprägten Kommentare. Da muss ich an einen unserer Söhne denken. Er fragte mich, als er noch ein Kind war, nach der Größe Gottes: „Reicht Gott auch bis an die Dachrinne?“ Damals wohnten wir in einem vierstöckigen Haus. Und die Dachrinne schien wohl unendlich weit für ihn als kleiner Bursche zu sein. Natürlich folgte dann auch noch die für ihn als heranwachsenden Mann so wichtige Frage: „Hat Gott auch einen Hammer?“

Wir Erwachsene schmunzeln über solche Fragen. Wie viel mehr aber mag Gott über unsere Ansichten schmunzeln, egal ob sie akademisch wissenschaftlich „abgesichert“ sein mögen oder nur einer Stammtischrhetorik entspringen. Der Gott, der das Universum erfüllt und alle Abläufe darin kennt, kann wahrscheinlich nur den Kopf über viele unserer Ansichten schütteln. Er ist der Gott, für den es keine Geheimnisse gibt. Er ist der, der uns liebt und sich für uns investieren will, wenn wir es nur zulassen. Er taxiert uns nicht abschätzig wegen unserer geistigen Beschränktheit. Er nimmt uns ernst und möchte uns gerne bis in alle Ewigkeit an seiner Seite haben – wenn wir es freiwillig und gerne zulassen. Um seinetwillen und um unsertwillen.

Der Himmel – ein Gegenstand des Glaubens

Dennoch kann diese Gewissheit über Gottes beständige Gegenwart und Allwissenheit manchmal ins Wanken und in Vergessenheit geraten. Da für uns oft nur die sichtbare Wirklichkeit zählt, müssen wir uns durch Gottes Wort den Blick für diese Welt Gottes schärfen lassen. Denn vom Himmel wissen wir nur durch die Bibel. Die Realitäten, von denen dieses Buch spricht, können wir aber nur erfahren, wenn wir uns auf Gott einlassen und ihm vertrauen lernen. Rein intellektuell können wir diese für uns immer noch unsichtbare Dimension nicht erfassen. Dazu fehlt uns schlicht und einfach der alles entscheidende Faktor der Erfahrung mit der himmlischen Wirklichkeit.

Wir können uns weder vorstellen, dass es einen Gott gibt, der uns jeden Moment von allen Seiten umgibt und alle unsere Gedanken kennt, noch einen Gott, der das Universum erschaffen hat, das einen Durchmesser von etwa 30 Milliarden Lichtjahren hat. Hier endet unsere menschliche Vorstellungskraft und wir kommen an für uns unüberwindbare Grenzen. Deshalb hat Gott einen anderen Weg gewählt, um uns von seiner Realität und der himmlischen Wirklichkeit zu überzeugen. Das ist die Offenbarung durch den Heiligen Geist in seinem Wort. Dieser Geist Gottes bringt es fertig, uns eine Gewissheit über unsichtbare geistige Realitäten zu geben. Erst dann können wir an das glauben, was wir noch nie mit unseren Augen gesehen haben. So sagt die Bibel über den Glauben, den der Heilige Geist in uns wirkt:

Gott wählte den Weg des Glaubens. Bei den unvorstellbaren Ausmaßen des Universums kommt der Mensch ans Ende seiner Vorstellungskraft.

> *„Der Glaube aber ist eine Verwirklichung dessen, was man hofft, ein Überführtsein von Dingen, die man nicht sieht“* (Hebr 11,1).

Der menschliche Intellekt war und bleibt total überfordert, wenn es darum geht, himmlische, sprich göttliche Dimensionen zu erfassen. Allein der Heilige Geist kann Gottes Reden, seine Existenz im Himmel und auf dieser Welt etwas verstehbar und gewiss glaubbar machen. Das ist das Geheimnis des Glaubens. Wir werden innerlich von einer Realität überführt, die wir – noch – nicht sehen können.

Vertrauen wir ihm, dass er existiert und für uns da sein will, dann wird sich Gott an uns mit seiner Kraft erweisen. Wenn wir uns von uns selbst entwickelten Maschinen anvertrauen, warum nicht dem lebendigen Gott, dem Schöpfer des Himmels und der Erde?! Was habe ich zu verlieren, diesem Gott eine vielleicht neue Chance in meinem Leben zu geben?

Der Himmel – Eigentum Gottes und Ort seiner Gegenwart

Weil der unsichtbare Himmel eine Schöpfung Gottes ist (Kol 1,16), gehört ihm selbstverständlich auch der Himmel. Er ist der Eigentümer der unsichtbaren Welten. Damit ist Gott auch der unumschränkte Herrscher des Himmels. Das große Wunder ist, dass sich dieser Gott uns kleinen, sterblichen Menschen offenbaren kann. Warum? Weil er uns als sein Gegenüber geschaffen hat und in seiner Liebe zu uns nicht von uns loskommt.

In der Bibel finden wir nun mehrere Stellen, wo wir Erhellendes über den Himmel und die Machtverhältnisse dort hören können:

> *„Und höre auf das Flehen deines Knechtes und deines Volkes Israel, das sie zu dieser Stätte hin richten werden. Du selbst mögest es hören an der Stätte, wo du thronst, im Himmel, ja, höre und vergib"* (1.Kön 8,30)!

> *„Du, HERR, bist es, du allein. Du, du hast die Himmel gemacht, die Himmel der Himmel und all ihr Heer, die Erde und alles, was darauf ist, die Meere und alles, was in ihnen ist. Und du machst dies alles lebendig, und das Heer des Himmels wirft sich vor dir nieder"* (Neh 9,6).

Der Himmel ist mit der Erde aber nicht nur Gottes Schöpfung, sondern auch sein Eigentum (5.Mo 10,14). Da es den Himmel ohne Gott nicht gibt, wird er deshalb manchmal als Synonym für Gott selbst verwandt:

> *„Und der König Hiskia und der Prophet Jesaja, der Sohn des Amoz, beteten deswegen und schrieen zum Himmel um Hilfe"* (2.Chr 32,20).

Die Worte „Himmel", „Thron Gottes" oder „Ewigkeit" stehen in der Bibel also in einer Begriffsverwandtschaft mit Gott selbst. So spricht die Bibel an vielen Stellen von Gott, wenn sie vom Himmel, seinem Thron und der Ewigkeit redet.

> *„Und wer bei dem Himmel schwört, schwört bei dem Thron Gottes und bei dem, der darauf sitzt"* (Mt 23,22).

Der Himmel ist nicht ohne Gott und Gott und sein Thron nicht ohne den Himmel zu verstehen. Alles steht in einer unauflöslichen Verbundenheit, die die Bibel zusammensieht.

Himmel, Thron Gottes, Gott selbst können und dürfen wir nicht auseinanderdividieren. In Daniel 4 wird folgerichtig von der Herrschaft der Himmel gesprochen. Dort sprach Gott zu dem König der Babylonier, Nebukadnezar:

> *„... dein Königtum soll dir <erhalten> bleiben, sobald du erkennst, dass die Himmel herrschen“* (Dan 4,23).

Auch in diesem Vers wird die Herrschaft der Himmel mit der Herrschaft Gottes gleichgesetzt. Denn nicht ein Ort herrscht, sondern eine Person. Wenn wir heute von Berlin, Moskau, Peking oder Washington machtpolitisch sprechen, dann meinen wir die Politiker, die dort regieren und Macht ausüben und nicht die Häuser, Straßen und Bäume, die sich dort befinden.

Alle diese Aussagen in der Bibel über den Himmel Gottes sind nicht das Produkt von jahrelangen philosophischen Überlegungen. Auch die gewaltigsten Visionen können einem Menschen niemals die wirkliche umfassende Größe Gottes vermitteln. Visionen von Gott geben immer nur einen Teilaspekt Gottes wieder.

Der Himmel Gottes ist Gottes Wohnort, von ihm erschaffen, ihm gehörend, von ihm beherrscht und abgesondert von jeglicher Sünde. Deshalb spricht wohl David auch von den „heiligen Himmeln“ (Ps 20,7), weil sie ganz und gar Gott gehören und seine Herrlichkeit ausstrahlen.

Der Himmel – Jesu ewiger Wohnort als Gott

Über der Frage, wer Jesus wirklich ist, herrschen seit seinem Auftritt auf dieser Erde vor 2.000 Jahren unterschiedliche Ansichten. Aber eine rechte Bestimmung der Person Jesu kann

Ohne seine ewige Existenz wäre Jesus nur ein Mensch wie jeder andere gewesen.

ohne seine vorgeschichtliche Existenz nicht getroffen werden. Ohne seine Präexistenz wäre Jesus nur ein Mensch unter Menschen gewesen. Jesu Person wird erst dann recht erfasst, wenn wir ihn in Verbindung mit der Ewigkeit und dem Himmel sehen. Klammern wir das aus, bleibt Jesus nur ein guter Mensch mit außergewöhnlichen Fähigkeiten.

Vom Himmel her kam Jesus auf die Erde. Von hier ging er wieder an den Ort zurück, wo er von Ewigkeit her existierte. Die Herrlichkeit des Vaters hatte er nur für 33 Jahre verlassen, um als Mensch für uns eine ewige Erlösung auf dieser Erde zu erwirken. Mit der Himmelfahrt aber beendete er endgültig sein irdisches Dasein. Dafür betete Jesus in seinem Gebet in Garten Gethsemane (Joh 17,5).

Jesus war das sehr wichtig, seine Jünger und die übrigen Zuhörer darauf hinzuweisen. Denn allzu schnell konnte man in ihm nur den Sohn unter Söhnen, ein Mensch unter Menschen, geboren von der Maria aus Nazareth und Sohn des Josef (Luk 3,23) sehen. Aber Jesus hatte eine ewige Existenz im Himmel. Dort im Himmel lebte Jesus in ewiger Herrlichkeit zusammen mit dem Vater und dem Heiligen Geist. In einem Streitgespräch mit den Pharisäern weist Jesus darauf hin, dass er schon vor Abraham existierte und er der alttestamentliche „Ich bin“ (2.Mo 3,14) ist:

> *„Jesus sprach zu ihnen: Wahrlich, wahrlich, ich sage euch: Ehe Abraham war, bin ich“* (Joh 8,58).

Dies löste bei den Juden einen Proteststurm aus. Auf diese Aussage hin wollten sie ihn steinigen (Joh 8,59). Warum? Mit dieser Aussage stellte er sich mit dem Gott, der Mose erschienen war, auf eine Stufe (2.Mose 3,14). Mit seiner Redewendung „bin ich“ (eigentliche müsste es heißen: „war ich“) machte er sich zu Gott. Das war ja die Ungeheuerlichkeit in den Äußerungen Jesu. Er bezeichnete sich als der, der eins mit dem Vater im Himmel ist: „Ich und der Vater sind eins“ (Joh 10,30).

Auch nach dieser Aussage hin wollten sie ihn steinigen. Denn das war eindeutige Gotteslästerung (Joh 10,31). Mag bis heute diese Tatsache sehr umstritten sein, bei Jesus selbst aber herrschte keine Unklarheit darüber, wenn es um seine ewige Existenz im Himmel ging. In der Geschichte von der Speisung der 5.000 sagte Jesus am Tag darauf:

> ***„… denn ich bin vom Himmel herabgekommen, nicht dass ich meinen Willen tue, sondern den Willen dessen, der mich gesandt hat“*** (Joh 6,38).

Die Antwort der Juden darauf war nur ein Murren (Joh 6,41). Auch Paulus bestätigt noch einmal die vorgeschichtliche ewige Existenz Jesu: „*Er* ist vor allem, und alles besteht durch ihn“ (Kol 1,17).

An Jesus als ewiger Sohn Gottes, als Schöpfer des Universums, der im Himmel wohnt und thront, hängt alles. Er garantiert durch seine Macht die Aufrechterhaltung aller physikalischen Gesetze. So sichert Jesus im Himmel den Fortbestand des gesamten Alls. Er ist derjenige, der „alle Dinge durch das Wort seiner Macht trägt“ (Hebr 1,3).

Als Jesus 40 Tage nach seiner Auferstehung entrückt wurde,

ging er zurück zu seinem Vater im Himmel und nahm seine Machtposition als Herr und Christus ein:

> *„Der Herr wurde nun, nachdem er mit ihnen geredet hatte, in den Himmel aufgenommen und setzte sich zur Rechten Gottes"* (Mk 16,19; s.a.: Luk 24,51; Apg 1,11; 2,36).

Dort wartet er nun auf das Startsignal seines Vaters, seine Leute von der Erde und aus dem Totenreich heimzuholen in den Himmel. Bis es so weit ist, fertigt er für uns die Wohnungen an, in denen wir dann für immer sein werden.

Der Himmel – heute ein für Menschen unzugänglicher Ort

Alle Menschen, auch wir Christen, haben nur eine sehr schwache und manchmal auch falsche Vorstellung von Gott, seiner Herrlichkeit und Heiligkeit. Der Lichtglanz seiner Majestät, die den ganzen Himmel erfüllt, ist nicht in Worte zu fassen. Johannes sah das Angesicht des in den Himmel zurückgekehrten Jesus leuchten wie eine Sonne (Off 1,16). Seine Augen waren wie eine Feuerflamme (Off 1,14). Diese Vision vermittelt nur ein schwaches Abbild von dem, wie groß Jesu Majestät als wahrer Gott jetzt im Himmel ist. Sein Wesen ist lauter Licht (1.Joh 1,5; Joh 8,12). Von seinem Vater wird gesagt, dass er selbst der Ursprung des Lichtes ist:

> *„Jede gute Gabe und jedes vollkommene Geschenk kommt von oben herab, von dem Vater der Lichter, bei dem keine Veränderung ist noch eines Wechsels Schatten"* (Jak 1,17).

Im Himmel gibt es keinen Schatten noch wechselt Gottes Lichtstärke. In seinem Tempel im Himmel ist alles Licht und alles ruft Herrlichkeit (Ps 29,9). Die Visionen, die Menschen von Gott hatten, sind nur ein kleiner Ausdruck von Gott und seiner Herrlichkeit. Letztlich weisen sie auf etwas viel Größeres hin. Jeder Versuch des Menschen, heute in diese Sphäre der Herrlichkeit Gottes vorzudringen, würde für ihn mit dem Tod enden. Ähnlich wie Ikarus in der griechischen Sage in seinem Übermut abstürzte, als er sich der Sonne zu sehr näherte und seine Wachsflügel schmolzen. Damit Jesu Erscheinung für Menschen damals auf der Erde erträglich wurde, musste er die Gestalt Gottes und damit seine himmlische Herrlichkeit ablegen. Im Philipperbrief lesen wir dazu:

Jeder Versuch des Menschen, heute in Gottes Sphäre der Herrlichkeit vorzudringen, würde für ihn tödlich enden.

> *„... der in Gestalt Gottes war und es nicht für einen Raub hielt, Gott gleich zu sein. Aber er machte sich selbst zu nichts und nahm Knechtsgestalt an, indem er den Menschen gleich geworden ist, und der Gestalt nach wie ein Mensch befunden“* (Phil 2,6-7).

Ansonsten hätte seine Erscheinung auf dieser Erde wie die Zündung einer Wasserstoffbombe gewirkt. Jeder, der ihn gesehen hätte, wäre auf der Stelle tot gewesen.

Ein kleiner Eindruck von Gottes Hoheit, Würde und Erhabenheit kommt in der Vision Jesajas zum Ausdruck. Dort bedecken selbst die Engel ihr Angesicht vor der Heiligkeit Gottes (Jes 6,1-3). Auch Johannes bekommt einen kleinen Eindruck von Jesu Majestät auf Patmos. Daraufhin sinkt er wie tot zu den Füßen des erhöhten Christus (Off 1,17). Dieser Gott, den Jesaja und Johannes in einer Vision schauten, wohnt im Himmel in einem für uns Menschen unzugänglichen Licht. Und zu diesem Licht kann nach der Aussage der Schrift heute kein Mensch vordringen:

> *„Die (zukünftige Erscheinung Jesu Christi) wird zu seiner Zeit der selige und alleinige Machthaber zeigen, der König der Könige und Herr der Herren, der allein Unsterblichkeit hat und ein unzugängliches Licht bewohnt, den keiner der Menschen gesehen hat, auch nicht sehen kann. Dem sei Ehre und ewige Macht! Amen“* (1.Tim 6,15-16).

Deshalb hat ihn auch keiner der Menschen bis heute unverhüllt schauen dürfen. Selbst die Visionen von Gott im Alten und Neuen Testament waren nicht das direkte Schauen Gottes. Es waren „nur“ Visionen von Gott und seiner Herrlichkeit. So bestätigt Johannes zu Beginn in seinem Evangelium noch einmal:

> *„Niemand hat Gott jemals gesehen; der eingeborene Sohn, der in des Vaters Schoß ist, der hat <ihn> kundgemacht“* (Joh 1,18).

Denn wer Gott in seinem von der Sünde und Vergänglichkeit geprägten Leib sieht, der muss unweigerlich sterben. Dieser Leib ist auch bei wiedergeborenen Christen noch nicht erlöst (Röm 8,23). Er steht noch unter dem Gericht Gottes, das Gott damals nach dem Sündenfall im Garten Eden aussprach (1.Mo 2,16-17). Deshalb müssen auch Kinder Gottes heute noch leiblich sterben. Demzufolge kann auch der Mensch mit seinem sterblichen Körper Gott in seiner Reinheit und Heiligkeit nicht anblicken. Er wäre sofort tot, sähe er Gott unverhüllt.

> *„Dann sprach er (Gott zu Mose): Du kannst <es> nicht <ertragen>, mein Angesicht zu sehen, denn kein Mensch kann mich sehen und am Leben bleiben"* (2.Mose 33,20).

Deshalb ist die Gemeinschaft des Menschen mit Gott heute nur in einer eingeschränkten Weise möglich. Schon jetzt haben wir Gemeinschaft mit Gott. Aber er zeigt sich uns nur in einem verhüllten Zustand. Das aber soll uns nicht in der Hoffnung schwächen, ihn einmal in seiner Herrlichkeit unverhüllt sehen zu dürfen. Heute leben wir nicht im Schauen, sondern im Glauben und Hoffen (2.Kor 5,7). Jesus sagte zu seinen Leuten: Gott lebt und ihr werdet einmal bei ihm sein und ihn ohne Einschränkungen sehen. Das ist der Beginn nie endender Herrlichkeit.

> *„Eine kleine <Weile>, und ihr seht mich nicht mehr, und wieder eine kleine <Weile>, und ihr werdet mich sehen"* (Joh 16,16).

Dann haben wir einen verherrlichten Geistleib und können Gottes Majestät und Herrlichkeit ohne Beeinträchtigung schauen.

Der Himmel – Thron und Zentrum der Macht Gottes

Im menschlich-irdischen Bereich spielte der Thron durch die Jahrtausende hin immer eine große Rolle bei den Herrschern der Völker in den unterschiedlichen Kulturen. In der Antike waren Throne das Symbol der Könige und Götter. Der Thron stand in direkter Verbindung mit der Machtausübung und Autorität der Könige und Kaiser bis in unsere Zeit hinein. Dabei gab es Machtausübung zum Wohl eines Volkes. Aber es gab auch das andere. Macht wurde und wird nicht selten nur zum eigenen Wohl, Ansehen und Anhäufung von Geldreserven ausgeübt. In vielen Ländern heute wird Macht von demokratisch gewählten Regierungen ausgeübt. Doch ist Machtausübung durch Präsidenten, Kanzler und Minister nicht vor Missbrauch gefeit.

Throne waren oft großartig ausgeschmückt. Von Salomos Thron lesen wir:

> *„Und der König machte einen großen Thron aus Elfenbein und überzog ihn mit reinem Gold. Sechs Stufen hatte der Thron, und einen runden Kopf hatte der Thron auf seiner Rückseite; und Armlehnen waren auf dieser und auf jener Seite am Sitzplatz, und zwei Löwen standen neben den Armlehnen; und zwölf Löwen standen da auf den sechs Stufen, auf dieser und auf jener Seite. Niemals ist so <etwas> gemacht worden für irgendwelche <anderen> Königreiche"* (1.Kön 10,18-20).

Für den himmlischen Bereich steht der Thron Gottes mit Gott und seiner uneingeschränkten Macht in Verbindung. Der Thron ist der Mittelpunkt und Ausgangspunkt von souveräner göttlicher Herrschaft und Macht. David und Jesaja sprechen prophetisch von diesem Thron Gottes:

> *„Der HERR hat in den Himmeln aufgerichtet seinen Thron, und seine Herrschaft regiert über alles"* (Ps 103,19).

> *„So spricht der HERR: Der Himmel ist mein Thron und die Erde der Schemel meiner Füße"* (Jes 66,1; > Apg 7,49).

Vor der Landeinnahme durch das Volk Israel finden wir im Buch Josua eine bemerkenswerte Aussage über Gott. Hier erzählt eine Frau namens Rahab über den psychischen Zustand der noch Landinhaber:

> *„Als wir es hörten, da zerschmolz unser Herz, und in keinem blieb noch Mut euch gegenüber. Denn der HERR, euer Gott, ist Gott oben im Himmel und unten auf der Erde"* (Jos 2,11).

Hier wird durch eine Heidin – und dazu noch eine Prostituierte – eine große Gotteserkenntnis vermittelt. Für sie stand es außer Frage, wer im Himmel und auf der Erde das Sagen hat. Die wunderbaren und zugleich furchterregenden Ereignisse, die sie von dem Handeln Gottes an seinem Volk Israel in der Wüste hörte, ließen eine andere Schlussfolgerung nicht zu. Sie besaß die Demut, das zu glauben, und den Mut, das vor zwei Spionen der Israeliten auszusprechen. Diese Redewendung: „der Herr, euer Gott, ist Gott oben im Himmel und unter auf der Erde" drückt die uneingeschränkte Herrschaft Gottes in allen Bereichen des Sichtbaren und Unsichtbaren aus. Diese Tatsache wird auch durch die Metapher von der „Rechten Gottes" als Bild der unumschränkten Macht und Herrschaft Gottes beschrieben:

> *„Klang von Jubel und Heil ist in den Zelten der Gerechten. Die Rechte des HERRN tut Gewaltiges. Die Rechte des HERRN ist erhoben, die Rechte des HERRN tut Gewaltiges"* (Ps 118,15-16).

Über Gott steht keiner mehr. Er allein hat unumschränkte Befehlsgewalt.

Das unterstreicht die Tatsache, dass über Gott keiner mehr steht. Er allein hat unumschränkte Befehlsgewalt. Unzählige Menschen haben die Erfahrung gemacht, dass Gott Macht hat seine Leute in dieser Welt durchzubringen, wie aussichtslos die Situation auch sein mag. Gott umgibt in seiner Macht den Glaubenden, nicht zuletzt durch seine Engel.

Denken wir nur an die Situation, die uns in 2. Könige 6 gezeigt wird. Elisa befand sich mit seinem Diener in einer schier aussichtslosen Situation. Und das, obwohl er ein Prophet und Diener Gottes war. Beide sind von einem starken Heer aramäischer Soldaten umstellt. Pferde und Kriegswagen der gegnerischen Armee machten eine Flucht aus der Stadt unmöglich. So gab es für sie kein Entrinnen mehr. Der Tod schien ihnen todsicher. Doch Elisa blieb in großer Gelassenheit. Schätzte er die Lage etwa falsch ein? Nein, er hatte „nur" einen Blick für die ihn umgebende und weitaus mächtigere Realität Gottes. Elisa sagte zu seinem Mitarbeiter:

> ***„Fürchte dich nicht! Denn zahlreicher sind die, die bei uns sind, als die, die bei ihnen sind. Und Elisa betete und sagte: HERR, öffne doch seine Augen, dass er sieht! Da öffnete der HERR die Augen des Dieners, und er sah. Und siehe, der Berg war voll von feurigen Pferden und Kriegswagen um Elisa herum"*** **(2.Kön 6,16-17).**

So ließ er sich nicht alarmieren, wie es im Propheten Jesaja wörtlich übersetzt heißt: „Der Glaube lässt sich nicht alarmieren" (Jes 28,16). Luther übersetzt: „Wer glaubt, der flieht nicht". Die feindlichen Streitkräfte waren von Gottes Streitkräften umgeben. Elisa glaubte das. Nicht als eine Einbildung, eine Suggestion. Er war zutiefst davon überzeugt, dass Gottes Wirklichkeit jeden Ort der Erde umfasst. Und so erlebte er es auch. Sein Wissen, dass es kein Fleckchen Erde gibt, wo der Herr der Heerscharen nicht gegenwärtig wäre, bewahrte ihn vor panischen Reaktionen. Elisa hatte den Glaubensblick, der jeder Fähigkeit und Methode des Menschen überlegen ist. So bleibt der Glaube eine Realität, die von keiner wissenschaftlichen Erkenntnis überholt oder ad absurdum geführt werden kann.

Doch gilt das immer noch? Feiern heute nicht die negativen Kräfte und bösen Mächte ihre Triumphe? Spielen nicht die Mächtigen und Regierenden die Trumpfkarten? Durch den Missbrauch ihrer Macht rast die Welt auf einen noch nie dagewesenen GAU zu. Stellen gegenwärtige und zukünftige apokalyptische Ereignisse Gottes Macht und Herrschaft nicht infrage? Man könnte an Gottes Macht und Herrschaft zweifeln und manchmal auch verzweifeln.

Aber das Gegenteil ist der Fall: All die negativen Schlagzeilen bestätigen nur Gottes Regierungsgewalt im Himmel und auf der Erde. Warum? Gott hat uns in seinem Wort der Bibel vor Jahrtausenden schon vorhergesagt, was an schrecklichen Ereignissen geschehen soll. Das konnte er nur, weil er die Geschicke der Geschichte in seinen Händen hält. Ihm entgleitet nichts, auch wenn es für uns auf der Erde so erscheint. Er lässt in all den schrecklichen Ereignissen das Gute und das Böse zur Ernte hin ausreifen (Mt 13,30.36-43). Die Zukunft ist und bleibt für den allmächtigen Gott kein unvorhersehbares Rätsel und

All die negativen Schlagzeilen bestätigen nur Gottes Regierungsgewalt im Himmel und auf der Erde.

Mysterium. Schlimme Ereignisse stellen ihn auch nicht ins Abseits, weil ihm die Kräfte zu schwinden drohen. Die gesteigerte Wirksamkeit der diabolischen Kräfte bestätigen nur die Vorhersagen Gottes in seinem Wort. Er hat und spricht das letzte Wort. Alles geschieht zu seiner Zeit. Und damit wir als seine Leute nicht an einem Atemstillstand bei all dem Schrecklichen sterben, hat er es uns in seinem Wort vorhergesagt.

Der Himmel – Ort der Versöhnung und Reinigung

Christen kennen den Ort Golgatha, vor den Toren Jerusalems, wo der Sohn Gottes sein Leben zur Versöhnung für uns Menschen mit Gott opferte. Wir sagen, dass dort die Versöhnung für uns Menschen stattgefunden hat und von Jesus erwirkt wurde. Und das stimmt: Die Versöhnung durch Jesus fand in dieser Welt am Kreuz von Golgatha statt. Diese Tat Jesu wurde dadurch von Gott bestätigt, dass er ihn von den Toten auferweckte und damit unsere Rechtfertigung vor ihm in Gang setzte (Röm 4,25).

Allerdings berichtet uns die Bibel auch, dass unsere ewige Erlösung im Himmel stattgefunden hat. Denn unsere Schuld ist ein Fakt, der bis in die ewige Welt Gottes, den Himmel, hineinreicht. Nach wie vor schreien die Sünden der Menschen zu Gott. Die Schuld der Menschen ist nicht nur eine furchtbare Tatsache auf dieser Erde, sondern auch im Himmel. Nach dem Brudermord Kains an Abel wird uns berichtet:

> *„Und er sprach: Was hast du getan! Horch! Das Blut deines Bruders schreit zu mir vom Ackerboden her“* (1.Mose 4,10).

Und Nehemia bekennt vor seinem Gott die Schuld seines Volkes:

> *„Und ich sprach: Mein Gott, ich schäme mich und scheue mich, mein Gesicht zu dir, mein Gott, zu erheben! Denn unsere Sünden sind <uns> über den Kopf gewachsen, und unsere Schuld ist groß geworden bis an den Himmel"* (Esra 9,6).

Für Gott war es nicht unwichtig, was zur Zeit des Propheten Jona in der damaligen Welthauptstadt Ninive geschah. So sandte Gott seinen Propheten, um die Bewohner dieses Riesenmolochs zur Umkehr zu rufen.

> *„Mache dich auf, geh nach Ninive, der großen Stadt, und verkündige gegen sie! Denn ihre Bosheit ist vor mich (im Himmel) aufgestiegen"* (Jona 1,2).

Die Sünden auf dieser Erde dringen bis zu Gott im Himmel vor. Schuld ist etwas, was vor Gott im Himmel eine Realität darstellt, über die er nicht so einfach hinweggeht. Dort ist sie notiert und kann von Menschen nicht ausgelöscht werden. Die von Menschen begangenen Sünden rufen nach Sühnung. Und Jesus hat sie gesühnt, auf der Erde und im Himmel vor Gott.

Mit den Gedanken der Reinigung des Himmels betreten wir einen Bereich, der wieder unsere Wirklichkeit und Vorstellungskraft sprengt. Damit ist unsere Erlösung von unseren Sünden und unserer Schuld an einem sicheren Ort. Unsere Versöhnung mit Gott ist im Himmel geschehen und damit bombensicher. Deshalb sind Erlösung und Versöhnung auch keiner dämonischer Zerstörungskraft ausgesetzt. Sie ist im Himmel, im Allerheiligsten geschehen und Gott selbst wacht darüber. Dazu ist jeder antigöttlichen Kraft der Zutritt verweigert. So lesen wir im Hebräerbrief von diesem Geheimnis:

> *„Christus aber ist gekommen als Hoherpriester der zukünftigen Güter und ist durch das größere und vollkommenere Zelt – das nicht mit Händen gemacht, das heißt, nicht von dieser Schöpfung ist – und nicht mit Blut von Böcken und Kälbern, sondern mit seinem eigenen Blut ein für alle Mal in das Heiligtum hineingegangen und hat <uns> eine ewige Erlösung erworben"*
> (Hebr 9,11-12; s.a.: Hebr 6,19-20; 9,24).

Jesu Opfer reichte also bis in das himmlische Heiligtum hinein. Der Himmel ist dadurch ein Ort der totalen und umfassenden Versöhnung. Sie besteht ewig, kann nicht geschmälert werden und ist nicht mehr rückgängig zu machen. Im Himmel ist also unsere Schuld gesühnt und dort sind uns unsere Sünden vergeben worden. Deshalb kann unsere Vergebung nicht mehr infrage gestellt werden, weder von uns oder anderen Menschen und Mächten. Gott ließ Jesus zwar in dieser Welt für unsere Schuld richten. Aber die Wirkung des Opfers Jesu reichte bis ins himmlische Heiligtum. Unsere Sünden mussten auch vor Gott im Himmel in Ordnung gebracht und in seinem himmlischen Heiligtum ausgelöscht werden.

Unsere Vergebung kann deshalb nicht mehr infrage gestellt werden, weil sie auch im Himmel anerkannt ist.

Doch der Himmel musste auch noch wegen einer anderen Sache gereinigt werden. Das hängt mit der Rebellion der von Gott abgefallenen Engel im Himmel zusammen. Ihre Empörung gegen Gott hat auch den Himmel verunreinigt. Denn immer noch wirken die dämonischen Mächte „in der Himmelswelt" (Eph 6,12). Durch Jesu Opfer wurde auch der Himmel von allen Folgen dieser satanischen Rebellion gegen Gott gereinigt:

> *„<Es ist> nun nötig, dass die Abbilder der himmlischen Dinge hierdurch gereinigt werden, die himmlischen Dinge selbst aber durch bessere Schlachtopfer als diese"* (Hebr 9,23).

Folglich ist durch den Sündenfall Satans auch in der himmlischen Welt eine Verunreinigung geschehen, die durch das Opfer Jesu ebenfalls mit gereinigt wurde. Diese Reinigung der himmlischen Dinge hat aber keine Vergebung für Satan und seine Engel zur Folge (Hebr 2,16). So bringt es der Schreiber des Hebräerbriefes noch einmal auf den Punkt:

> *„Die Hauptsache aber bei dem, was wir sagen, ist: Wir haben einen solchen Hohenpriester, der sich gesetzt hat zur Rechten des Thrones der Majestät in den Himmeln, als Diener des Heiligtums und des wahrhaftigen Zeltes, das der Herr errichtet hat, nicht ein Mensch"* (Hebr 8,1-2).

Der geistliche Himmel, in den wir einmal als Kinder Gottes kommen werden, ist deshalb ein ganz und gar gereinigter Bereich, in dem sich keine Auswirkungen der Sünde mehr zeigen können. Alles ist durch das Blut Jesu gesäubert, rein und fleckenlos. Dafür dürfen wir Jesus Christus jetzt schon danken und ihm die Anbetung bringen. Was haben wir doch für einen wunderbaren und einzigartigen Heiland. Er kann wirklich mit keinem Menschen verglichen oder sogar auf eine Stufe gestellt werden.

Der Himmel – Ort des hohenpriesterlichen Dienstes Jesu

Jesus richtet heute im Himmel seinen Dienst als Hoherpriester aus. Für Christen, die sich manchmal als unnütz und ungenügend empfinden ist es so wichtig, das zu wissen. Millionen von Gläubigen erfahren den Trost, dass Gott für sie ist und Jesus sie immer vor Gott vertritt. Er redet nie mehr schlecht über uns. Das darf feste Gewissheit für jeden Christen sein. Im Römerbrief deutet Paulus den priesterlichen Dienst Jesu als unseren Fürsprecher an. Er legt ein gutes Wort vor Gott für uns ein, wenn wir in dieser Welt unter mancherlei Druck und Anklagen durch den Chefankläger Satan geraten:

Durch sein Sühneopfer auf Golgatha für die Sünden der Menschen hat er sich das Recht erworben, als der Messias zur Rechten Gottes zu sitzen:

> *„Dieser aber hat ein Schlachtopfer für Sünden dargebracht und sich für immer gesetzt zur Rechten Gottes“* (Hebr 10,12).

Dort übt er Tag und Nacht eine für uns außerordentlich wichtige Tätigkeit aus:

> *„Wer ist, der verdamme? Christus Jesus ist es, der gestorben, ja noch mehr, der auferweckt, der auch zur Rechten Gottes ist, der sich auch für uns verwendet“* (Röm 8,34; s.a.: Hebr 7,25; 9,24; 1.Joh 2,1).

Damit haben Christen einen verlässlichen Rechtsanwalt im Himmel, wenn der Widersacher sie dort auf die übelste Art und Weise verklagt (Off 12,10). Dieser Mittlerdienst Jesu wird einmal enden, wenn die vollendeten Gläubigen im Himmel sein werden und wenn er das Reich dem Gott und Vater übergibt. Wenn der Teufel und der Tod in der ewigen Gottesferne für immer zu den Erretteten keinen Zugang mehr haben.

Dass Jesus Christus zur Rechten Gottes im Himmel seinen Platz eingenommen hat, hat direkte Auswirkungen auf die Gemeinde Jesu. In der Einheitsübersetzung klingen diese Verse so:

> *„... und wie überragend groß seine Macht sich an uns, den Gläubigen, erweist durch das Wirken seiner Kraft und Stärke. Er hat sie an Christus erwiesen, den er von den Toten auferweckt und im Himmel auf den Platz zu seiner Rechten erhoben hat, hoch über alle Fürsten und Gewalten, Mächte und Herrschaften und über jeden Namen, der nicht nur in dieser Welt, sondern auch in der zukünftigen genannt wird. Alles hat er ihm zu Füßen gelegt und ihn, der als Haupt alles überragt, über die Kirche gesetzt“* (Eph 1,18-22).

Auch für die unsichtbare Welt ist nun ein für alle Mal klar, wer die Befehlsgewalt besitzt und wer letzte Autorität ist. Keiner steht mehr über dem Sohn Gottes, außer dem Vater Jesu Christi. Alles ist Jesus Christus unterworfen, Engel, Mächte und Kräfte. Petrus unterstreicht diese Tatsache:

> *„Der (Jesus Christus) ist zur Rechten Gottes, nachdem er in den Himmel gegangen ist, und Engel und Mächte und Kräfte sind ihm unterworfen“* (1.Petr 3,22).

Denn dazu war ja der Sohn Gottes gekommen: Sein Tod am Kreuz entrechtete Satan umfassend und schlug ihm jede Anklageschrift gegen Kinder Gottes aus der Hand:

„Hierzu ist der Sohn Gottes geoffenbart worden, damit er die Werke des Teufels vernichte" (1.Joh 3,8).

„Er (Gott) hat die Gewalten und die Mächte völlig entwaffnet und sie öffentlich zur Schau gestellt. In ihm (Jesus) hat er den Triumph über sie gehalten" (Kol 2,15).

Christen müssen sich nicht mehr durch innere Anklagen umtreiben lassen. Egal, ob sie erfunden sind oder zu Recht bestehen.

Deshalb müssen sich Christen nicht mehr durch innere Anklagen umtreiben lassen. Egal, ob sie erfunden sind oder zu Recht bestehen. Egal, ob sie Fehler gemacht und Schuld auf sich geladen haben. Sie sollten sich immer wieder vor Augen halten, dass der allmächtige Gott sie nicht mehr verdammt. Sie dürfen trotz allen Fehlern und allem Zukurzkommen wissen: Gott ist für mich. Und das wird sich dank der Treue Gottes nicht ändern. Jesus hat alles gut gemacht. Er verwirft mich nicht, stößt mich nicht von sich. Im Gegenteil: Nirgends bin ich dem Herzen Jesu so nah, als in der Vergebung meiner Sünden. Wozu bräuchte ich Jesus sonst? Damit er mich etwa groß rausbringt? Nein. Jesus ist nicht gekommen, mein Ich aufzupolieren. Er ist gekommen, Sünder zu suchen und selig zu machen.

Das Sitzen Jesu zur Rechten Gottes als unser Fürsprecher hat auch gewaltige Auswirkungen auf die Stellung und die damit verbundene Vollmacht der Gemeinde Jesu heute:

„Er hat uns mitauferweckt und mitsitzen lassen in der Himmelswelt in Christus Jesus, damit er in den kommenden Zeitaltern den überragenden Reichtum seiner

Gnade in Güte an uns erwiese in Christus Jesus“ (Eph 2,6-7).

Das geistliche Mitsitzen der Gläubigen in der Himmelswelt heute zeigt an, mit welch außergewöhnlicher Autorität Gott sie heute ausgestattet hat. Diese Vollmacht brauchen wir heute, um Satan und seinen Machtdemonstrationen wirksam in der Kraft des Herrn entgegentreten zu können. Wir müssen nicht vor ihm fliehen, wenn er als brüllender Löwe uns einschüchtern und zerreißen will:

> *„Seid nüchtern, wacht! Euer Widersacher, der Teufel, geht umher wie ein brüllender Löwe und sucht, wen er verschlingen kann. Dem widersteht standhaft durch den Glauben, da ihr wisst, dass dieselben Leiden sich an eurer Bruderschaft in der Welt vollziehen“* (1.Petr 5,8-9).

Die Angst vor dem Teufel kommt ja vom Teufel und darf der Vergangenheit angehören. Wir sind für seine betörenden und Zweifel einflößenden Versuche tot, nicht mehr zu sprechen. Gott hat uns Vollmacht über seine List und Macht gegeben. Sagt Jesus nicht zu seinen Jüngern:

> *„Siehe, ich habe euch die Macht (Vollmacht) gegeben, auf Schlangen und Skorpione zu treten, und über die ganze Kraft des Feindes, und nichts soll euch schaden“* (Lk 10,19).

Und wir haben es heute mit dem gleichen Feind zu tun, wie die Nachfolger Jesu damals. Gott will, dass wir Zuversicht und Freimütigkeit haben und uns von keinen Drohgebärden des Feindes

Gott möchte, dass wir als fröhliche Menschen durch diese Welt gehen, weil Jesus uns immer verteidigend zur Seite steht.

einschüchtern lassen. Denn wir begegnen heute nur besiegten Dämonen, egal wie einschüchternd sie auch auftreten. So dürfen wir heute schon mitherrschen in allen Lebensbereichen, die uns tangieren und herausfordern (Röm 5,17). Gott freut sich darüber, wenn wir nicht achtlos an seinen großen Geschenken vorübergehen. Er möchte, dass wir als fröhliche und vollmächtige Jünger Jesu unseren Weg ihm nach durch diese Welt gehen. Und das dürfen wir, weil Jesus uns immer verteidigend zur Seite steht.

Der Himmel – Ausgangspunkt von Gottes Reden

Der Mensch ist für das Reden Gottes aus der unsichtbaren Welt angelegt. Zudem ist für ihn die Führung durch Gott eine bittere Notwendigkeit. Ohne Gottes Reden zu hören, bleiben wir ohne rechte Führung und Bewahrung. Für nicht wenige Christen ist es deshalb eine ganz entscheidende Frage: Wie kann ich Gottes Reden für mein Leben und anstehende Entscheidungen deutlich vernehmen? Wie kann ich seine Stimme hören und von dem Stimmengewirr um mich herum unterscheiden? Manche Christen haben Gottes Stimme in ihrem Herzen schon seit Jahren nicht mehr gehört. Das lässt ihren Glauben austrocknen und spröde werden.

Wenn wir bedenken, dass der Himmel Gottes Welt ist, die uns umgibt wie die Luft, dann ist Gott keinem der Menschen fern. Gott ist da, immer und überall, ob wir ihn fühlen oder nicht:

> *„... dass sie Gott suchen, ob sie ihn vielleicht tastend fühlen und finden möchten, obwohl er ja nicht fern ist von jedem von uns. Denn in ihm leben und weben und sind wir ...“* (Apg 17,27-28).

Der Himmel ist bestens über uns informiert. Und Gott spricht aus seiner unsichtbaren Welt, dem Himmel, zu uns Menschen. Das tut er auf vielfältige Weise. Gerade im 2. und 5. Mosebuch wird uns mitgeteilt, dass Gott vom Himmel her mit den Menschen redet und sich ihnen offenbart:

> *„Vom Himmel her hat er dich seine Stimme hören lassen, um dich zu unterweisen. Und auf der Erde hat er dich sein großes Feuer sehen lassen, und mitten aus dem Feuer hast du seine Worte gehört“* (5.Mose 4,36).

Hier wird Bezug genommen auf das, was uns im 2. Buch Mose geschildert wird (2.Mose 20,22): Das geschah damals am Sinai, wo er seinen Willen seinem Volk klar und deutlich offenbarte, in verständlichen Worten mit ihnen sprach und einen Bund mit ihnen schloss. Die Begleiterscheinungen des Redens Gottes waren damals dermaßen furchterregend, dass das Volk Mose bat, mit diesem Gott zu reden.

> *„Und es geschah am dritten Tag, als es Morgen wurde, da brachen Donner und Blitze los, und eine schwere Wolke <lagerte> auf dem Berg, und ein sehr starker Hörnerschall <ertönte>, sodass das ganze Volk, das im Lager war, bebte. “* (2.Mose 19,16)

> *„Und das ganze Volk nahm den Donner wahr, die Flammen, den Hörnerschall und den rauchenden Berg. Als*

nun das Volk <das> wahrnahm, zitterten sie, blieben von ferne stehen" (2.Mose 20,18).

Damals wurde Mose als Mittler zwischen Gott und das Volk gestellt:

„Ich stand zwischen dem HERRN und euch zu jener Zeit, um euch das Wort des HERRN zu verkünden; denn ihr fürchtetet euch vor dem Feuer und stieget nicht auf den Berg (5.Mose 5,5-6).

Dann legte Gott seinem Volk die Weisung vor, nach der es leben sollte, u.a., die Zehn Gebote. Gott legte auch einen bestimmten Ort fest, an dem er sich weiterhin offenbaren und mit seinem Volk reden wollte:

„Sondern ihr sollt die Stätte aufsuchen, die der HERR, euer Gott, aus all euren Stämmen erwählen wird, um seinen Namen dort niederzulegen, dass er <dort> wohne, und dahin sollst du kommen" (5.Mose 12,5).

Gott sprach also später in seinem Heiligtum, dem Tempel, wo er seinem Volk erscheinen und ihm Weisung geben wollte (siehe nächster Punkt). Leider kümmerte sich das Volk Gottes oft nicht um Gottes Weisung. So leidet und trauert Gott unter der Halsstarrigkeit seiner Leute:

„Ach, hättest du doch auf meine Gebote geachtet! Dann wäre wie der Strom dein Friede gewesen und deine Gerechtigkeit wie die Wogen des Meeres" (Jes 48,18).

Im Neuen Testament wird das Reden Gottes im Sohn auf eine Weise deutlich, wie es bis dahin noch nicht geschah. Hier zerriss Gott den Himmel und kam persönlich auf die Erde, wie es schon in Jesaja erbeten wurde: „Ach, dass du die Himmel zerrissest, herabstiegest, …“ (Jes 63,19; oder 64,1).

Jesus war das Letzte und Entscheidende, was Gott dieser Welt zu sagen hat.

Gott besuchte in Jesus unsere Erde. Er war das letzte und entscheidende Wort Gottes an diese Welt (Hebr 1,1). Der Vater bestätigte den Sohn vom Himmel her vor den Menschen und forderte sie auf, den Worten seines Sohnes zu vertrauen:

> *„… und siehe, eine Stimme <kam> aus der Wolke, welche sprach: Dieser ist mein geliebter Sohn, an dem ich Wohlgefallen gefunden habe. Ihn hört“* (Mt 17,5)!

Damals zeigte Gott sein Herz den Menschen, als Jesus den Menschen Gottes Wille offenbarte. Und er sprach werbend in seiner ganzen Güte und Menschfreundlichkeit. Ohne Blitz und Donner, ohne verzehrendes Feuer. Heute, in unserer Zeit, redet der Herr besonders durch sein offenbartes Wort in der Bibel. Aber auch durch seinen Geist, seine Schöpfung, durch die vielen alltäglichen Ereignisse im Kleinen und im Großen spricht er zu uns. Gott kann durch letztlich alles zu uns sprechen, was unser Leben tangiert. Wo er eine Möglichkeit sieht, dass wir ihn erkennen, nimmt Gott den Dialog auf. Mehr, als wir es manchmal ahnen und wahrhaben wollen. Seine Worte aus dem Himmel gesprochen, der uns umgebenden unsichtbaren Welt, sind so wesentlich für unser Leben.

Der Himmel – Ort der Erhörung unserer Gebete

Wenn der Himmel das Zentrum der Macht Gottes ist, dann ist er automatisch auch der Ort der Erhörung unserer Gebete. Schon bei Ismael und Hagar wird uns berichtet:

> *„Gott aber hörte die Stimme des Jungen. Da rief der Engel Gottes der Hagar vom Himmel zu und sprach zu ihr: Was ist dir, Hagar? Fürchte dich nicht! Denn Gott hat auf die Stimme des Jungen gehört, dort wo er ist“* (1.Mose 21,17).

Gott ist in allen entmutigenden Lebensumständen bereit zu hören, zu vergeben und zu heilen.

Uns allen sind vielleicht die verheißungsvollen Worte Gottes an Salomo bekannt. Darin ermutigte er sein Volk, doch seine Zuflucht zu Gott zu nehmen. Egal wie finster und entmutigend auch die Lebensumstände sein mögen, Gott ist bereit zu hören, zu vergeben und zu heilen:

> *„Da erschien der HERR dem Salomo in der Nacht und sprach zu ihm: Ich habe dein Gebet gehört … und wenn mein Volk, über dem mein Name ausgerufen ist, sich demütigt, und sie beten und suchen mein Angesicht und kehren um von ihren bösen Wegen, dann werde ich vom Himmel her hören und ihre Sünden vergeben und ihr Land heilen“* (2.Chr 7,12.14).

Gott schaut, ob wir ihn wirklich in Demut suchen und ob wir von unseren bösen Wegen umkehren. Geschieht das, dann wird der Herr aus der unsichtbaren Welt heraus das tun, was wir nicht tun können. Glauben wir einfach den Worten aus der Heiligen Schrift.

> *„Jetzt werden meine Augen offen und meine Ohren aufmerksam sein auf das Gebet an dieser Stätte. Und jetzt habe ich dieses Haus erwählt und geheiligt, damit mein Name dort sei für ewig. Und meine Augen und mein Herz sollen dort sein alle Tage“* (2.Chr 7,15-16).

Dieser Gott, der heute vom Himmel her unsere Gebete erhört, ist derselbe Gott, der sich durch die Jahrtausende hindurch von Menschen erbitten ließ. Immer und immer wieder neigte er sich zu den Menschen herab, wenn sie ihn aufrichtig und von ganzem Herzen suchten und um seine Hilfe baten. Gewiss, Gott erhörte nicht immer so, wie die Menschen es von ihm erbaten. Er ließ seine Hilfe auch nicht immer postwendend eintreffen. Durch manche Verzögerungen seines Eingreifens aber wurden die Bittenden immer fester an den Gott gebunden, den sie anriefen. Uns kann nichts Besseres passieren als die Gemeinschaft mit dem ewigen Gott. So wird er ein immer festerer Bestandteil unseres Lebens! Das verleiht unserem Leben eine immer größere Standhaftigkeit. Deshalb:

> *„Werft nun eure Zuversicht nicht weg, die eine große Belohnung hat. Denn Ausharren habt ihr nötig, damit ihr, nachdem ihr den Willen Gottes getan habt, die Verheißung davontragt“* (Hebr 10,35-36).

Der Himmel – Ausgangsort für Gottes Gerichte

Manchmal geht uns diese Sicht verloren. Wir hören von Katastrophen in den Nachrichten, lesen davon in den Printmedien oder sehen sie im Fernsehen oder Internet. Dass jedoch der allmächtige Gott sogar direkter oder indirekter Initiator davon ist, erscheint uns manchmal weit weg. Wir können es uns nur schwer vorstellen, dass Gottes waltende Hand mit Gerichten in der Geschichte der Menschheit in Verbindung steht.

Doch gerade die Geschichtsschreibung im Alten Testament offenbart das an unzähligen Stellen. Gott ist auch der „Verursacher" von Kriegen, Vertreibungen, Hungersnot und manchen anderen schwer zu ertragenden Ereignissen. Gerichte haben immer eine menschliche und eine göttliche Sichtweise. Und beides wird uns in der Bibel verdeutlicht. Christen sollen die Weltgeschichte auch auf dem Hintergrund der Weltgerichte Gottes verstehen lernen. Bewegende Ereignisse, umstürzende Revolutionen geschehen nicht einfach so. Auf Gottes Befehl ziehen Armeen in den Krieg. Und er beendet auch ihre Kriegsfeldzüge. Spricht Gott über Sanherib, den allmächtig scheinendenden König von Assyrien:

Christen sollen die Weltgeschichte auch auf dem Hintergrund der Weltgerichte Gottes verstehen lernen.

> *„Hast du nicht gehört, dass ich lange vorher es gewirkt und von den Tagen der Vorzeit her es gebildet habe? Nun habe ich es kommen lassen, dass du befestigte Städte verwüstest zu öden Steinhaufen"* (2.Kön 19,25).

> *„Wegen deines Tobens gegen mich und weil dein Übermut in meine Ohren heraufgekommen ist, werde ich meinen Ring in deine Nase legen und meinen Zaum an deine Lippen und werde dich zurückführen auf dem Weg, auf dem du gekommen bist"* (2.Kön 19,28).

Gott hat seine Hand in den großen und kleinen Begebenheiten. Auch wenn uns dieser Gedanke bei negativen Vorgängen etwas schwerfallen mag. Aber das ist die eindeutige Hintergrundinformation der Bibel. Der Gott der Liebe ist auch ein Gott der Kriege und Gerichte. Gottes Zorngerichte sind nach wie vor eine Realität in den Ereignissen dieser Welt. Mit einigen wenigen aber umso mehr eindeutigen Bibelstellen soll dieser Gedanke nun befestigt werden.

So schreibt Paulus im Römerbrief:

> *„Denn es wird geoffenbart Gottes Zorn vom Himmel her über alle Gottlosigkeit und Ungerechtigkeit der Menschen, welche die Wahrheit durch Ungerechtigkeit niederhalten"* (Röm 1,18).

Im Alten Testament wird bezeugt, wer letztlich hinter tragischen Ereignissen steht:

> *„Da ließ der HERR auf Sodom und auf Gomorra Schwefel und Feuer regnen von dem HERRN aus dem Himmel"* (1.Mose 19,24).

> *„Ich schaute in den Gesichten, die ich auf meinem Lager hatte, und siehe, ein Wächter und Heiliger stieg vom Himmel herab. Er rief laut, und so sprach er: Haut den Baum (= babylonische König Nebukadnezar) um und schlagt seine Äste ab! Streift sein Laub ab und streut seine Frucht umher! Fliehen sollen die Tiere unter ihm weg und die Vögel aus seinen Ästen"* (Dan 4,10-11)!

Daraufhin folgte die Amtsenthebung dieses unumschränkten Herrschers. Bis heute ist der Himmel der Ausgangsort aller zeitlichen Entwicklungen und Gerichte. Gott bestimmt die positiven und auch die negativen Wendungen im Kleinen wie im Großen. Bedenken wir folgende Aussagen über Gott in der Bibel:

> *„... Geschieht etwa ein Unglück in der Stadt, und der HERR hat es nicht bewirkt“* (Am 3,6)?

> *„... der Frieden wirkt und das Unheil schafft. Ich, der HERR, bin es, der das alles wirkt“* (Jes 45,7).

> *„... da kam der Bote zu ihm herab; und er sagte: Siehe, dieses Unglück <kommt> von dem HERRN“* (2.Kön 6,33).

Und welche Sicht hat das Neue Testament? Dort wird uns deutlich mitgeteilt: Jesus Christus ist nicht nur der Retter der Welt. Er ist auch ihr Richter. Auch wenn sich die folgenden Bibelstellen mehr auf das Endgericht der Menschen beziehen, heißt das nicht, dass Jesus heute als Richter inaktiv wäre.

> *„Denn der Vater richtet auch niemand, sondern das ganze Gericht hat er dem Sohn gegeben“* (Joh 5,22).

Petrus unterstreicht diese Tatsache als Augen- und Ohrenzeuge Jesu:

> *„Und er (Jesus) hat uns befohlen, dem Volk zu predigen und eindringlich zu bezeugen, dass er der von Gott verordnete Richter der Lebenden und der Toten ist“* (Apg 10,42).

Auch das letzte Gericht geschieht dann, wenn Gott das Böse zur Ernte (= Gericht) hat ausreifen lassen (Mt 13,30). In der Offenbarung gibt es eine Redewendung, die aufhorchen lässt. Sie deutet darauf hin, dass Gott durch Jesus Christus die Geschicke der Weltgeschichte bestimmt. Das gilt auch und gerade dann, wenn es um die weltweiten Gerichte geht. Die Formulierung heißt dann: „Ihm wurde gegeben“ (Off 6,2.4.8). In diesem Abschnitt geht es um den apokalyptischen Reiter, den Antichristen, der vordergründig Verursacher und Vollstrecker schrecklicher Gerichte ist. Letztlich aber bestimmt der Sohn Gottes vom Himmel her, wann und durch wen verderbenbringende Gerichte in Gang gesetzt werden. Er ist es, der die Welt richtet. Weil vom Himmel her Gottes Gerichte kommen werden, sind sie auch von keiner Macht der Welt aufzuhalten. Und die Bibel betont dabei immer wieder, dass Gottes Gerichte gerecht sind:

Letztlich bestimmt der Sohn Gottes, wann und durch wen verderbenbringende Gerichte losbrechen.

> *„Und ich hörte den Altar sagen: Ja, Herr, Gott, Allmächtiger, wahrhaftig und gerecht sind deine Gerichte“* (Off 16,7; s.a.: 19,2).

Wenn der gerechte Richter Jesus Christus Gerichte kommen lässt, dann hat das im Vorlauf sein intensives Mühen um die Menschen über Jahrzehnte und Jahrhunderte. Erst wenn sie seine Hinweise in der Schöpfung, sein Reden im Gewissen, seine Liebe, Geduld, Freundlichkeit und sein Heil ignorieren und in den Dreck ziehen, kommen seine Gerichte. Dann sieht der lebendige Gott keine andere Möglichkeit mehr, als in Gerichten vom Himmel her zu reagieren. Und er selbst leidet dabei wohl am meisten. Hat er doch in Jesus Christus alles getan, um den Menschen den Rückweg zu Gott zu ermöglichen.

Täuschen wir uns nicht durch eine einseitige Verkündigung über Gott, die nur die positiven Seiten seiner Liebe und Güte betont. Es ist ein einseitiges Gottesbild, das von manchen

Christen angepriesen wird. Mit der Bibel hat dieses schiefe Bild von Gott herzlich wenig zu tun.

Der Himmel – Wohnort der Engel Gottes

Diese Kombination der Engel mit dem Himmel hat wohl die größte Verbreitung im ehemals christlichen Abendland gefunden. Himmel und Engel, das passt bei vielen Menschen zusammen. Auch in der Bibel. Allerdings sollten wir uns davor hüten, die Engel als pausbäckige geschlechtslose Wesen mit lockigem Haar zu sehen, wie das in der Malerei einer bestimmten Zeitepoche ihren Niederschlag gefunden hat. Engel sind alles andere als harmlos, schwächlich, kindlich, niedlich und hilflos. In einem Psalm werden sie so beschrieben:

> *„Preist den HERRN, ihr seine Engel, ihr Gewaltigen an Kraft, Täter seines Wortes, dass man höre auf die Stimme seines Wortes“* (Ps 103,20)!

Die Engel gehören zum himmlischen Hofstaat. Sie umgeben Gottes Thron im Himmel und beten Gott als ihren Herrn an. Von dort aus agieren die Engel Gottes in die sichtbare Welt hinein. Diese von Gott geschaffenen Engelwesen sind Gottes Diener für Aufgaben in der sichtbaren und unsichtbaren Welt. Sie führen Gottes Aufträge aus und stehen mit unseren Gebeten zu Gott in Verbindung.

Jakob träumte bei seiner Flucht vor seinem Bruder Esau von diesen Engeln, die ihm im Traum erschienen.

> *„... und siehe, eine Leiter war auf die Erde gestellt, und ihre Spitze berührte den Himmel; und siehe, Engel Gottes stiegen darauf auf und nieder“* (1.Mose 28,12).

Die Leiter soll wohl den Transfer zwischen sichtbarer und unsichtbarer Welt symbolisieren. Gott sendet seine Engel vom Himmel auf die Erde. Dort führen sie Gottes Aufträge aus. Danach kehren sie wieder zu Gott im Himmel zurück, um neue Anweisungen von Gott zu empfangen. Sie sind Gottes Diener in unserer Welt. Ohne ihren Dienst sähe wohl vieles anders aus.

Besondere Tätigkeiten kennzeichnen ihren Dienst heute: Die Anbetung Gottes, der Kampf gegen Satan und seine Dämonen (Dan 10), Schutz für Menschen und die Versorgung der Gemeinde Jesu. In den Psalmen und im Hebräerbrief lesen wir die ermutigenden Worte über ihre Aktivitäten:

> *„Der Engel des HERRN lagert sich um die her, die ihn fürchten, und er befreit sie“* (Ps 34,8).

> *„Denn er bietet seine Engel für dich auf, dich zu bewahren auf allen deinen Wegen“* (Ps 91,11).

> *„Sind sie nicht alle dienstbare Geister, ausgesandt zum Dienst um derer willen, die das Heil erben sollen“* (Hebr 1,14)?

All das ist göttliche Realität, die von Menschen erfahren werden kann und auch vielfach bezeugt wurde und wird. Wir Menschen wissen oft nicht, in wie vielen Bedrängnissen, Nöten und Todesgefahren uns Gott durch seine Engel geholfen und bewahrt hat.

Jesus erlebte in der Zeit, als er hier auf dieser Erde lebte, die Versorgung durch Engel. Er erkämpfte für uns die Erlösung, indem er keiner der Versuchungen nachgab und damit dem Satan den Kopf zermalmte. Er, der Teufel, der doch so erfolgreich in der Versuchung von uns Menschen seit dem Garten Eden ist, fand in Jesus seinen Bezwinger. Nach der Versuchungsgeschichte lesen wir vom Dienst der Engel an Jesus:

> *„Dann verlässt ihn der Teufel, und siehe, Engel kamen herbei und dienten ihm"* (Mt 4,11).

Dieser Dienst der Engel ging bis zur Entscheidungsschlacht im Garten Gethsemane:

> *„Es erschien ihm aber ein Engel vom Himmel, der ihn stärkte"* (Lk 22,43).

Für unseren Herrn standen während seiner Erdenzeit allein 12 Legionen Engel zur Verfügung, die liebend gerne für ihren Schöpfer und Herrn gestritten hätten:

> *„Oder meinst du, dass ich nicht meinen Vater bitten könne und er mir jetzt mehr als zwölf Legionen Engel stellen werde"* (Mt 26,53)?

So sind auch heute diese Engel vom Himmel her unterwegs zu uns, um uns auf die verschiedenste Art und Weise zu dienen.

Engel sind auch heute vom Himmel her unterwegs zu uns, um uns zu dienen.

Beispiel: Das persönliche Erlebnis bei einem Autounfall 1970 ist ein Beispiel, von dem ich denke, dass Gott mich durch seine Engel bewahrt hat. Obwohl ich zu diesem Zeitpunkt noch keine persönliche Beziehung zu Jesus hatte, erlebte ich doch Gottes Bewahrung. Schon davor hatte Gott mich mehrmals vor dem sicheren Tod bewahrt. Ich war auf dem Heimweg von meinem Dienst bei der Bundeswehr.

Einige Hundert Meter vor meinem Elternhaus musste ich noch einen unbeschrankten Bahnübergang überqueren. Doch die Ampelanlage blinkte schon und zeigte damit an, dass der Zug schon sehr nahe war. Ich drehte mich am Steuer um und sah, dass ich es noch vor dem Zug schaffen konnte. Und ich schaffte es. Allerdings befand sich der Bahnübergang in einer S-Kurve und ich war zu stark auf dem Gaspedal. Das Auto kam ins Schleudern, drehte sich in der Luft, knallte gegen eine Böschung und ich flog über den Beifahrersitz aus dem Wagen. In diesem Moment spürte ich, dass ich wie durch eine Hand ganz langsam und sanft auf die Böschung gelegt wurde. Damals realisierte ich nicht, was in dem Moment geschah. Ich sah nur das kaputte Auto. Erst einige Jahre nach meiner Bekehrung erinnerte mich Gott in meiner morgendlichen Stillen Zeit an diesen Unfall. Ich erlebte es noch einmal in wenigen Sekunden, was damals geschah. Und ich merkte erst jetzt, welch eine Bewahrung Gottes ich vor vielen Jahren wieder einmal erlebte. So dankte ich Gott im Nachhinein für seinen Schutz, den ich damals von ihm erfuhr. Denn am Abend nach dem Unfall dankte ich Gott nicht, sondern ging mit meinem Freund in die Kneipe. – So ist und lebt der Mensch, der in seiner Blindheit nicht annimmt, was Gott Gutes an ihm tut.

Engelerfahrungen durchziehen das gesamte Alte Testament. Im Neuen Testament treten sie besonders in den Evangelien und auch in der Apostelgeschichte in Erscheinung.

Eine besondere Rolle im Alten Testament spielt „der Engel des Herrn“. So, wie er geschildert wird, ist er mehr als die übrigen Engel. An mehreren Stellen wird er genannt und tritt in Erscheinung (1.Mo 16,7-8; 22,11-18; 31,11-13; 2.Mo 3,2-5; 4.Mo 22,22-35; Ri 6,11-23; 13,2-5; 1.Kön 19,5-7). Betrachtet man alle Aussagen zusammen über den Engel Gottes, dann handelt es sich hier um Gott selbst. Er erscheint den Menschen in sogenannten Theophanien, Gotteserscheinungen in menschlicher Form. Der Engel des Herrn ist ein Synonym für Gott selbst.

Deutlich wird in allem, wie eng das Schicksal der Menschen auf der Erde mit der Aktivität von Engeln im Himmel, der uns umgebenden unsichtbaren Welt Gottes, verbunden ist. Sie sind und bleiben die Boten Gottes und seine Überbringer von Hilfe und Offenbarung.

Der Himmel – Wohnort Satans und der gefallenen Engel

Das mag uns überraschen, dass im Himmel der Teufel gegenwärtig sein soll. Für manche grenzt diese Vorstellung schon an eine Irrlehre und Gotteslästerung. Doch bevor wir uns von solchen Gedanken leiten lassen, wollen wir uns die Bibel anschauen und genau beachten, was sie dazu sagt.

Dabei wollen wir nicht vergessen, dass Luzifer und die anderen gefallenen Engel alle einmal in völliger Harmonie mit Gott lebten. Damals, „als die Morgensterne miteinander jubelten und alle Söhne Gottes jauchzten“ (Hiob 38,7), gab es noch keine Sünde in der Engelwelt. Da waren noch alle Engel in Übereinstimmung mit ihrem Gott und Schöpfer. Ganz in den Anfängen gab es noch keine Finsternis, keinen rebellischen Aufruhr gegen den Schöpfer. Alle Engel waren bereit, ihren Schöpfergott anzubeten und ihm allein die Ehre zu geben. Sie lebten mitten in der Herrlichkeit Gottes und erlebten darin ihre höchste Erfüllung. Sie sahen den dreieinigen Gott, den Vater, den Sohn und den Heiligen Geist herrschen und hatten ihre Freude daran. Der Thronsaal Gottes war ihr Zuhause. Dort fühlten sie sich heimisch und rundum wohl. Nichts trübte ihre Gemeinschaft mit dem Ursprung ihres Lebens. Bereitwillig beugten sie alle ihre Knie vor dem Vater und dem Sohn. Es gab keinen Missklang in der Engelwelt, keine Spannung, keinen Konflikt. Streit und Ärger, Neid und Missgunst kannte niemand, bis …

Und an dieser Stelle schweigt die Bibel weithin. Nur an einigen Stellen lüftet sie ein wenig den Vorhang und schildert in prophetischen Bildern und Analogien die Urkatastrophe, wie sie sich in ihren für uns Menschen unvorstellbaren Ausmaßen vollzog. In Jesaja 14 und Hesekiel 28 wird in prophetischer Sprache mit menschlichen Abbildern (König von Babel und Tyrus) einiges von dem vorgeschichtlichen Sündenfall in der Engelwelt offenbart. Für ein umfassendes Verstehen dieser Katastrophe bleiben für uns Menschen Grenzen gesetzt. Jedenfalls erhob sich Satan mit einem nicht geringen Teil der Engelwelt (nach Off 12,3 wahrscheinlich mit einem Drittel der Engel) gegen seinen Herrn und Schöpfer, der ihm große Autorität und Schönheit verliehen hatte. Dazu lesen wir im Propheten Hesekiel:

> *„Menschensohn, erhebe ein Klagelied über den König von Tyrus und sage ihm: So spricht der Herr, HERR: Du warst das vollendete Siegel, voller Weisheit und vollkommen an Schönheit, du warst in Eden, dem Garten Gottes; … am Tag, als du geschaffen wurdest … Du warst ein mit ausgebreiteten <Flügeln> schirmender Cherub, und ich hatte dich <dazu> gemacht; du warst auf Gottes heiligem Berg, mitten unter feurigen Steinen gingst du einher. Vollkommen warst du in deinen Wegen von dem Tag an, als du geschaffen wurdest, bis sich Unrecht an dir fand“* (Hes 28,12-15).

Solche Aussagen, wie sie hier gemacht wurden, können nur schwer auf einen götzendienerischen und sterblichen Menschen, wie den Fürsten von Tyrus, bezogen werden. Als Luzifer in seinem Herzen anfing sich zu überheben, da gab es kein Halten mehr. Beim Propheten Jesaja lesen wir dazu fragmentarisch immer wieder in Anspielung auf einen irdischen Herrscher, den König von Babel:

> *„Wie bist du vom Himmel gefallen, du Glanzstern, Sohn der Morgenröte! <Wie bist du> zu Boden geschmettert, Überwältiger der Nationen! Und du, du sagtest in deinem Herzen: ‚Zum Himmel will ich hinaufsteigen, hoch über den Sternen Gottes meinen Thron aufrichten und mich niedersetzen auf den Versammlungsberg im äußersten Norden. Ich will hinaufsteigen auf Wolkenhöhen, dem Höchsten mich gleichmachen.'"* (Jes 14,12-14).

Dass Gott dieses widergöttliche Begehren im Ansatz nicht verhinderte, obwohl er die Macht dazu gehabt hätte, ist wohl der Preis der absoluten Freiheit, die er seinen Geschöpfen zusprach. Und er hielt sich daran, auch in dem Moment, als seine Würde und Güte mit Füßen getreten wurde. Er ließ seine Herrlichkeit und Ehre in den Dreck ziehen, weil er nur eine freiwillige Anbetung suchte und wollte. Als Satan wie ein Blitz vom Himmel fiel, Jesus berichtet davon in Lukas 10,18, war sein Schicksal und das seiner Engel für immer besiegelt: Ewige Verdammnis im ewigen Feuer der Hölle (Mt 25,41). Durch die Menge seiner Übertretungen gab es kein Zurück mehr:

> *„Durch die Menge deines Handels fülltest du dein Inneres mit Gewalttat und sündigtest. Und ich verstieß dich vom Berg Gottes und trieb dich ins Verderben, du*

> *schirmender Cherub, aus der Mitte der feurigen Steine"* (Hes 28,16).

Trotzdem hat Satan heute noch Zutritt zum Thron Gottes. Auch wenn das Alte Testament nur sehr spärlich von Satan berichtet, wörtlich wird er dort nur dreimal erwähnt, doch seine Präsenz ist in der Menschheitsgeschichte allgegenwärtig. Eine äußerst erhellende Aussage über ihn finden wir im Buch Hiob. Dort lesen wir davon, dass Satan vor dem Thron Gottes erscheint:

> *„Und es geschah eines Tages, da kamen die Söhne Gottes, um sich vor dem HERRN einzufinden. Und auch der Satan kam in ihrer Mitte"* (Hiob 1,6).

> *„Und es geschah eines Tages, da kamen die Söhne Gottes, um sich vor dem HERRN einzufinden. Und auch der Satan kam in ihrer Mitte, um sich vor dem HERRN einzufinden"* (Hiob 2,1).

Also hat Satan im Himmel ein Zutritts- und Existenzrecht. Sonst könnte er dort nicht erscheinen. Gewiss kann er dort seine Bosheit nicht ungehemmt ausleben. Aber selbst im Licht der Herrlichkeit und Heiligkeit Gottes ist die Anwesenheit Satans nicht unmöglich. Und dort darf er sogar seine listigen Äußerungen zum Besten geben. Im Propheten Sacharja wird uns berichtet, wie er sein diabolisches Spiel der Anklage gegen einen Diener Gottes betreibt:

> ***Bis heute haben Satan und seine Dämonen im Himmel ein Zutritts- und Existenzrecht.***

> *„Und er ließ mich den Hohenpriester Joschua sehen, der vor dem Engel des HERRN stand; und der Satan stand zu seiner Rechten, um ihn anzuklagen. Und der HERR sprach zum Satan: Der HERR wird dich bedrohen, Satan! Ja, der HERR, der Jerusalem erwählt hat, bedroht dich! Ist dieser nicht ein Holzscheit, das aus dem Feuer herausgerissen ist“* (Sach 3,1-2)?

Gott hält in seiner absoluten Reinheit Satans lästerliche Erscheinung aus. Dazu gewährt er ihm Zutritt zu Menschen, um sie auf die grausamste Weise zu quälen. Ich muss zugeben, dass solche Gedanken gewöhnungsbedürftig sind. Aber sie gehören nun einmal zur Belehrung durch die Heilige Schrift. Wir müssen solche Mitteilungen aus einer falschen Angst heraus um Gott und seine Ehre nicht durchstreichen oder für unser theologisches System zurechtbiegen.

In der Himmelswelt finden kriegerische Auseinandersetzungen statt. Wir lesen davon im Buch Daniel, wie ein Engel dem Daniel sein verzögertes Eintreffen erklärt. In der unsichtbaren Welt wurde er 21 Tage von einem dämonischen Engelfürst aufgehalten. Nach Daniels dreiwöchigem Fasten, das parallel dazu stattfand, sprach der Engel zu ihm:

> *„... Fürchte dich nicht, Daniel! Denn vom ersten Tag an, als du dein Herz darauf gerichtet hast, Verständnis zu erlangen und dich vor deinem Gott zu demütigen, sind deine Worte erhört worden. Und um deiner Worte willen bin ich gekommen. Aber der Fürst des Königreichs Persien stand mir 21 Tage entgegen. Und siehe, Michael, einer der ersten (Engel)Fürsten, kam, um mir zu helfen, und ich wurde dort entbehrlich bei den Königen von Persien“* (Dan 10,12-13).

Wir haben auch hier nur eine schwache Vorstellungskraft darüber, welche gewaltigen feindlichen Auseinandersetzungen heute in der Himmelswelt stattfinden. Dort im Himmel geht nicht alles so glatt zu, wie wir es uns in unserer manchmal naiven Anschauung vorstellen. Dort kämpfen Engel Gottes gegen Satan und seine Engel. Eigentlich unvorstellbar bei der Größe und Macht Gottes. Aber anscheinend hält sich Gott in der sichtbaren und unsichtbaren Welt an bestimmte Grundsätze, die er sich selbst gegeben hat. Denn ohne Frage könnte Gott den Satan mit all seinen Engeln mit einem Wort in die Hölle schicken, was er ja auch zu seiner Zeit tun wird (Off 20,10).

Wir haben nur eine schwache Vorstellungskraft, welche Auseinandersetzungen zurzeit in der Himmelswelt stattfinden.

Doch heute hält sich Gott mit seiner uneingeschränkten Macht zurück. Allem, auch den Kämpfen in der unsichtbaren Welt zwischen Licht und Finsternis, hat Gott bestimmte Gesetzmäßigkeiten gegeben, an die er sich hält. Gott legt sich selbst moralisch einwandfreie und damit unanklagbare Grenzen auf. Diese Beschränkungen sprechen Gott in seinem Gericht über Menschen und Satan frei. Niemand wird Gott einmal vorwerfen können, dass er aufgrund seiner Macht wie ein Despot geherrscht und Krieg geführt hätte. Niemand wird ihm ein anrüchiges Motiv in seiner Machtausübung unterstellen können. Gott lässt das Böse für eine bestimmte Zeit zu. Und er selbst gibt sich die ethisch einwandfreie Legitimation für sein machtvolles Eingreifen, auf seine Weise und zu seiner Zeit.

Von dem Aufenthaltsort der Dämonen heute schreibt Paulus im Brief an die Epheser:

> *„Denn unser Kampf ist nicht gegen Fleisch und Blut, sondern gegen die Gewalten, gegen die Mächte, gegen die Weltbeherrscher dieser Finsternis, gegen die geistigen <Mächte> der Bosheit in der Himmelswelt"* (Eph 6,12).

Der Begriff „in der Himmelswelt" kommt im Epheserbrief fünfmal vor. An drei Stellen wird er positiv gefüllt. In Kapitel 1,3 als Ort unserer Segnungen, in Kapitel 1,20 als Ort zur Rechten Gottes und in Kapitel 2,6 als der Ort unserer geistlichen Mitherrschaft mit Christus. In Kapitel 3,10 schildert er uns die Mächte und Gewalten (dämonische Kräfte) mit ihrem Ort in der Himmelswelt, ebenso wie in Kap. 6,12. Für unsere Vorstellungen von dem, was möglich und was nicht möglich ist, ist das wohl eine Zumutung. Noch heute, nach dem Sieg Jesu auf Golgatha, haben Finsternismächte im Himmel Zutritt. Das scheint uns mehr als seltsam. Sagen wir nicht oft: Dort wo Jesus wohnt, kann sich das Böse nicht aufhalten? Doch Teufel, Dämonen und unsere Sünde erscheinen und wohnen nach biblischem Zeugnis Tür an Tür mit dem Heiligen.

Diesen Gedanken, dass das Böse im Licht seiner Heiligkeit existent sein kann, möchte ich noch mit zwei Aussagen der Bibel erhärten. Auch in uns Menschen lebt der Heilige Gottes, Jesus Christus und das Böse, die Sünde. In einem Leib sind sie existent. Und das eine schließt das andere nicht aus. Die Sünde in all ihrer Abscheulichkeit startet im Herzen eines Gläubigen noch ihre verheerenden Streifzüge und richtet manches Unheil an. Und gleichzeitig wohnt Jesus im Herzen dieser Menschen. Welche Schmähung seiner Heiligkeit und Reinheit mag es wohl im Himmel sein, wenn Gott uns in der Ausübung der Sünden sieht und wir den Heiligen Geist betrüben, der in unseren Leib wohnt (1. Kor 6,19; 3,16). So lesen wir einerseits von unserem Herzen:

> *„... dass der Christus durch den Glauben in euren Herzen wohne und ihr in Liebe gewurzelt und gegründet seid"* (Eph 3,17).

Aus dieser Aussage geht unbestreitbar die Existenz Jesu in unserem Herzen hervor. Andererseits lesen wir über unser Herz, was sich dort auch noch aufhält:

> *„Was aber aus dem Mund herausgeht, kommt aus dem Herzen hervor, und das verunreinigt den Menschen. Denn aus dem Herzen kommen hervor böse Gedanken: Mord, Ehebruch, Unzucht, Diebstahl, falsche Zeugnisse, Lästerungen"* (Mt 15,18-19).

Dort kann nur hervorkommen, was darinnen wohnt. Also: Das Böse in uns wohnt in unserem Herzen Tür an Tür mit unserem Erlöser Jesus Christus. Und dieses Böse, die Sünde, darf nie von ihrer Quelle, Satan, gesehen werden. Deshalb berichtet uns auch die Apostelgeschichte, dass Satan das Herz von zwei Menschen erfüllte, die zur ersten Gemeinden in Jerusalem gehörten. Hananias und seine Frau Saphira belogen die Gemeinde und Gott selbst, als sie einer Übertreibung und Falschaussage vor der Gemeinde in ihrem Herzen Raum gaben (Apg 5,3).

Das Wort „erfüllen" ist in diesem Vers das gleiche Wort, das die Bibel für die Erfüllung mit dem Heiligen Geist verwendet. Nach dieser Aussage ist es Satan selbst, der das Herz von einem Gemeindeglied erfüllte. So und nicht anders können wir es in der Bibel nachlesen. Deshalb auch die Ermahnung: „und gebt dem Teufel keinen Raum" (Eph 4,27)!

Im Himmel sind bis heute Satan und seine Engel anwesend. Obwohl Gottes Herrlichkeit im Himmel und in uns unangetastet bleibt, schließt das nicht aus, dass Satan und seine abgefallenen Engel dort eine Wohnstätte haben (das Wort im Griechischen „*topos*" kann auch mit Ort, Platz, Stelle übersetzt werden). Erst wenn der Kampf stattgefunden hat, von dem Offenbarung 12 berichtet, wird es im Himmel keine Wohnstätte mehr für Satan geben. Manche Ausleger meinen, dass dieses Ereignis mit dem Sieg Jesu bereits stattgefunden hat und der Teufel heute im Himmel keinen Zugang mehr hätte. Aber dann müssten ja Michael und seine Engel nicht mehr gegen den Drachen kämpfen. Der endgültige Hinabwurf Satans wird hier aber nicht an den Sieg Jesu in Kreuz, Auferstehung und seiner Inthronisation im Himmel geknüpft, sondern an den Kampf Michaels mit seinen Engeln:

> *„Und es entstand ein Kampf im Himmel: Michael und seine Engel kämpften mit dem Drachen. Und der Drache kämpfte und seine Engel; und sie bekamen nicht die Übermacht, und ihre Stätte wurde nicht mehr im Himmel gefunden"* (Off 12,7-8).

Dieser Kampf ist zukünftig und wird im Himmel stattfinden, während auf dieser Erde der Antichrist seine Schreckensherrschaft über die ganze Welt ausbreitet.

> *„Und es wurde geworfen der große Drache, die alte Schlange, der Teufel und Satan genannt wird, der den ganzen Erdkreis verführt, geworfen wurde er auf die Erde, und seine Engel wurden mit ihm geworfen"* (Off 12,9).

Bis es so weit ist, kann der Teufel immer noch die Brüder und Schwestern vor dem Thron Gottes verklagen (Off 12,10). Dann aber, nach diesem letzten Hinabwurf Satans, ist seine Zeit im Himmel ein für alle Mal abgelaufen. Von da an bleibt ihm nur noch die Erde für eine kurze Zeit als Wirkungsfeld. Bevor er dann endgültig nie endende Qualen in der Hölle erleiden wird, wird er für 1.000 Jahre in den Abgrund geworfen. Danach darf er noch einmal kurz die Erde betreten, um die Menschheit in den letzten Aufruhr gegen Gott und seine Heiligen zu führen (Off 20,7-10), bevor er endgültig und für immer an seinem Gerichtsort, der Feuersee, seinem Schicksal entgegengeht.

Unser himmlisches Erbe in Gottes Herrlichkeit

Bei allem Erleben mit Gott heute bleibt diese Welt nur das Vorletzte. Wir werden hier und heute keine paradiesischen Zustände schaffen, sosehr wir uns das auch wünschen. Diese Erde wird nicht zum Himmel werden. Das Eigentliche, die nie endende Herrlichkeit bei Gott, wartet im Himmel auf uns. Christen haben ein himmlisches Erbe. Gottes Ziel mit der Errettung eines Menschen geht weit über alles Irdische hinaus in die Ewigkeit. So schreibt Paulus von dem Ziel der Bekehrung eines Christen:

> *„... wie ihr euch von den Götzen zu Gott bekehrt habt, dem lebendigen und wahren Gott zu dienen und seinen Sohn aus den Himmeln zu erwarten, den er aus den Toten auferweckt hat — Jesus, der uns rettet von dem kommenden Zorn“* (1.Thess 1,9-10).

Eine wesentliche Berufung Gottes für uns heute besteht also darin, seinen Sohn aus den Himmeln zu erwarten. Zudem hat uns Gott bei unserer Bekehrung zum Dienst und für die Gemeinschaft mit Jesus Christus berufen (1.Kor 1,9). Diese Gemeinschaft mit seinem Sohn ist das Höchste und Beste für diese Zeit und die zukünftige Ewigkeit. Mehr kann Gott den Armen und den Reichen nicht anbieten. Vergessen wir nicht, dass wir auf der Erde nur Gäste bleiben und Jesus momentan im Himmel unsere ewige Wohnstätte vorbereitet und ausstattet (Joh 14,1-3). Er bereitet zurzeit dieses große Finale vor, wenn wir in den Himmel einziehen werden. Unsere Hoffnung wird für uns im Himmel aufbewahrt, nicht auf der Erde:

> *Die Gemeinschaft mit seinem Sohn ist das Höchste und Beste. Mehr kann Gott Armen und Reichen nicht anbieten.*

> *„… wegen der Hoffnung, die für euch in den Himmeln aufbewahrt ist. Von ihr habt ihr vorher <schon> gehört im Wort der Wahrheit des Evangeliums“* (Kol 1,5).

Auf dieser Erde seufzen wir noch, leiden an den Zuständen der Welt und nicht zuletzt an unserer Unvollkommenheit als Christen (2.Kor 5,2.4). Wir sind beschwert mit allerlei Sorgen und Ängsten, mit Anfechtungen jeglicher Art. Auch die gesamte Schöpfung um uns herum ist durch die Sünde des Menschen in große Mitleidenschaft gezogen:

> *„Denn wir wissen, dass die ganze Schöpfung zusammen seufzt und zusammen in Geburtswehen liegt bis jetzt. … wir selbst seufzen in uns selbst und erwarten die Sohnschaft: die Erlösung unseres Leibes“ (Röm* 8,22-23).

Heute liegt die Welt in ihren Geburtswehen hin auf die neue Schöpfung. Wenn Jesus uns in die himmlische Herrlichkeit heimholen wird, dann erst wird auch unser Leib von aller Schwachheit und Vergänglichkeit erlöst sein.

Sehnsucht nach der Ewigkeit

Der Himmel, die Ewigkeit, ist die eigentliche Sehnsucht jedes Menschen. Denn Gott hatte uns zur Gemeinschaft mit sich selbst geschaffen. Das, was nach dem Sündenfall und der gebrochenen Beziehung mit Gott übrig geblieben ist, ist die Sehnsucht nach der Ewigkeit, nach ihm selbst, die Gott in unser Herz gelegt hat.

> *„Alles hat er schön gemacht zu seiner Zeit, auch hat er die Ewigkeit in ihr Herz gelegt, nur dass der Mensch das Werk nicht ergründet, das Gott getan hat, vom Anfang bis zum Ende"* (Pred 3,11).

In mehreren Bibelstellen wird im Neuen Testament darauf Bezug genommen, dass wir für die ewige Gemeinschaft mit Gott geschaffen sind. Ohne dieses Ziel unserer irdischen Reise bleibt der Mensch nur ein elender „Zigeuner, am Rande des Universums". Unvollkommen, entfremdet, heimatlos. Gott aber hatte höhere Pläne, als er uns Menschen erschuf. Und er gab diesen Plan selbst dann nicht auf, als wir Menschen uns gegen ihn stellten. So schreibt Paulus über die Absicht Gottes für sein Ebenbild, den Menschen:

> *„Denn aus ihm und durch ihn und zu ihm hin sind alle Dinge! Ihm sei die Herrlichkeit in Ewigkeit! Amen"* (Röm 11,36).

> *„Denn in ihm ist alles in den Himmeln und auf der Erde geschaffen worden, das Sichtbare und das Unsichtbare, es seien Throne oder Herrschaften oder Gewalten oder Mächte: alles ist durch ihn und zu ihm hin geschaffen"* (Kol 1,16).

In diesen Aussagen der Bibel wird deutlich, dass unsere tiefste und letzte Bestimmung, unsere Gemeinschaft mit unserem Schöpfer und Erlöser ist. Ohne diese Berufung verfehlen wir unser Ziel, für das uns Gott bestimmt hat. Dort also, wo Gott selbst wohnt und thront, dafür sind wir geschaffen. Immer wieder brach sich die Sehnsucht nach Gott im Herzen der Menschen in einem Aufschrei Bahn. Davon berichtet die Bibel in ergreifender Weise:

> *„Wie eine Hirschkuh lechzt nach Wasserbächen, so lechzt meine Seele nach dir, o Gott"! Meine Seele dürstet nach Gott, nach dem lebendigen Gott: Wann werde ich kommen und erscheinen vor Gottes Angesicht"* (Ps 42,2-3).

> *„Gott, mein Gott bist du; nach dir suche ich. Es dürstet nach dir meine Seele, nach dir schmachtet mein Fleisch in einem dürren und erschöpften Land ohne Wasser"* (Ps 63,2).

> *„Es sehnt sich, ja, es schmachtet meine Seele nach den Vorhöfen des HERRN, mein Herz und mein Leib, sie jauchzen dem lebendigen Gott <entgegen>"* (Ps 84,3).

Ein tiefes unstillbares Verlangen nach Gott erfüllte das Innere des Menschen, wenn er Verbindung zu dem ewigen Gott bekam. Er wollte Gott unbedingt näher, tiefer und weiter erfassen. Sobald seine Beziehung zu Gott enger wurde, wurde der Durst nach Gott immer größer. Wer so betet, wie der Psalmsänger, der hat Gott geschmeckt. Anscheinend spürten die Gläubigen, dass Gott noch mehr für sie bereithielt. Gerade in den vielfältigen Nöten in dieser Welt wurde ihnen die Gemeinschaft mit Gott so kostbar. So betete ein Mann namens Asaph:

„Wenn mir gleich Leib und Seele verschmachtet, so bist du doch, Gott, allezeit meines Herzens Trost und mein Teil" (Ps 73,26).

Auch Mose sehnte sich danach, Gottes Herrlichkeit noch mehr schauen zu dürfen:

„Lass mich doch deine Herrlichkeit sehen" (2.Mose 33,18)!

Doch Gott antwortete Mose auf seine Bitte:

„Du kannst <es> nicht <ertragen>, mein Angesicht zu sehen, denn kein Mensch kann mich sehen und am Leben bleiben" (2.Mose 33,20).

Hier wird eine Schranke deutlich, die die Sünde der Menschen installiert hat. Die ungebrochene Gemeinschaft mit Gott und seiner Herrlichkeit ist in dieser Welt noch nicht möglich. Aber sie wird einmal dann kommen, wenn Gott uns zu sich nach Hause holt.

Einen Abglanz der göttlichen Herrlichkeit erkannten die Jünger Jesu in dem irdischen Jesus, der Mensch wurde. In ihm erblickten sie, wie Gott sie eigentlich gedacht hatte.

„Und das Wort wurde Fleisch und wohnte unter uns, und wir haben seine Herrlichkeit angeschaut, eine Herrlichkeit als eines Eingeborenen vom Vater, voller Gnade und Wahrheit" (Joh 1,14).

In seiner Person sahen sie etwas von der Herrlichkeit Gottes, die gewiss noch nicht die vollkommene Herrlichkeit Gottes offenbarte. Aber sie bekamen einen Vorgeschmack auf das Ewige, Reine, Vollkommene.

Die Hoffnung eines Apostels Paulus

Auch Paulus war jemand mit einer tiefen Sehnsucht und großen Hoffnung. Sie trieb ihn an, das römische Weltreich mit dem Evangelium durchzupflügen. So lesen wir es in der Apostelgeschichte und in seinen Briefen. Im Philipperbrief schreibt er von seinem Verlangen, das in zweierlei Richtung ging:

> *„... nach meiner sehnlichen Erwartung und Hoffnung, dass ich in nichts werde zuschanden werden, sondern mit aller Freimütigkeit, wie allezeit, so auch jetzt Christus an meinem Leib groß gemacht werden wird, sei es durch Leben oder durch Tod. Denn das Leben ist für mich Christus und das Sterben Gewinn ... Ich werde aber von beidem bedrängt: Ich habe Lust, abzuscheiden und bei Christus zu sein, denn es ist weit besser; "* (Phil 1,20.21.23).

Paulus wollte kein Aufschneider sein. Er wollte nur nicht in der Nachfolge Jesu stolpern und liegen bleiben. Im 2. Korintherbrief berichtet er von einer weiteren Sehnsucht:

> *„Denn wir wissen, dass, wenn unser irdisches Zelthaus zerstört wird, wir einen Bau von Gott haben, ein nicht mit Händen gemachtes, ewiges Haus in den Himmeln. Denn in diesem freilich seufzen wir und sehnen uns danach, mit unserer Behausung aus dem Himmel überkleidet zu werden, insofern wir ja bekleidet, nicht nackt befunden werden. Denn wir freilich, die in dem Zelt sind, seufzen beschwert, weil wir nicht entkleidet, sondern überkleidet werden möchten, damit das Sterbliche verschlungen werde vom Leben"* (2.Kor 5,1-4).

Die „Entkleidung" bedeutet der leibliche Tod. Die „Überkleidung" ist die direkte Hinwegnahme von dieser Welt hin zu

Gott ohne den leiblichen Tod zu erleiden. Das geschieht in der Entrückung. So erlebten es im AT ein Henoch (1.Mo 5,24) und der Prophet Elia (2.Kön 2). Diese beiden Männer mussten leiblich nicht sterben. In einem außergewöhnlichen Vorgang erlebten sie, wie Gott sie von dieser Erde zu sich hin wegnahm.

Die Hoffnung, die für Paulus daraus entsprang, könnte ein Ereignis aus früheren Zeiten verdeutlichen. Bei der Ausbreitung des Evangeliums wurden nach einiger Zeit von den Missionaren anfänglich kleine Kapellen errichtet. Über einige dieser kleinen Versammlungsstätten der Christen wurde später dann ein Dom errichtet. So ähnlich wird es auch in der Entrückung sein. Über unseren vergänglichen Körper wird ein unvergänglicher Leib „geworfen", wie ein Kleid. So ist von dem alten, vergänglichen Körper nichts mehr zu sehen. Der irdische Körper ist nicht mehr präsent und sichtbar. Aber hier wird noch viel mehr geschildert: Der Sterbliche wird vom Leben (= *Zoé* nicht *bios*) nicht überdeckt sondern verschlungen, so wie eine Schlange ihre Beute auf Nimmerwiedersehen verschlingt. Jeder, der zu Jesus gehört, bekommt einen unsterblichen, geistigen Leib. Das war die Hoffnung, die Paulus ständig vor Augen hatte! Jeder Tag bringt uns diesem Moment des Wiederkommens Jesu für seine Gemeinde näher und damit auch einer überirdischen Existenz. Deshalb brauchen wir den verflossenen Jahren nicht hinterherzutrauern. Wir müssen nicht das Vergangene beweinen, weil es nicht mehr wiederkommt. Das weitaus Bessere, Schönere wartet auf uns.

Nun, der Wunsch des Paulus auf die Entrückung zu seinen Lebzeiten wurde nicht erfüllt. War er deshalb unnüchtern, überspannt, weltabgewandt? Vergaß er über seiner himmlischen Hoffnung die Welt und die Menschen mit ihren Problemen? Wurde ihm alles Irdische egal? Keineswegs! An Paulus und allen Christen nach ihm, die in einer großen Naherwartung lebten, wird eines deutlich: Sie arbeiteten unermüdlich, angetrieben von dieser lebendigen Hoffnung auf die Wiederkunft Jesu. Diejenigen Christen hinterließen die größten Segensspuren in dieser Welt, die in einer nahen Erwartung der Wiederkunft Christi lebten.

Die größten Segensspuren hinterließen Christen, die in einer nahen Erwartung der Wiederkunft Christi lebten.

Eine wichtige Eintragung – Unsere Namen sind im Himmel aufgezeichnet

Schon im Alten Testament lesen wir davon, dass Gott sein auserwähltes Volk in seine Hände eingraviert hat:

> *„... ich werde dich niemals vergessen. Siehe, in <meine> beiden Handflächen habe ich dich eingezeichnet“* (Jes 49,15-16).

Im Neuen Testament lesen wir von Büchern, in die Gott seine Auserwählten einträgt. Beides, die Handflächen und die Bücher, sind eine Bild für Gottes Treue zu seinem Volk. Diese Treue ist verbunden mit einer bleibenden Freude, die Gottes Freunde schon heute haben dürfen. Damit schmecken sie auch schon etwas von der ewigen Freude, die auf sie wartet. Diese Freude über die feste Zugehörigkeit zu Gott sollte über jedem Erfolg oder Misserfolg stehen. Jedes Highlight und jeder Niederschlag, der uns treffen kann, kann uns nicht mehr von Gottes Liebe trennen. Jesus zeigt seinen Leuten, was in dieser Welt wirklich krisensicher ist. Etwas, das unabhängig ist von all den negativen Schlagzeilen und Umständen. Egal, ob wir einen erfolgreichen oder weniger bedeutenden Dienst ausüben. Ob unsere Gemeinde wächst oder immer kleiner wird. Es gibt einen unerschütterlichen Grund zur Freude. Von der erzählt Jesus seinen Jüngern, als sie auf einer Welle des Erfolgs surften:

> *„Siehe, ich habe euch die Macht gegeben, auf Schlangen und Skorpione zu treten, und über die ganze Kraft des Feindes, und nichts soll euch schaden. Doch darüber freut euch nicht, dass euch die Geister untertan sind; freut euch aber, dass eure Namen in den Himmeln angeschrieben sind"* (Lk 10,19-20)!

Bestimmt dürfen sich Nachfolger Jesu freuen, wenn sie in Vollmacht dem Feind gegenübertreten und miterleben, dass er im Namen Jesu weichen muss. Aber die Freunde Jesu erlebten nicht nur Erfolg im Exorzismus. Sie erlebten auch, wie sie vor Festungen des Feindes kapitulieren mussten (Mt 17,19). Das ließ Fragen aufkommen und die Freude des Erfolgs weichen. Der Dienst für Jesus beinhaltet gewiss manche Erfolge, aber auch Querschläger und Rückschläge. Doch Jesus will seinen Leuten ins Stammbuch schreiben, was absolut keiner Inflation erliegt und davon unberührt bleibt. Es ist die Tatsache, dass wegen unserer Begnadigung durch Gott unsere Namen im Himmel eingetragen sind. Das darf und soll in allen Lagen unsere Freude sein. Aus dieser Gewissheit heraus kann Paulus unter desolaten äußeren Umständen im Gefängnis von seiner großen Lust schreiben:

> *„Denn das Leben ist für mich Christus und das Sterben Gewinn – ... Ich habe Lust, abzuscheiden und bei Christus zu sein, denn es ist weit besser"* (Phil 1,21.23).

Diese Worte sind das Bekenntnis eines Mannes, der eine lebendige Hoffnung über den leiblichen Tod hinaus hat. Diese Hoffnung setzte eine tiefe innere Freude frei. Und diese Freude konnte ihm niemand stehlen. Seine äußere Bewegungsfreiheit war fast auf Null niedergeschraubt worden. Er saß manches Mal im Gefängnis in einem übel riechenden Dreckloch. Seine Freude hatte ein unerschütterliches Fundament: sein Name ist unauslöschlich im Himmel eingeschrieben. Diese Hoffnung war der Sauerstoff, der ihn geistlich am Leben erhielt. Er wusste: Ich werde in der Ewigkeit heiß erwartet. Gott selbst hat alle wiedergeborenen Christen ins Buch des Lebens eingeschrieben. Jesus bürgt mit seinem Opfer dafür, dass wir dort auch angeschrieben bleiben. Er lebt in uns und das ist „die Hoffnung der Herrlichkeit“ (Kol 1,27).

Wir sind nicht mehr aus Gottes Gedanken auszulöschen. Gott hat ständig unseren Namen vor seinen Augen. Er hat uns zu seinen Erben gemacht. Mit Jesus treten wir als Miterben unser himmlisches Erbe an. Wir haben eine hoffnungsstarke Zukunft!

Wir sind nicht mehr aus Gottes Gedanken auszulöschen. Er hat uns ständig vor Augen.

Wie beschreibt die Bibel unser Erbe im Himmel?

Einer der zentralen Gedanken des Neuen Testaments ist das zukünftige Erbe im Himmel für alle Kinder Gottes. Die Konsequenz aus unserer Errettung ist das himmlische Erbe:

> *„Gepriesen sei der Gott und Vater unseres Herrn Jesus Christus, der nach seiner großen Barmherzigkeit uns wiedergeboren hat zu einer lebendigen Hoffnung*

> *durch die Auferstehung Jesu Christi aus den Toten zu einem unvergänglichen und unbefleckten und unverwelklichen Erbteil, das in den Himmeln aufbewahrt ist für euch"* (1.Petr 1,3-4).

Gott ist es nicht genug, uns von der ewigen Verdammnis zu bewahren. Er will uns auch reich beschenken mit dem Erbe, das er für jeden Einzelnen im Himmel aufbewahrt. Damit ist es auch vor jeder Wertminderung oder sogar Zerstörung abgeschirmt. Jesus verheißt den Menschen, die um seinetwillen auf vieles verzichtet oder an die zweite Stelle gesetzt haben, dass sie anstelle ihrer Opfer von ihm reich belohnt werden:

> ***„Und ein jeder, der Häuser oder Brüder oder Schwestern oder Vater oder Mutter oder Kinder oder Äcker um meines Namens willen verlassen hat, wird hundertfach empfangen und ewiges Leben erben"*** (Mt 19,29).

Nun kennt das Neue Testament noch viele Worte, die das Erbe eines Kindes Gottes in anderen Worten ausdrückt. Jede Bezeichnung legt da einen besonderen Schwerpunkt, worum es bei unserem himmlischen Erbe geht.

So spricht Jesus von diesem Erbe als dem himmlischen Vaterhaus. Der Himmel wird hier als das „**Haus meines Vaters**" bezeichnet. Das ist der Ort, wo Gott der Vater mit seinem Sohn zu Hause ist. Alle, die dort ankommen, sind erlöst durch das Blut des Lammes. Sie erleben die völlige Zugehörigkeit zum himmlischen Vater und ihre ewige Geborgenheit in ihm. Die ganze Atmosphäre dort hat nichts Bedrückendes oder Bedrohliches. Hier herrscht Freude über jeden, der dort ankommt. Endlich kann der Vater dort seine über alles geliebten Kinder in seine Arme schließen und an sein Herz drücken, wie im Gleichnis vom verlorenen Sohn im Lukasevangelium (15,20). Welche Freude wird es für den himmlischen Vater sein, wenn er uns dort für immer willkommen heißt. Endlich ist er mit seinen ewigen Plänen am Ziel (Eph 1,4-5; 1.Petr 1,20).

Seine Wunschkandidaten sind bei ihm zu Hause angekommen. Nun wird er seinen Kindern die ganze Teilhabe an seiner Herrlichkeit gestatten. Keiner freut sich mehr darüber als unser Vater im Himmel. Nun hat er seine Kinder für immer hinübergerettet in sein himmlisches Reich. Sie sind jetzt endgültig bei ihm. Sein Plan hat funktioniert: Unsere ewige Errettung, die in unserer Bekehrung begann. Es war kein Plan B erforderlich. Sein Sohn erledigte alles perfekt, was ihm sein Vater aufgetragen hatte. Die Ernte für das Werk der Erlösung ist eingefahren. In seinem Vaterhaus wird nun die ewige Freudenfeier gestartet. Und wir sind mittendrin.

Da Jesus in den Himmel bleibend aufgenommen wurde, wird auch unser Aufenthalt von bleibender Dauer sein. Dies ist für die Erretteten also keine vorübergehende Absteige. Jesus spricht von einer ewigen Wohnung als von einer **Bleibestätte**, einer **bleibenden Wohnung**. Diese staffiert er momentan für uns aus. Dabei wird seine Liebe uns eine ewige Wohnstätte bereiten, die unsere jetzigen Sinne nicht erfassen können. Nur ganz schwach können wir ahnen, was Jesus dort im Himmel für seine Brautgemeinde zubereitet. Diese Wohnung wird den göttlichen Charakter seiner Liebe und Fantasie tragen.

> *„Im Hause meines Vaters (oikía tou patrós) sind viele Wohnungen (monaì). Wenn es nicht so wäre, würde ich euch gesagt haben: Ich gehe hin, euch eine Stätte zu bereiten? Und wenn ich hingehe und euch eine Stätte (tópos = Ort, Platz, Raum, Stätte) bereite, so*

komme ich wieder und werde euch zu mir nehmen, damit auch ihr seid, wo ich bin" (Joh 14,2-3).

An dieser Wohnung für seine Freunde arbeitet Jesus nun seit knapp 2.000 Jahren. Manche sagen: Wenn er die sichtbare, unbeschreiblich schöne Schöpfung in sechs Tagen erschuf, wie herrlich werden dann unsere Wohnungen im Himmel sein, für die er ungleich mehr Zeit investiert?!

Dort erfahren Christen die Nestwärme, auf die sie vielleicht in dieser Welt ganz und gar verzichten mussten. Denken wir dabei nur an die Brüder und Schwestern, die um Jesu willen verfolgt wurden. Wie dankbar werden die Kinder Gottes sein, die aus ihrer Heimat ins Elend flüchten mussten oder in den Gulag abtransportiert wurden. Denken wir an diejenigen, die gefoltert und in kalten Gefängniszellen bis zu ihrem Tod dahinvegetierten, bis heute. Wie werden sie in den Wohnungen ihres himmlischen Vaters seine Nähe, seine Liebe und Sicherheit für immer genießen!

Dort erfahren Christen die Nestwärme, auf die sie vielleicht heute ganz und gar verzichten müssen.

Im 2. Korintherbrief spricht Paulus von **einem Bau, einem Haus**(*oikodomé*), einem **ewigen Haus** (*oikían aiónion*):

„Denn wir wissen, dass, wenn unser irdisches Zelthaus zerstört wird, wir einen Bau (oikodomé) von Gott haben, ein nicht mit Händen gemachtes, ewiges Haus (oikía) in den Himmeln" (2.Kor 5,1).

Auf die Vergänglichkeit mit all ihren Unsicherheiten und Enttäuschungen folgt die Aufnahme in das ewige Haus Gottes. Dieses Haus ist frei von allen Erschütterungen und Zerstörungen. Wir können ganz sicher dort leben, ohne durch irgendwelche Schrecknisse verstört zu werden. Keine Einbrecher, keine Alpträume werden uns dort das Leben zur Hölle machen. Entsagungen, Leiden, Schmerzen werden dort nicht mehr in Erinnerung kommen. Dort sind wir frei von allem Schweren, was mit dieser Welt in Verbindung stand.

Die zur Zeit des Alten Testaments im Glauben an die göttlichen Verheißungen starben, hatten diese Verheißung auf ein himmlisches Erbe fest im Blick. Sie war ihr Trost, ihre Zuversicht:

> *„Diese alle sind im Glauben gestorben und haben die Verheißungen nicht erlangt, sondern sahen sie von fern und begrüßten sie und bekannten, daß sie Fremde und ohne Bürgerrecht auf der Erde seien. Denn die, die solches sagen, zeigen deutlich, dass sie ein Vaterland suchen"* (Hebr 11,13-14).

Hier wird dieses Erbe als „**Vaterland**" bezeichnet. Nachdem Abraham sein irdisches Vaterland in Ur in Chaldäa verlassen hatte, besaß er bis zu seinem Tod kein Land mehr, das er sein Vaterland hätte nennen können. Nach seinem Auszug aus dem Zweistromland blieb er ein Fremder ohne Bürgerrecht. Er blieb im verheißenen Land ein Ausländer. Im himmlischen Vaterland aber werden sich alle zu Hause fühlen, ohne Unsicherheiten, Ängste und Flüchtlingselend. Dort sind sie im Gegensatz zu ihrem irdischen Leben in ewiger Sorglosigkeit, wo sie keine Übergriffe von hasserfüllten Gegnern mehr fürchten müssen.

Dieses himmlische Erbe wird in der Bibel auch mit einer **Stadt** (polis) verglichen. Auf dieses Erbe warteten auch schon die AT-Gläubigen, wie der Hebräerbrief berichtet. Dort heißt es von Abraham:

> *„Durch Glauben siedelte er sich im Land der Verheißung an wie in einem fremden und wohnte in Zelten mit Isaak und Jakob, den Miterben derselben Verheißung denn er erwartete die Stadt, die Grundlagen hat, deren Baumeister (technítees = Kunsthandwerker) und Schöpfer Gott ist"* (Hebr 11,10).

Weiter heißt es dort:

> *„Jetzt aber trachten sie nach einem besseren (stärkeren, erhabeneren, mächtigeren), das ist nach einem himmlischen. Darum schämt sich Gott ihrer nicht, ihr Gott genannt zu werden, denn er hat ihnen eine Stadt bereitet"* (Hebr 11,16).

Dieses Bild von der Stadt wird dann besonders im Neuen Testament in der Offenbarung aufgegriffen und hervorgehoben. Dort schildert Johannes, wie er von einem Engel eine besondere Vision erhält:

> *„Und er führte mich im Geist hinweg auf einen großen und hohen Berg und zeigte mir die heilige Stadt Jerusalem, wie sie aus dem Himmel von Gott herabkam, und sie hatte die Herrlichkeit Gottes"* (Off 21,10-11).

Diese Stadt hat nichts mit den Städten unserer Welt und Zeit gemeinsam. Heute steht die Stadt als Sinnbild für Wirtschaftlichkeit, Erfolg, Profit. Städte sind Trendsetter. Die großen Metropolen dieser Welt stehen leider auch für Kälte, Vereinsamung, Gewalt, Mord, Rauschgifthandel, wirtschaftliche Verelendung und Prostitution. Die ewige Stadt Gottes steht dazu im starken Kontrast. Sie beinhaltet Reinheit, Klarheit und die

Abwesenheit von allen finsteren Machenschaften. Dort herrscht das Licht Gottes und damit eine faszinierende Schönheit:

> *„Ihr Lichtglanz war gleich einem sehr kostbaren Edelstein, wie ein kristallheller Jaspisstein“* (Off 21,11).

Die Ausstrahlung, die sie besitzt, kommt von Gott, dem Vater und dem Lamm, Jesus Christus:

> *„Und die Stadt bedarf nicht der Sonne noch des Mondes, damit sie ihr scheinen; denn die Herrlichkeit Gottes hat sie erleuchtet, und ihre Lampe (Leuchte, Lichtquelle) ist das Lamm“* (Off 21,23).

Das Licht Gottes vermittelt Wärme, Leben, Lebendigkeit und eine tiefe Sicherheit. Im Himmel gibt es keine dunklen Ecken mehr. Keine unliebsamen, bösen Feinde warten dort auf uns. Um diese Herrlichkeiten heute etwas zu erfassen, braucht es von Gott erleuchtete Augen des Herzens. Dafür betet Paulus für die Gemeindeglieder in Ephesus:

> *„Er erleuchte die Augen eures Herzens, damit ihr wisst, was die Hoffnung seiner Berufung, was der Reichtum der Herrlichkeit seines Erbes in den Heiligen ist“* (Eph 1,18).

Deshalb sollten wir nicht vergessen, dem Vater im Himmel immer wieder dafür zu danken, dass er uns tüchtig gemacht hat „zum Anteil am Erbe der Heiligen im Licht“ (Kol 1,12). Wer durch seine Gnade gerechtfertigt ist, der ist auch berechtigt, sein Erbe im Himmel anzutreten (Tit 3,7). Jeder, der von Gott berufen ist, wird ganz gewiss „die Verheißung des ewigen Erbes empfangen“ (Hebr 9,15).

In allen diesen Beschreibungen unseres himmlischen Erbes geht es um Gott und seine Herrlichkeit. Diese will er unbedingt mit denen teilen, die ihm ihr Vertrauen in dieser Welt schenkten. Durch den Sündenfall hat die gesamte Menschheit ja alle Herrlichkeit Gottes verloren (Röm 3,23). Das Versprechen der Schlange „sein wie Gott" verwandelte sich in das größte Elend. Der Himmel aber ist die gewaltige Hoffnung, die Jesusnachfolger heute haben dürfen. Schließt uns der Geist Gottes diese herrliche und alles überragende Zukunft auf, dann springt schon heute unser Herz vor Freude. Dann verstehen wir auch besser, was die unzerstörbare Gewissheit und Freude des Paulus in seinem schrecklichen Martyrium war:

> *„Ich bin überzeugt, dass die Leiden der gegenwärtigen Zeit nichts bedeuten im Vergleich zu der Herrlichkeit, die an uns offenbar werden soll"* (Röm 8,18; EU).

Das ließ Menschen durch die Jahrhunderte hindurch die unsägliche Qualen erdulden, die sie wegen ihrer Zugehörigkeit zu dem Erlöser Jesus hatten. Gerade für die verfolgte Gemeinde entwickelten diese Aussagen über das herrliche himmlische Erbe eine Kraft und Energie, die sie in der Treue zu Gott durchhalten ließ. Immer wieder gründeten sie sich in der Hoffnung, die ihnen Gott in seinem Wort zusagte. So wurden sie zu einem Zeichen der Standhaftigkeit bis zum heutigen Tag. Denn Jesu Ruf begleitet alle Märtyrer in ihrem Leid bis heute:

> *„Fürchte dich nicht vor dem, was du leiden wirst! Siehe, der Teufel wird <einige> von euch ins Gefängnis werfen, damit ihr geprüft werdet, und ihr werdet Bedrängnis haben zehn Tage. Sei treu bis zum Tod! Und ich werde dir den Siegeskranz des Lebens geben"* (Off 2,10).

„Ich komme bald. Halte fest, was du hast, damit niemand deinen Siegeskranz nehme“ (Off 3,11)!

Gott selbst ist die Erfüllung unserer letzten Hoffnung

Sprechen wir von der letzten und lebendigen Hoffnung, dann sprechen wir von dem „seligen und alleinigen Machthaber, dem König der Könige und dem Herrn der Herren“ (1.Tim 6,15). Es geht bei unserer Hoffnung auf die himmlische Herrlichkeit nicht zuerst um goldene Straßen, Palmen wedelnde Gläubige in weißen, wallenden Gewändern, die vielen Engel Gottes, und, und, und. Das alles will ich nicht für unmöglich oder unwesentlich halten. Was wäre der himmlische Thronsaal ohne den Vater und seinen Sohn, die allein unsere Sehnsucht stillen können? Was wären die goldenen Straßen und alle Annehmlichkeiten im Himmel ohne diese Mitte, unseren Erlöser Jesus Christus, der zur Rechten Gottes, des Vaters sitzt? Der Heilige Geist nährt in unserem Leben hier auf der Erde eine tiefe Sehnsucht nach der Ewigkeit, nach dem himmlischen Vater und seinem ewigen Reich.

Was wäre der himmlische Thronsaal ohne den Vater und seinen Sohn?!

Wenn es um den Vater und das Lamm in der Mitte des Thrones geht, dann geht es um Gottes Atmosphäre, die dort alles erfüllt. Seine Liebe, sein Friede, seine Freude wird uns dort durchströmen, erquicken und zur Anbetung Gottes leiten. Nichts Böses wird mehr unsere Gemeinschaft mit unserem Vater stören. Nichts werden wir mehr denken, was wir bereuen müssten. Kein Wort müssen wir mehr zurücknehmen, weil es nicht von Gottes Wahrheit und Liebe durchdrungen wäre. Alles was wir dort tun, steht in ungebrochener Übereinstimmung mit unserem Gott. Das wird die tiefe Erfüllung in unserem Herzen sein, sodass wir voll Staunen, voller Anbetung und satt an Freude sein werden. Welche tiefe Liebe zu unserem Schöpfer und Erlöser wird unseren Geist durchfluten. Dort wird ohne Unterbrechung unser Herz vor Freude springen. Wir werden nie mehr traurig sein können. Keine Versuchung wird uns innerlich zerreißen und von Gott wegführen. Wir sind endgültig im Endzustand unserer Erlösung angekommen. Alles ist durchsichtig. Die Klarheit Gottes wird für alle Ewigkeiten unsere Existenz sein. Keine Sünde, keinen Teufel, keinen Tod müssen wir mehr befürchten.

Dort wird sich in Vollkommenheit erfüllen, was wir in dieser Welt oft nur als Spotlight, als ein kurzes Aufblitzen erleben. Momente der unbeschreiblichen und erfüllenden Gegenwart Gottes bleiben hier und jetzt die Ausnahme. Heute suchen wir, ähnlich wie die Braut im Hohenlied Salomos ihren auserwählten Bräutigam suchte, unseren himmlischen Bräutigam, Jesus Christus:

> *„Auf meinem Lager zur Nachtzeit suchte ich ihn, den meine Seele liebt, ich suchte ihn und fand ihn nicht. ‚Aufstehn will ich denn, will die Stadt durchstreifen, die Straßen und die Plätze, will ihn suchen, den meine Seele liebt.' Ich suchte ihn und fand ihn nicht"* (Hld 3,1-2).

Welche Wehmut spricht aus diesen beiden Versen der Braut. Ähnlich wie sie durchstreifen wir auch oft als Gläubige heute „Straßen und Plätze", um Jesus, unseren Bräutigam, zu finden. Oft suchen wir Freude, Ehre und Liebe an den falschen Plätzen. Bei allen Wundern der irdischen Schöpfung, die immer wieder ins Staunen versetzt, spüre ich doch, dass es noch mehr gibt. Denn unsere tiefste Sehnsucht nach IHM bleibt in dieser Welt nur bruchstückhaft erfüllt.

Die große Mangelerscheinung in der Gemeinde Jesu in unserem Kulturkreis ist wohl die fehlende Sehnsucht nach der Ewigkeit. Ist doch der Himmel das Schönste, das Beste, das Reinste, das, was letztlich unseren Durst nach Leben voll und ganz stillen wird. Dort werden wir von seiner Reinheit, seiner Liebe, seiner Freude und seinem Frieden voll erfüllt sein. Deshalb wird auch Gottes Gegenwart dort nichts Unklares oder Angst Einflößendes mehr haben.

Dort, in der Vollendung, wird niemand mehr wie tot zu den Füßen Jesu sinken, wie der Apostel Johannes auf Patmos (Off 1,17). Alles, was nicht Gottes Herrlichkeit und seine Liebe ausstrahlt, ist im Himmel nicht anwesend. Und einige Wesenszüge Gottes werden im Himmel für bekennende Christen nie mehr spürbar sein, dass Gott z. B. ein furchterregender Gott ist, wie ein verzehrendes Feuer (Jes 6,3; Luk 5,8; Hebr 12,29).

Nähe, Angenommensein, Wertschätzung, Geborgenheit, Trost, Freude und Anbetung erfüllen dort unser Herz. Unser Mund wird überquellen von dem Lob Gottes. Ein für uns heute nicht vorstellbares Glücksgefühl wird uns bis in die „Haarspitzen" erfüllen. Kein Hemmnis wird mehr in der Gemeinschaft mit Gott vorhanden sein. Keine quälende Frage mehr nach den schweren Wegführungen, die uns heute hin und wieder verzagen lassen. Die Freude wird noch viel größer als bei dem betagten Simeon, als er Jesus im Tempel erblickte und die große Sehnsucht seines irdischen Lebens erfüllt wurde. Von ihm heißt es:

Nähe, Angenommensein, Wertschätzung, Geborgenheit, Trost, Freude und Anbetung erfüllen dort unser Herz.

> *„Und siehe, es war in Jerusalem ein Mensch, mit Namen Simeon; und dieser Mensch war gerecht und gottesfürchtig und wartete auf den Trost Israels; und der Heilige Geist war auf ihm. Und ihm war von dem Heiligen Geist eine göttliche Zusage zuteil geworden, dass er den Tod nicht sehen solle, ehe er den Christus des Herrn gesehen habe"* (Lk 2,25-26).

Als dann Maria und Joseph Jesus zur Beschneidung in den Tempel brachten, da war seine Sehnsucht gestillt:

> *„Und er kam durch den Geist in den Tempel. Und als die Eltern das Kind Jesus hereinbrachten, um mit ihm nach der Gewohnheit des Gesetzes zu tun, da nahm auch er es in seine Arme und lobte Gott und sprach: Nun, Herr, entlässt du deinen Knecht nach deinem Wort in Frieden; denn meine Augen haben dein Heil gesehen"* (Lk 2,27-30).

Wir können deshalb auch jetzt in allem Wirrwarr Frieden haben, wenn unsere Augen auf den gerichtet sind, der unser Heil und unser Retter ist.

Paulus schreibt davon, dass wir Gott heute nur undeutlich sehen, wie in antiken Spiegeln ein Mensch sein Gesicht nur verschwommen mit unklaren Konturen wahrnehmen konnte (1.Kor 13,12). Heute stehen wir noch nicht in der zukünftigen ungetrübten Klarheit. Wenn wir Gott heute sehen, z. B. in seiner Schöpfung oder wenn wir von ihm in der Bibel lesen, dann ist es immer ein verhülltes Sehen Gottes. Das Größte ist uns noch vorbehalten. Denn wir leben jetzt nicht im Schauen sondern im Glauben (2.Kor 5,7).

Wir werden Gottes Angesicht sehen

In seinem Gebet im Garten Gethsemane spricht Jesus davon, was ihm in Bezug auf seine Jünger wichtig ist. Und was brennt Jesus so unter den Nägeln, wenn er an uns denkt? Was ist ihm sein größtes Herzensanliegen?

> *„Vater, ich will, dass die, welche du mir gegeben hast, auch bei mir seien, wo ich bin, damit sie meine Herrlichkeit schauen, die du mir gegeben hast, denn du hast mich geliebt vor Grundlegung der Welt"* (Joh 17,24).

Dass wir Gott einmal von Angesicht sehen, das wird uns auch in der Offenbarung unterstrichen:

> *„Und keinerlei Fluch wird mehr sein; und der Thron Gottes und des Lammes wird in ihr sein; und seine Knechte werden ihm dienen, und sie werden sein Angesicht sehen; und sein Name wird an ihren Stirnen sein"* (Off 22,3-4).

Dann wird die Verheißung vollkommen sein. Eine Steigerung dessen kann es nicht mehr geben. Dann werden wir in aller Klarheit erkennen, was der Weg zum Leben ist:

> *„Du wirst mir kundtun den Weg des Lebens; Fülle von Freuden ist vor deinem Angesicht, Lieblichkeiten in deiner Rechten immerdar"* (Ps 16,11).

> *„Sie blickten auf ihn und strahlten, und ihr Angesicht wird nicht beschämt"* (Ps 34,6).

Für das „Ertragen" dieses Freudenfeuers, dieses von allen Sorgen und Ängsten befreite Glück brauchen wir einen umgestalteten geistlichen Leib. Unser irdischer Körper könnte dieses Glück nicht ertragen.

Bei dem Schauen Gottes geht es nicht um barocken Schnickschnack und Pomp. Es geht primär darum, Gottes Angesicht zu sehen. Wenn wir echte, tiefe Gemeinschaft mit einem Menschen suchen, dann schauen wir nicht auf seine Füße, seine rechte Schulter oder seinen linken Arm. Nein, wir suchen sein Gesicht. Dort im Angesicht begegnen wir in den Augen eines Menschen seiner Persönlichkeit. Das ganze Angesicht konzentriert sich in den Augen. So ist es bei uns Menschen, so ist es auch bei Gott. Schauen wir Jesus einmal ungehindert in die Augen, so können wir erst dann seine ganze Liebe, seine tiefe Barmherzigkeit, seine große Menschenfreundlichkeit und unantastbare Heiligkeit erfassen.

In den Augen sehen wir seine ganze Liebe, seine tiefe Barmherzigkeit, seine große Menschenfreundlichkeit und unantastbare Heiligkeit.

Erst im vollendeten Zustand, wenn uns Jesus mit seinem herrlichen Wesen gleichgemacht hat, können wir IHN sehen, wie er ist. Heute leben wir zwar im „schon jetzt“, aber auch im „noch nicht“. Heute wissen wir aus der Heiligen Schrift, wer Gott der Vater, wer sein Sohn Jesus Christus ist. Und sie lässt uns nicht im Zweifel darüber, wer wir jetzt schon in Jesus Christus sein dürfen:

> *„Die er aber vorherbestimmt hat, diese hat er auch berufen; und die er berufen hat, diese hat er auch gerechtfertigt; die er aber gerechtfertigt hat, diese hat er auch verherrlicht“* (Röm 8,30).

Aber erst das direkte Schauen Gottes, ohne jede Eintrübung und Verzerrung, wird die tiefste Sehnsucht unseres Lebens stillen. Dann werden unser Herz voll Freude und unser Mund voll Lachens sein (Ps 126,2). Dann erst wird der Friede Gottes in Vollendung unsere Gedanken und Sinne durchdringen. Dann erst wird das Leben Gottes in ungebrochener Weise durchbrechen und uns erfüllen und – nie mehr aufhören.

Die große Spannung heute: Noch sündig und schon verherrlicht

Dieses schon jetzt und noch nicht erleben wir heute als erlöste Kinder Gottes. Vortrefflich finde ich es in einem Lied ausgedrückt. Dort wird die Braut Jesu Christi, die Gemeinde Jesu, klassisch in einem „sowohl" „als auch" beschrieben. Einerseits wird ihre Niedrigkeit, Unvollkommenheit, ja Sündhaftigkeit nicht verschwiegen. Andererseits wird ihre heutige Vollkommenheit, Vollmacht und Schönheit in dieser Welt auf großartige Weise bejaht. Einerseits sind Christen schon jetzt in Gottes Augen verherrlicht (Röm 8,30) und mit höchster göttlicher Autorität ausgestattet (Eph 2,6). Andererseits sind sie noch in einem sterblichen Leib mit all seiner Schwachheit und Unvollkommenheit. Dieses Lied wurde von Ernst Gottlieb Woltersdorf (1725–1761) verfasst, dessen Lieder eine große geistliche Weite und Tiefe besitzen und das, obwohl er nur 36 Jahre alt wurde. Das folgende, heute weithin unbekannte Lied heißt:

Wer ist der Braut des Lammes gleich?

1. Wer ist der Braut des Lammes gleich?
Wer ist so arm und wer so reich?
Wer ist so häßlich und so schön?
Wem kann's so wohl und übel gehn?
Lamm Gottes, Du und Deine sel'ge Schar
sind Menschen und auch Engeln wunderbar!

2. Aus Gnaden weiß ich auch davon,
ich bin ein Teil von Deinem Lohn –
so elend, wie man's kaum erblickt,
so herrlich, daß der Feind erschrickt,
so gottlos, daß wohl alle besser sind,
und so gerecht wie Du, des Vaters Kind!

3. Ein Wurm, bis in den Staub gebeugt,
der auf den Thron des Königs steigt!
Bekümmert, trübe, bloß und krank
und doch voll lauter Lobgesang!
So schwach, daß meine Kunst in nichts besteht;
So stark, daß Satan aus dem Wege geht!

4. Verfolgt, verlassen und verflucht,
doch von dem Herrn hervorgesucht!
Ein Narr vor aller klugen Welt,
bei dem die Weisheit Lager hält!
Verdrängt, verzagt, besiegt und ausgefegt
und doch ein Held, der ew'ge Palmen trägt!

5. Wer bin ich, wenn es mich betrifft?
Ein Abgrund voller Sündengift.
Wer bin ich, Lamm, in deiner Pracht?
Ein Mensch, der Engel weichen macht;
So rein, so weiß, so schön, so auserwählt,
dass mir's an Worten zur Beschreibung fehlt.

6. Das ist der Gottheit Wunderwerk
und seines Herzens Augenmerk!
Ein Meisterstück aus nichts gemacht –
soweit hat's Christi Blut gebracht!
Hier forscht und betet an, ihr Seraphim,
bewundert uns und jauchzt und danket Ihm!

(Ernst Gottlieb Woltersdorf – 1725–1761)

In dieser für unsere Ohren veralteten und unzeitgemäßen Sprache verfasst, werden Gedanken ausgedrückt, die die Existenz des Christen in dieser Welt beschreiben. Solch eine Sichtweise könnte uns manches Mal sowohl vor Übermut als auch vor Resignation bewahren.

Wie können wir uns die Umgestaltung in die neue Schöpfung vorstellen?

Wir lesen in der Bibel von der Schöpfung eines neuen Himmels und einer neuen Erde.

> ***„Wir erwarten aber nach seiner Verheißung neue Himmel und eine neue Erde, in denen Gerechtigkeit wohnt"*** **(2.Petr 3,13).**

> *„Und ich sah einen neuen Himmel und eine neue Erde; denn der erste Himmel und die erste Erde waren vergangen, und das Meer ist nicht mehr“* (Off 21,1).

Schon im Alten Testament wird diese Neuschöpfung verheißen:

> *„Denn siehe, ich schaffe einen neuen Himmel und eine neue Erde. Und an das Frühere wird man nicht mehr denken, und es wird nicht mehr in den Sinn kommen“* (Jes 65,17; s.a.: 66,22).

Mit diesen Verheißungen steckt Gott die großen Rahmenbedingungen für die Ewigkeit. Dennoch kommen wir manchmal in der Bibel an bestimmte Stellen, wo wir sagen: „Lieber Gott, könntest du es bitte nicht etwas genauer beschreiben?“ Immer wieder erleben wir bei bestimmten Aussagen die Grenzen unseres Verstehens und unserer Vorstellungskraft. So ist es auch mit der noch unsichtbaren Wirklichkeit des neuen Himmels und der neuen Erde. Es wird so sein, wie Martin Luther einmal sagte: *„totaliter aliter“*, das heißt: ganz und gar anders. Genauso wenig, wie wir uns Gott vorstellen können in seiner wirklichen Existenzweise, so wenig können wir uns den Himmel vorstellen.

Es wird so sein, wie Martin Luther einmal sagte: „totaliter aliter“, das heißt: ganz und gar anders.

Gott gibt uns jedoch in unserer sichtbaren Schöpfung Vorgänge, die uns bekannt sind, um uns das völlig andere der himmlischen Wirklichkeit glaubhafter und etwas begreifbarer zu machen.

Paulus spricht z. B. von unserem Leben als einem **in der Erde liegenden Korn**, das dort hineingesät wird (Korn als Bild für unseren menschlichen Körper und die Erde als Bild für diese sichtbare Welt).

> *„Und was du säst, du säst nicht den Leib, der werden soll, sondern ein nacktes Korn, es sei von Weizen oder von einem der anderen <Samenkörner>“* (1.Kor 15,37).

> *„Es wird gesät in Unehre, es wird auferweckt in Herrlichkeit; es wird gesät in Schwachheit, es wird auferweckt in Kraft; es wird gesät ein natürlicher Leib, es wird auferweckt ein geistlicher Leib. Wenn es einen natürlichen Leib gibt, so gibt es auch einen geistlichen“* (1.Kor 15,43-44).

> *„Der erste Mensch ist von der Erde, irdisch; der zweite Mensch vom Himmel“* (1.Kor 15,47).

Dieses Korn in der Erde kann aber nur zu seiner eigentlichen Bestimmung kommen, wenn es stirbt, sein eigenes Leben verliert. Erst dann kommt es zu seiner viel größeren Berufung und Aufgabe. Einen Halm mit einer Ähre zu bilden, die viele Samenkörner erhält. Hier in dieser Welt kommen wir nicht über das Natürliche, Vergängliche, Schwache und Unehrenhafte hinaus, das mit unserem Körper eng verbunden ist. Erst die Ewigkeit wird uns zur wahren Größe und Bestimmung führen. Dort werden wir nach unserem Tod in dieser Welt einen Herrlichkeitsleib von Gott empfangen, der keiner Schwachheit und Vergänglichkeit unterworfen ist. Das Alte löste sich völlig auf, wie bei einem in die Erde gesäten Weizenkorn. Und in seiner Auflösung schafft Gott etwas völlig Neues, noch nie Dagewesenes. So wird es auch mit unserer ewigen überirdischen Existenz, unserem Geistleib und dem neuen Himmel und der neuen Erde sein.

Ein weiterer Vorgang aus der Schöpfung kann uns helfen, das völlig Neue der neuen Schöpfung Gottes als glaubwürdige, echte und gewisse Realität vorzustellen. Es geht um die **Existenz eines werdenden Kindes im Mutterleib**. Dieses kann sich nicht im Geringsten vorstellen, dass eine Existenz außerhalb des Mutterleibes möglich ist, ja, dass diese Existenz die eigentliche Bestimmung seines Lebens ist. Das Leben im Mutterleib ist nur Vorbereitung auf noch etwas viel Größeres, Schöneres und Unfassbares, was auf den Embryo wartet. Man könnte dem Embryo stundenlang davon erzählen, wie schön eine Existenz außerhalb des Mutterleibes ist. Aber, auch wenn er dazu die geistigen Fähigkeiten hätte, er könnte es doch letztlich nicht verstehen, sprich nicht „glauben".

Die Welt, in der das werdende Leben heranwächst, ist eine geniale, komplexe Welt, die für diese Existenzweise im Mutterleib vollkommen genügt. Dem Kind mangelt es an nichts. Es hat eine umfassende Versorgung, die Außentemperatur stimmt, der äußere Schutz ist gegeben. Aber das Kind ist nicht dafür geschaffen, in dieser beengten Welt des Mutterleibes für immer zu existieren. Alle Entwicklungsstufen, die das Kind im Mutterleib durchläuft, zielen auf eine Geburt nach neun Monaten. Kommt es nicht zu dieser Geburt, dann stirbt dieses Kind in einer Welt, für das es nur für eine bestimmte Zeit gedacht war. Es ist nicht wichtig, ob sich das werdende Leben im Mutterleib vorstellen kann, dass noch ein anderes Leben auf es wartet. Es kann die zukünftige Wirklichkeit nicht erfassen, geschweige denn davon reden.

Für die zukünftige Welt ist jedoch schon alles in ihm angelegt. Aber es hat sie noch nicht gesehen, der Embryo lebt noch nicht darin. Es wird einmal seinen Körper zu unvorstellbaren Fähigkeiten gebrauchen. Sprechen und Singen, Essen und

Trinken, Springen und Laufen, das und noch vieles mehr wird seine zukünftige Lebensweise ausmachen. Seine Beine werden vielleicht einmal einen Weltrekord im Marathon laufen – unvorstellbar. Aber das ändert nichts daran, dass sich einmal völlig neue Möglichkeiten auftun werden.

Allerdings muss dieser neun Monate alte Embryo noch durch einen Geburtskanal hindurch, wenn es diese neue Welt real erleben will. Ein Trauma für jedes geborene Kind. Manche Psychologen meinen, dass von diesem Ereignis die Urangst des Menschen kommt. So müssen auch wir wohl alle – wenn wir nicht vorher entrückt werden – durch diesen Geburtskanal, den leiblichen Tod, wenn wir die Unsterblichkeit anziehen wollen.

Ein weiteres Beispiel für etwas völlig Neues zeigen uns die **Entwicklungsstufen eines Schmetterlings**. Vom Ei über die Raupe hin zur Puppe und dann endlich zu einem einzigartigen wunderbaren Falter. Das ist sein Werdegang. Mit der Zeugung läuft seine Entwicklung auf ein bestimmtes Ziel zu. Nicht die Durchgangsstufen sind das Ziel, sondern die Endstufe ist das Ziel.

Könnte ein Embryo die zukünftigen Möglichkeiten unserer Welt ahnen, würde er denken, dass diese Welt unendlich fern von ihm sein muss.

Ob Korn, ob Mensch, ob Schmetterling, das Ende einer bestimmten Entwicklungsphase ist nicht das Ende, auch wenn es so aussehen könnte. Die Entwicklung läuft auf ein bestimmtes Ziel zu: Eine vorher nicht dagewesene Lebensweise mit ungeahnten Möglichkeiten. Könnte der Embryo mit uns kommunizieren und verstehen, was wir ihm von unserer Welt erzählen, würde er wahrscheinlich denken, dass diese Welt Lichtjahre von ihm entfernt sein muss. Es ist ja unvorstellbar, ja unglaublich, was ihm da erzählt wird. Dass ihn allerdings diese Welt jeden Tag umgibt, und sie nur einige Zentimeter von ihm entfernt präsent ist, liegt außerhalb seines Erfassungsvermögens und seiner Erfahrung. Er kann es nicht begreifen, weil ihm bestimmte Erfahrungen fehlen.

Das Baby empfindet nicht die Begrenztheit und die Enge im Bauch seiner Mutter. Ähnlich wie wir oft nicht unsere Begrenztheit empfinden und meinen, diese Welt sei doch ausreichend. Aber Gott sieht unsere Enge und Begrenzung in dieser Welt. Deshalb hat er noch etwas viel Größeres für uns bereit, ohne Enge, ohne Grenzen: Seine Gegenwart, in seinem neuen Himmel und auf seiner neuen Erde. Dort werden wir in für uns unvorstellbaren Dimensionen leben und agieren.

Himmlische Ewigkeitsperspektive – irdische Konsequenzen

Ich las in einem Buch von dem Theologen Prof. Fritz Rienecker (1897–1965; Theologe und Publizist), dass das Alte Testament 1.527- und das Neue Testament 319-mal von dem wiederkommenden Herrn spricht. Die Lehre vom Himmel, Tod und der Ewigkeit nimmt einen sehr weiten Raum in der Heiligen Schrift ein. Es muss einen tieferen Grund haben, weshalb die Bibel von dem Leben nach dem Tod, der Wiederkunft Jesu, dem breiten und dem schmalen Weg spricht.

Nicht wenige Christen singen Lieder über die Ewigkeit mit großem Enthusiasmus. Gerade dann, wenn die Strophen eine eingängige und das Gemüt anrührende Melodie haben. Denken wir nur an das Lied: „Wenn nach der Erde Leid, Arbeit und Pein, ich in die goldenen Gassen zieh ein." Wie vielen Christen schlug bei diesem Lied das Herz höher, der Puls schneller und Tränen rannen über ihre Wangen. Mit großer Rührung und Leidenschaft werden solche Lieder u.a. in Trauerfeiern von uns gesungen. Ja, wir singen gerne vom Himmel und wir hören auch gerne Predigten darüber.

Wie sieht es jedoch mit den Konsequenzen dieser zukünftigen Perspektive für mich heute aus? Sollten wir uns deshalb nicht fragen:

- Wofür will ich heute und jetzt auf dieser Erde mein Leben einsetzen?
- Für wen und was will ich kämpfen und sterben?
- Wem will ich meine ständig dahinschwindende und unwiederbringliche Zeit widmen?
- Wem möchte ich meine Tage leben?
- Für wen will ich die Zeit auskaufen?

Denn wir können auf zwei unterschiedliche Weisen leben und für zwei unterschiedliche Ziele uns aufopfern. Zum einen ist es möglich nur für uns selbst, andere Menschen und weltliche Systeme zu leben. Und zum anderen können wir alles, was wir in dieser Welt tun, einem ewigen Ziel unterordnen, wie Paulus es an die Christen in Kolossä schreibt:

> *„Und alles, was ihr tut, im Wort oder im Werk, alles tut im Namen des Herrn Jesus, und sagt Gott, dem Vater, Dank durch ihn … Was ihr auch tut, arbeitet von Herzen als dem Herrn und nicht den Menschen, da ihr wisst, dass ihr vom Herrn als Vergeltung das Erbe empfangen werdet; ihr dient dem Herrn Christus"* (Kol 3,17.23-24).

Bedenken wir dazu bei allem Engagement: Das letzte Hemd hat keine Taschen. Das soll heißen: Klebt nicht an dem, was Gott euch in dieser Welt schenkt und ihr auch genießen dürft. Das Neue Testament ist in Bezug auf diese Welt sehr ernüchternd. So werden wir daran erinnert, dass wir nackt in diese Welt gekommen sind und sie ebenso nackt wieder verlassen werden:

> *„… denn wir haben nichts in die Welt hereingebracht, sodass wir auch nichts hinausbringen können"* (1.Tim 6,7).

„Denn wir haben hier keine bleibende Stadt, sondern die zukünftige suchen wir“ (Hebr 13,14).

Trachtet zuerst nach dem Reich Gottes

Wenn das alles stimmt (und es stimmt!), was die Bibel über den Himmel sagt, dann kann es für uns Christen nur eine Konsequenz geben. Paulus formulierte sie treffend für Christen damals im 1. Jahrhundert, aber auch für uns heute:

„Wenn ihr nun mit dem Christus auferweckt worden seid, so sucht, was droben ist, wo der Christus ist, sitzend zur Rechten Gottes! Sinnt auf das, was droben ist, nicht auf das, was auf der Erde ist! Denn ihr seid gestorben, und euer Leben ist verborgen mit dem Christus in Gott. Wenn der Christus, euer Leben, offenbart werden wird, dann werdet auch ihr mit ihm offenbart werden in Herrlichkeit. Tötet nun eure Glieder, die auf der Erde sind: Unzucht, Unreinheit, Leidenschaft, böse Begierde und Habsucht, die Götzendienst ist“ (Kol 3,1-5)!

Diese Formulierung „Sucht was droben ist“ ist eine Umschreibung für die Ausrichtung unseres gesamten Lebens als Christen hier auf dieser Erde. Dazu müssen wir extra und immer wieder aufgefordert werden. Die Angebote dieser Welt üben auch auf Christen eine große Faszination aus. Nicht selten locken sie uns in die falsche Richtung. Wir richten unsere Triebe und Begierden auf gefährliche Köder. Wir erkennen bei dem Köder oft nicht den Angelhaken. Er steckt aber in

Verführerische Angebote dieser Welt üben auf Christen eine große Faszination aus und locken in die falsche Richtung.

vielen verlockenden Angeboten. Manchmal, wenn überhaupt, wird er uns erst dann bewusst, nachdem wir auf den Angelhaken gebissen haben. Wir spüren, dass etwas nicht mehr stimmt und wir in eine Richtung abtreiben, in die wir gar nicht wollten.

Deshalb rüttelt uns die Bibel wach und sagt uns unmissverständlich, wo wir eine nicht zu bereuende Faszination finden können: In Christus. Er schenkt Freude ohne Reue. Leider sind wir als Christen nur zu oft verblendet. Wir strecken uns nicht mehr nach den Schätzen und Segnungen des Himmels aus. Wir lassen uns treiben. Denn oft ist es für uns einfacher im alten Trott weiterzumachen. Wir schalten dann lieber den Fernseher ein oder machen uns im Internet auf die Jagd nach Bildern oder Schnäppchen.

Nur zu schnell stehen wir Christen in der Gefahr, dass wir uns im Irdischen verlieren. Selbst Gottes Segnungen können uns in eine dumpfe Sattheit und Selbstzufriedenheit führen. So klagte Gott über Israel, über Jeschurun (ein Ehrenname Israels, der so viel wie „der Rechtschaffene“ bedeutet):

> ***„Da wurde Jeschurun fett und schlug aus. Du wurdest fett, dick, feist! Und er verwarf den Gott, der ihn gemacht, und verachtete den Fels seiner Rettung“* (5.Mose 32,15).**

Vielleicht geben wir auch einem falschen Sicherheitsdenken Raum. So suchen wir in den Versicherungsabschlüssen, Aktienpaketen und den Tausenden auf der Bank unsere Absicherung. Jesus spricht vom Betrug des Reichtums. Und Betrug und hohle Versprechungen gibt es genug in den übrigen Dingen dieser Welt:

> *„Und andere (Zuhörer) sind die unter die Dornen Gesäten, es sind die, die das Wort gehört haben, und die Sorgen der Zeit und der Betrug des Reichtums und die Begierden nach den übrigen Dingen kommen hinein und ersticken das Wort, und es bringt keine Frucht"* (Mk 4,18-19).

Warum haben wir Christen im mit materiell reich ausgestatteten Westen nur so wenig Sehnsucht nach dem, was droben ist? Haben wir uns den „Magen" mit „irdischen Speiseangeboten" verdorben? Haben wir die falschen Prioritäten gesetzt und gesammelt, was unnütz ist und bleibt? Die Sammelleidenschaft ist unter uns Menschen ja nach wie vor ungebrochen. Jesus weiß nur zu gut, wie schnell wir uns aber dem Vergänglichen und manchmal auch Wertlosen zuwenden. Existenzängste steuern uns Menschen zu allen Zeiten stark. Wir meinen immer mehr ansammeln zu müssen. Über den Berg des Angesammelten können wir kaum noch schauen. Es verstellt uns den Blick auf die Ewigkeit. So muss Jesus seine engsten Mitarbeiter ermahnen:

> *„Sammelt euch nicht Schätze auf der Erde, wo Motte und Fraß zerstören und wo Diebe durchgraben und stehlen; sammelt euch aber Schätze im Himmel, wo weder Motte noch Fraß zerstören und wo Diebe nicht durchgraben noch stehlen! Denn wo dein Schatz ist, da wird auch dein Herz sein"* (Mt 6,19-21).

Unser Streben nach Absicherung und unsere Triebbestimmtheit verleiten uns immer wieder dazu, die für uns so begehrenswerten Schätze zu sammeln. Deshalb befiehlt er ihnen es zu lassen, auf dieser Erde Schätze anzusammeln. Und wir stehen in der

Entscheidung, wofür wir sammeln. Jesus durchleuchtet mit diesem Wort die ganze Unsicherheit des irdischen Lebens mit seiner angestrebten Absicherung. Er will nicht, dass wir erst im Himmel merken, dass wir auf dieser Erde auf die falsche Karte setzten.

Demgegenüber stellt Jesus sein neues Programm vor. Nehmt eine neue Ausrichtung vor. Erkennt, was ihr an Gott habt, der in dieser Welt für euch sorgt. Er lässt euch nicht im Stich. Er weiß, wessen ihr bedürft. Eure Bedürfnisse kennt er und sie sind ihm nicht verborgen. Deshalb schlagt eine neue Richtung in allem Tun und Lassen ein. Dann werdet ihr erleben, wie Gott euch umsorgt und versorgt. :

> *„Niemand kann zwei Herren dienen; denn entweder wird er den einen hassen und den anderen lieben, oder er wird einem anhängen und den anderen verachten. Ihr könnt nicht Gott dienen und dem Mammon. Deshalb sage ich euch: Seid nicht besorgt für euer Leben, was ihr essen und was ihr trinken sollt, noch für euren Leib, was ihr anziehen sollt! Ist nicht das Leben mehr als die Speise und der Leib mehr als die Kleidung“* (Mt 6,24-25)?

> *„Trachtet aber zuerst nach dem Reich Gottes und nach seiner Gerechtigkeit! Und dies alles wird euch hinzugefügt werden“* (Mt 6,33).

Dann werden wir uns nicht in diesem Leben aufreiben. Dann kommen wir durch, wenn wir Gott ranlassen und an die erste Stelle in allen Überlegungen setzen. Er wird unsere Sorgenfalten glatt streichen. Er lässt uns zur Ruhe kommen. Mit ihm haben wir ein für alle Mal ausgesorgt. Wollen wir mehr als seine Versorgung, dann ersticken wir in dem Angehäuften. Und damit erstickt nicht selten die Freude an Gott. Überfluss schafft Überdruss. Wie beim Volk Israel damals:

> ***„Dafür, dass du dem HERRN, deinem Gott, nicht mit Freude und mit fröhlichem Herzen gedient hast wegen des Überflusses an allem“* (5.Mose 28,47).**

Der Vater wird unsere Sorgenfalten glatt streichen. Er lässt uns zur Ruhe kommen. Mit ihm haben wir ein für alle Mal ausgesorgt.

Wenn ich all diese Verse lese und auf mich wirken lasse, dann tut es mir leid für Jesus, dass er in mir einen Jünger hat, der sich so wenig nach dem himmlischen Vaterland sehnt. Zurzeit kreisen meine Gedanken um die Belegung einer Skifreizeit und um ein Tablet, das ich mir anschaffen möchte. Wir sammeln Krimskrams und arbeiten bis zum Umfallen. Unser Reichtum und Wohlstand erlaubt uns viel. „Je mehr er hat, je mehr er will …“ lautet eine Volksweisheit. Viel Urlaub und eine uneingeschränkte Reisefreiheit gewährt uns auch eine uneingeschränkte Zerstreuung.

Dazu kommen dann die Sorgen um das, was wir unser Eigen nennen. Wir sorgen uns um die Zukunft der Kinder, unser Geld, unsere Gesundheit, unsere Figur, unser Gewicht. Wir essen und trinken, wir kaufen ein, als ob eine Naturkatastrophe oder der Dritte Weltkrieg vor der Tür stünde. Beispiellose Konsumschlachten werden geschlagen. Gefangen in der Jetztsucht schielen wir nach Neuem. Wir bauen neu, um und an. Wir schaffen neue Möbel an, weil man sich angeblich an den alten sattgesehen hat. Wir schauen stundenlang fern, gehen ins Kino, fahren in den Urlaub. Die angeschafften Autos müssen immer mehr PS haben. So sagte mir gerade gestern Abend jemand:

Dem neuen GTI (210 PS) fehlen nur noch ein paar PS mehr. Dazu frisst uns der Ärger über bestimmte Menschen auf. Mancherlei Rückschläge, Fehlentwicklungen, Querschläger tun ihr Übriges.

Alle diese Beschäftigung mit dem Alltäglichen geht ab von der Zeit zur Beschäftigung mit dem Ewigen. Wo finden wir noch Zeit, nach dem zu trachten, was droben ist? Und wenn wir dann einmal Zeit haben, dann merken wir, dass uns die Konzentration auf den Ewigen fehlt. Wir sitzen im Hamsterrad und wissen nicht mehr, wie man anhalten kann und wo der Ausstieg ist. So sind wir arm an Ewigkeitshoffnung geworden. Was Armut, Hunger Krieg und schwerste Verluste nicht geschafft haben, das schaffte der Wohlstand und grenzenlose Freiheiten. Sie lassen uns ausufern und das rettende Ufer tritt in unerreichbare Ferne.

Wie aber können wir Schätze im Himmel sammeln?

Es fängt oft damit an, dass eine Rückbesinnung auf das Wertvolle, Wesentliche und Unvergängliche geschieht. Der Dank für das in Jesus geschenkte Heil, die Rettung aus der ewigen Verlorenheit, steht dann auf einmal groß vor Augen. Ich fange an, mich an ihm zu freuen, an seiner Fürsorge, seinem Planen, seinem Führen, seinem Schutz. Ich vertraue ihm wie ein Kind seinem Vater vertraut. Das Komplizierte nimmt mich nicht mehr so gefangen. Ich bekomme geöffnete Hände und offene Augen für das, was Gott wichtig ist und andere Menschen nötig haben. Kindlich diene ich Gott und vertraue ihm für mein Leben. Er darf über meine Zeit, mein Geld, meine Kraft, meinen Körper herrschen. Ich bedenke, dass ich nur Verwalter und kein Eigentümer bin. Ich denke darüber nach, wie ich meinem Vater im Himmel eine Freude bereiten kann. Das Neue Testament berichtet von Frauen, die Jesus und seinen Jüngern z. B. mit ihrem Vermögen dienten:

> *„... Maria, genannt Magdalena, von der sieben böse Geister ausgefahren waren, und Johanna, die Frau des Chuzas, eines Verwalters des Herodes, und Susanna und viele andere, die ihnen dienten mit ihrer Habe“* (Lk 8,2-3).

Das war gewiss eine gute Entscheidung, die diese Frauen trafen. Sie sollten sie nie bereuen. So wie diese Frauen können Nachfolger Jesu heute Schätze im Himmel sammeln. Aber gewiss nicht nur dadurch, aber auch dadurch. Das Thema ist umfassender und es umschließt unsere gesamte irdische Existenz. Nach wie vor bringt die „Himmelsbank“ die besten Renditen. Und inflationsfrei sind diese auch noch.

Im Neuen Testament wird von einem Jungen berichtet, der Jesus predigen hört (Joh 6,1-13). Plötzlich wird er zum Mittelpunkt einer großen Menschenansammlung. Einer der Mitarbeiter Jesu entdeckte ihn, weil er etwas besaß, das dringend gebraucht wurde: Verpflegung mit Lebensmitteln. Und das Erstaunliche: Er war bereit, nicht nur den Zehnten oder die Hälfte von seinen Broten und Fischen zu geben. Nein, er gab alles aus seinen Händen und legte es in die Hand Jesu. Er ließ los, was er besaß. Und dann erlebte er die Macht Jesu. Das, was er in die Hände Jesu legte, erlebte eine ungeahnte und unvorstellbare Vermehrung. Das Wenige wurde für alle Anwesenden zur Stillung ihres Hungers. Und

> *Das, was wir in die Hände Jesu legen, erlebt eine ungeahnte Vermehrung.*

das, weil einer bereit war loszulassen, zu vertrauen und alles in die Hände Jesu zu legen.

Ein Bekannter von mir verdient sehr viel Geld. In der Finanzkrise spürt er, dass sein Geld nicht mehr sicher ist. Der niedrige Zinssatz tut ein Übriges und kurbelt die Fantasie an. Was tat er als Christ? Er spendete das Geld nicht für christliche Organisationen, die den Auftrag der Weltmission zu erfüllen suchen. Er kauft sich einen teuren Sportwagen, sein viertes Auto. So meint er nun, sein Geld sicher angelegt zu haben. Ich denke schon, dass wir unser Geld gewinnbringend anlegen dürfen. Aber die Motive dazu müssen gereinigt werden und die Ewigkeit muss die Prioritäten setzen. Dabei sollte die Ausdehnung des Reiches Gottes nie aus unserem Blickwinkel geraten dürfen und Vorrang besitzen. Deshalb die Frage: steht die Ausbreitung des Evangeliums im Zentrum aller unserer Überlegungen? Setzen wir unser Vermögen ein, um bei Hilfsbedürftigen die Not zu lindern?

Viele Christen verloren in den letzten Jahren viel Geld an der Börse oder in anderen Anlagen. Welch eine Freude hätten sie sich bereiten können, hätten sie dieses Geld auf der „Himmelsbank" angelegt! Wie viel Geld wurde anscheinend vertrauensvollen Anlegern anvertraut. Wie viel Geld wurde in den letzten zwanzig Jahren im Raum der Gemeinde Jesus, dadurch verloren! Von einem Christen, der Gottes Pläne vielfältig unterstützt, hörte ich jetzt, dass er vor Jahren als Unternehmer etwa 100 Mio. durch eine falsche Kapitalanlage verloren hat. Dem Reich Gottes sind in den letzten Jahren wohl mehrere Hundert Millionen Euro allein in unserem Land verloren gegangen. Und Gott hat das alles zugelassen. Das Ergebnis eines egozentrischen Trachtens beschreibt Paulus in seinem 1. Brief an Timotheus:

„Die aber reich werden wollen, fallen in Versuchung und Fallstrick und in viele unvernünftige und schädliche Begierden, welche die Menschen in Verderben und Untergang versenken. Denn eine Wurzel alles Bösen ist die Geldliebe, nach der einige getrachtet haben und von dem Glauben abgeirrt sind und sich selbst mit vielen Schmerzen durchbohrt haben" (1.Tim 6,9-10).

Manchmal wollte man nur hohe Renditen für sein Geld. Wofür? Um von den Zinserträgen und Profiten etwas für das Reich Gottes zu geben? Statistische Erhebungen belegen, dass Christen prozentual immer weniger geben, je mehr sie verdienen. Timotheus rät Paulus, dieser Lebensweise und solchem Begehren zu fliehen. Wir müssen wissen, dass die Gier im Herzen eines jeden Christen schlummert. Sie braucht nur bestimmte Aufwecker, die sie umtriebig werden lässt. Tragen wir doch in allem nicht eine letzte Verantwortung für das, was Gott uns anvertraut hat:

„Wisse, dass um all dieser <Dinge> willen Gott dich zur Rechenschaft ziehen wird" (Pred 11,9)!

Erst der Horizont der Ewigkeit lässt mich nicht im ichbezogenen Lusttaumel versinken.

Erst der Horizont der Ewigkeit lässt mich nicht im ichbezogenen Lusttaumel versinken. Menschliche Gier und sündige Leidenschaft wird niemals in eine gottgewollte Erfüllung führen. Der Grund für diese Freude, die nie vergeht, gründet sich in der Gnade und Treue Gottes (Ps 100,5). Und was tun wir, wenn wir in dieser Welt Erfolg haben und reich werden? Die Bibel sagt es kurz und bündig: „… wenn der Reichtum wächst, richtet euer Herz nicht darauf“ (Ps 62,11)!

Möchte Gott uns bewahren, dass uns seine Segnungen nicht zum Fallstrick werden. Streben wir doch nach der Freude, für die es kein Verfallsdatum gibt. Sie ist krisensicher und hält jeder wirtschaftlichen Inflation stand. Der Horizont der Ewigkeit hält mich wach. Er schärft meine Sinne für die weiteren Überlegungen und Planungen.

Jeder, der auf Jesus Christus vertraut, hat einen großen Vorteil und Gewinn. Der Gewinn liegt in der persönlichen Zufriedenheit, der Gottesfurcht und der Freude an Gott. Sie schützen uns vor den Verirrungen und Verstrickungen:

> *„Die Gottseligkeit mit Genügsamkeit aber ist ein großer Gewinn“* (1.Tim 6,6).

Bei dem Apostel Petrus hört sich das so an:

> *„Da seine göttliche Kraft uns alles zum Leben und zur Gottseligkeit geschenkt hat durch die Erkenntnis dessen, der uns berufen hat durch <seine> eigene Herrlichkeit und Tugend, durch die er uns die kostbaren und größten Verheißungen geschenkt hat, damit ihr durch sie Teilhaber der göttlichen Natur werdet, die ihr dem Verderben, das durch die Begierde in der Welt ist, entflohen seid“* (2.Petr 1,3-4).

Gott stattet uns alle mit einem gefüllten Konto aus. Dabei geht es um das, was das Leben wirklich lebenswert machen: Liebe, Freude, Friede, … Wir sind und bleiben in Christus mit jeder geistlichen Segnung gesegnet (Epheser 1,3)!

Welche Prioritäten werde ich zukünftig setzen?

Welche Bedeutung hat die Tatsache für mich persönlich, dass Jesus bald wiederkommt? Dass ich einmal eine ganze Ewigkeit bei Gott in seiner Herrlichkeit verbringen werde?

- Werden sich dadurch Prioritäten in meinem Leben ändern?
- Werde ich Gott gestatten, dass er in die Speichen meines Lebens konkret greifen darf?
- Werde ich ihn als Berater in mein Leben hineinreden lassen?
- Worauf werde ich mich noch mehr konzentrieren?
- Wofür werde ich mehr Zeit, Kraft und Geld investieren?
- Darf er die nötigen Korrekturen anbringen, auch wenn sie mir eigene Pläne durchkreuzen sollten?
- Wie werde ich unerfüllte Wünsche und Sehnsüchte einordnen?
- Wie wird sich wirtschaftlicher Verlust auf meine Beziehung zu Gott auswirken?
- Wie werde ich mit persönlicher Schuld und eigenem Versagen umgehen?

Wir werden mit hundertprozentiger Sicherheit einmal Gott sehen und vor ihm über alles Rechenschaft ablegen müssen. Das sollte sich auswirken auf alles, meine Beziehungen, meine Motive, mein Reden und meine Handlungen in dieser Welt. Meine irdische Uhr tickt unaufhaltsam. Meine Zeit in dieser Welt läuft ab. Panik ist deshalb gewiss fehl am Platz. Mein wirkliches Leben hat gerade mit der Wiedergeburt begonnen. Nun ticken die Uhren für mich anders. Deshalb muss ich aus diesem Leben nicht mehr versuchen das Letzte herauszuholen. Ich muss nicht mehr hinter jedem „Kick" her

Die Hoffnung auf den Himmel bewahrt davor, auf Flüchtiges, Zeitgebundenes, Vergängliches und Wertloses zu setzen.

rennen. Seit Jesus in meinem Leben ist, verpasse ich nichts mehr! Das gibt mir eine große Gelassenheit. Tief in meinem Inneren weiß ich, dass ich mit Jesus auf die richtige Karte gesetzt habe. Es wartet eine Ewigkeit auf mich, die alles bis dahin Gewesene weit in den Schatten stellt und vergessen lässt. So wie z. B. Paulus kann nur ein Mensch reden, dem Gott persönlich begegnet und dem seine Herrlichkeit aufgeleuchtet ist. Die Hoffnung auf den Himmel bewahrt davor, auf Flüchtiges, Kurzlebiges, Zeitgebundenes und Vergängliches letztlich zu setzen.

So erlebt Asaph, der manche Psalmen schrieb, dass Gott seine Lebensziele neu zurechtrückte. Mitten in einer großen Krise, die sein Leben zutiefst erschütterte, erfuhr er, dass Gott ihn nicht verlässt und sich trotz all seiner Verfehlungen wieder von ihm finden lässt. Als Asaph Gottes Nähe suchte („ins Heiligtum ging", Vers 16), wurde er ruhig und gelassen. Da bekam er wieder eine neue Perspektive. Sein Blick wurde frei hin auf Gott, der die tiefe Sehnsucht seines Lebens stillen kann. Dort wurde ihm Gott dermaßen groß, dass Gott seine persönliche Situation in einem neuen Licht erscheinen ließ:

> ***„Wenn mir gleich Leib und Seele verschmachtet, so bist du doch, Gott, allezeit meines Herzens Trost und mein Teil. Aber das ist meine Freude, dass ich mich zu Gott halte und meine Zuversicht setze auf Gott, den HERRN, dass ich verkündige all dein Tun"*** **(Ps 73,26.28).**

Aus Dankbarkeit für das Geschenk einer unzerstörbaren ewigen Perspektive folgerte der Apostel Paulus für sich und seine Schwestern und Brüder:

> *„Und für alle ist er gestorben, damit die, welche leben, nicht mehr sich selbst leben, sondern dem, der für sie gestorben und auferweckt worden ist“* (2.Kor 5,15).

Endlich am Ziel – nun wird es noch einmal spannend

Paulus bleibt in der Frage, wodurch Christen in den Himmel kommen, keine Antwort schuldig. An die Gemeinde Jesu in Kolossä schreibt er:

> *„... dem Vater danksagend, der euch fähig gemacht hat zum Anteil am Erbe der Heiligen im Licht; er hat uns errettet aus der Macht der Finsternis und versetzt in das Reich des Sohnes seiner Liebe. In ihm haben wir die Erlösung, die Vergebung der Sünden"* (Kol 1,12-14).

Allein das lässt uns berechtigt auf die herrliche ewige Gemeinschaft mit dem Vater und dem Sohn hoffen. Die Frage für viele ist jedoch: Wann kommen wir in den Himmel? Geschieht das in dem Moment, wo wir sterben? Oder werden wir noch eine Zwischenstation durchlaufen, bevor wir in den Himmel kommen? Wann werden die Toten aus dem Totenreich hin zu Christus entrückt (1.Thes 4, 16-17)? Wann werden wir vor dem Richterstuhl Christi stehen (2.Kor 5,10)? Und wann wird das Hochzeitsmahl des Lammes stattfinden (Off 19,7-9)? Das sind alles Ereignisse, die in der Ewigkeit stattfinden und die wir uns jetzt kurz anschauen werden.

Die Auferstehung der Toten

Wenn es um das Thema Himmel geht, geht es auch um das Thema der Auferstehung der Toten. Denn ohne eine Auferstehung der Toten würde sich das Thema Himmel, ewige Herrlichkeit und Hölle von selbst erledigen. Gerade durch das ganze Neue Testament hindurch wird ein Fakt bezeugt, der heißt: Gott ist nicht ein Gott der Toten sondern der Lebendigen.

Ohne eine Auferstehung der Toten würde sich das Thema Himmel, ewige Herrlichkeit und Hölle von selbst erledigen.

> *„Ich bin der Gott Abrahams und der Gott Isaaks und der Gott Jakobs'? Gott ist nicht der Gott von Toten, sondern von Lebenden“* (Mt 22,32).
>
> *Jesus bezeugte Martha im Angesicht ihres verstorbenen Bruders, Lazarus: „Dein Bruder wird auferstehen“* (Joh 11,23).

Zur Zeit Jesu war es jedoch schon schick, an keine Auferstehung im Sinne Jesu zu glauben. Liberale Theologen (damals die Glaubensrichtung der Sadduzäer), konnten oder wollten(!) sich eine andere Welt als die uns bekannte sichtbare Welt nicht vorstellen. Sie vergaßen in ihrer Überheblichkeit ihre allzu große Begrenztheit und geistige Kleinheit. Von daher ist es nicht erst ein Phänomen und Trend der Zeit der Aufklärung (speziell der historisch-kritischen Methode der Schriftauslegung), dass die Auferstehung im Sinne des Neuen Testaments infrage gestellt wurde. Die Evangelien schildern uns eine Begegnung Jesu mit solchen liberalen Theologen wie den Sadduzäern:

> *„An jenem Tag kamen Sadduzäer zu ihm, die da sagen, es gebe keine Auferstehung“* (Mt 22,23).

Jesus sollte durch diese Gruppe der Schriftgelehrten mit einer fingierten Geschichte aufs Glatteis geführt werden (siehe Kontext). Jedoch blieb er, auch in dieser Auseinandersetzung, wieder einmal mehr der Souverän. Er nahm diese Begegnung mit liberalen Theologen zum Anlass um deutlich zu machen, worin der Zweifel an der Auferstehung letztlich begründet liegt.

Jesu Verständnis nach sind es nicht die so gerne zitierten menschlichen Zweifel. Damit möchte sich der Zeitgenosse nur zu oft eine Legitimierung verschaffen, um nicht allzu unwissend in Fragen der Überirdischen dazustehen. Das Problem, an eine Auferstehung der Toten zu glauben liegt auf einer anderen Ebene. Nach den Worten Jesu besteht es einerseits in der Unkenntnis der gesamten Heiligen Schrift und andererseits in der fehlenden Vorstellung von der ungeheuren Kraft Gottes.

> *„Jesus aber antwortete und sprach zu ihnen: Ihr irrt, weil ihr die Schriften nicht kennt, noch die Kraft Gottes“* (Mt 22,29).

Besonders im Neuen Testament wird der Gedanke der Auferstehung immer wieder ins Rampenlicht gerückt. Aber auch schon im Alten Testament wird uns eine Geschichte überliefert, auf die das Neue Testament noch einmal ein besonderes Licht wirft. Abraham kam vor knapp 4.000 Jahren in eine sehr herausfordernde Prüfung seines Glaubens durch Gott (1. Mose 22). Das Neue Testament deutet nun dieses Ereignis aus einem besonderen Blickwinkel. Es schildert Abraham in seiner Überzeugung, dass Gott Tote zum Leben erwecken kann. Der Vater des Glaubens hatte nicht den geringsten Zweifel an Gottes Macht, Tote zum Leben zu erwecken:

> *„... vor dem Gott, dem er glaubte, der die Toten lebendig macht und das Nichtseiende ruft, wie wenn es da wäre"* (Röm 4,17).

Zur Zeit Jesu war dieser Gedanke von der Auferstehung ein fester Bestandteil im Leben vieler gläubiger Juden. Im Angesicht ihres toten Bruders Lazarus, der schon vier Tage verstorben war, bekannte dessen Schwester Marta:

> *„Ich weiß, dass er auferstehen wird in der Auferstehung am letzten Tag"* (Joh 11,24).

Auch für uns Menschen des 21. Jahrhunderts ist die Frage nach der Auferstehung der Toten nicht verstummt. Aber sie wird weithin verdrängt. Marcel Reich-Ranicki (Literaturkritiker) gibt über seine Einstellung zum Tod und zu einem eventuellen Leben danach unmissverständlich zur Antwort: „Nein. Es gibt nichts" (Focus 37/2012, S. 121). „Es gibt kein Jenseits. Es gibt kein Leben nach dem Tod" ist seine eindeutige Antwort auf die Frage: „Wie stellen Sie sich das Jenseits vor?"

Wird die Frage nach der Auferstehung zur Tagesordnung in der Kirche erhoben, kommt oft kein klarer Ton mehr heraus. Ein Erlebnis kann das etwas verdeutlichen: Vor vielen Jahren war ich auf der Beerdigung unseres Nachbarn. In der Predigt in der Kirche erzählte der Pfarrer von einer unvergesslichen Begegnung mit dem Verstorbenen. Als es um seine Anstellung als neuer Pfarrer in der Gemeinde ging, fragte ihn unser Nachbar, Mitglied des Presbyteriums, ob er an die Auferstehung Jesu glaube. Nun kam die Antwort, die so symptomatisch für manche Theologen ist: „Das kann ich nicht mit einem Satz beantworten." Und dann resümierte der Pfarrer weiter: „In den folgenden Jahren meines Dienstes in der Gemeinde habe ich dann versucht, eine Antwort darauf zu finden." Die Pietät verbietet einen öffentlichen lauten Zwischenruf. Ob Jesus und Paulus wohl pietätlos gewesen wären und hier protestiert hätten? Ich kann es mir gut vorstellen. Beide orientierten sich weniger an überkommenen gesellschaftlichen Verhaltensregeln als ich. Die Aussage des Paulus im Römerbrief ist ebenso klar wie eindeutig:

> *„Wenn aber der Geist dessen, der Jesus aus den Toten auferweckt hat, in euch wohnt, so wird er, der Christus Jesus aus den Toten auferweckt hat, auch eure sterblichen Leiber lebendig machen wegen seines in euch wohnenden Geistes"* (Röm 8,11).

Bei allen Zweifeln, die von der Kanzel bis hin zu Talkshows gestreut werden: Wer sich Jesus Christus anvertraut darf gewiss sein, dass es eine Auferstehung der Toten geben wird. Denn an der leiblichen Auferstehung Jesu von den Toten hängt die gesamte Glaubwürdigkeit des christlichen Glaubens. Er stellt das Rückgrat aller neutestamentlichen Verkündigung dar:

> *„Wenn es aber keine Auferstehung der Toten gibt, so ist auch Christus nicht auferweckt; wenn aber Christus nicht auferweckt ist, so ist also auch unsere Predigt inhaltslos, inhaltslos aber auch euer Glaube"* (1.Kor 15,13-14).

Durch die Predigt vom auferstandenen Christus allein bezieht die Christenheit ihre einzigartige und unverwüstliche Hoffnung. Christlicher Glaube, christliche Predigt und christliche

Gemeinde hat ohne Auferstehung kein Fundament und macht keinen Sinn. Ist der gekreuzigte Jesus nicht von den Toten auferstanden, dann gibt es auch für Christen keine Auferstehung und lebendige Hoffnung auf ein ewiges Leben. Aber der Gekreuzigte ist auferstanden. Jesus lebt und hat durch seine Auferstehung

> *„... den Tod zunichte gemacht, aber Leben und Unvergänglichkeit ans Licht gebracht hat durch das Evangelium“* (2.Tim 1,10).

Das glaube ich, damit lebe ich, das bezeuge ich und damit sterbe ich. Und ich werde mit Millionen von Neuem geborener Christen kein Betrogener sein!

Was geschieht, wenn wir sterben?

Diese Frage haben sich Menschen zu unterschiedlichen Zeiten gestellt und sind zu ganz verschiedenen Antworten gekommen. Es ist und bleibt problematisch, über etwas eine Aussage zu machen, das kein Mensch erlebt hat und dann schildern kann. Hier geht es also nicht um Nahtoderlebnisse, über die unterschiedlichste Berichte vorliegen. Für Christen bleibt die Frage: Welche Antwort gibt uns darauf die Schrift?

Wenn ein Mensch stirbt, ist das zugleich die letzte Handlung, die Gott hier in dieser Welt an ihm vollzieht. Jeder Mensch weiß, dass er sterben muss und kann darüber nachdenken. Der Tod ist ja kein unberechenbares Schicksal, sondern er ist von Gott her im Leben eines jeden Menschen festgelegt. Der Zeitpunkt des Todes geschieht, wenn Gott das letzte Wort über einen Menschen in dieser Welt spricht. Egal unter welchen

Umständen ein Mensch stirbt, Gott selbst hat die Zahl der Tage für jeden Menschen bestimmt (Mt 6,27).

Tritt nun der Tod ein (kein Nahtoderlebnis), dann geschieht eine Trennung nach Leib, Seele und Geist. Der Leib bleibt als leblose Hülle des Menschen zurück und verfällt im Verwesungsprozess. Die Seele, die unverwechselbare Persönlichkeit, kommt in das Totenreich, wie es Jesus in Lukas 16 von Vers 19 an schildert. Sie entstand ja in der Schöpfung dadurch, dass Gott seinen Geist in den unbelebten Erdenklos hauchte (1.Mo 2,7). Weil sie durch den Geist Gottes entstand, kann sie deshalb auch als Geist angesprochen werden. Sie ist Person, *„personare"*, durchtönt, bzw. durchhaucht. Die Persönlichkeit des Menschen ist das, was dem Menschen sein Ich-Bewusstsein gibt. Dadurch hebt er sich von der gesamten übrigen belebten Schöpfung ab. Die Seele lässt ihn einzigartig sein und macht ihn unverwechselbar. Der Geist, den Gott in den Menschen hauchte, kehrt nach Prediger 12,7 zu Gott zurück. In dem Moment, wenn ein Mensch stirbt, wird also eine Teilung nach Geist, Seele und Leib vollzogen.

Was geht im Tod nun vor sich? Der Geist, der der Materie das Leben gibt, trennt sich vom Leib. Er weicht aus dem Sterbenden. Danach ist der Gestorbene nur noch leblose Materie. Die biologische Substanz des Körpers ist ab diesem Moment nicht mehr zu reanimieren. Sie ist nur noch Stoff, der sich bis auf die Knochen auflösen wird. Alle lebenserhaltenen Funktionen durch den Geist kommen zum Stillstand. Er kann nicht mehr atmen, das Herz steht still, das Gehirn gibt keine elektrischen Ströme mehr von sich. Dieser Körper hat durch die Trennung von Geist und Seele keine Persönlichkeit mehr. Alle Sinne des Menschen kommen endgültig zum Erliegen. Kein Hauch, kein Wort kommt mehr über seine Lippen. Alle intellektuellen

Fähigkeiten kommen zum Stillstand und enden bei null. Geist und Seele haben den Körper verlassen.

Dieser Körper hat von da an kein Bewusstsein mehr. Das Leben, das er durch den Geist Gottes hatte, ist aus dem Körper gegangen. So wird der Körper zu einem Leichnam. Das Fleisch, die Sehnen und Muskeln kehren zu dem zurück, aus dem sie von Gott geschaffen wurden: zur Erde. Die Leiche ist nicht mehr der Mensch, den wir einmal kannten, weil das Entscheidende, seine Seele und sein Geist, nicht mehr in ihm sind. Mit dem letzten Atemzug, dem letzten elektrischen Impuls im Gehirn (was nicht zeitgleich sein muss), bleibt nur noch die irdische Hülle zurück, die der Vergänglichkeit unterworfen ist.

Doch dieser Leib hat die Verheißung, dass er einmal in der Auferstehung verwandelt wird:

> *„So ist auch die Auferstehung der Toten. Es wird gesät in Vergänglichkeit, es wird auferweckt in Unvergänglichkeit. Es wird gesät in Unehre, es wird auferweckt in Herrlichkeit; es wird gesät in Schwachheit, es wird auferweckt in Kraft; es wird gesät ein natürlicher Leib, es wird auferweckt ein geistlicher Leib. Wenn es einen natürlichen Leib gibt, so gibt es auch einen geistlichen“* (1.Kor 15,42-44).

Vergänglichkeit und Schwachheit sind Attribute unseres jetzigen Körpers, des natürlichen Leibes. Lassen wir uns also überraschen, wie diese Umwandlung in Unvergänglichkeit und einen geistlichen Leib geschehen wird, der gewiss nicht mehr die Kennzeichen unseres natürlichen Leibes haben wird.

Unsere Existenz im Totenreich

Wenn ein Mensch stirbt, lebt er sofort in einer anderen Dimension weiter, im Reich der Toten. Dieses Reich ist unterteilt in zwei getrennte Aufenthaltsorte. In einem befinden sich die Erretteten und im anderen die Verlorenen. Dazwischen ist eine unüberwindbare Kluft. Wer zu Jesus gehört, kommt nach seinem Tod in den Teil, den Jesus das Paradies nennt. Darauf weist der Herr selbst kurz vor seinem Tod am Kreuz einen der mitgekreuzigten Verbrecher, der Reue zeigte, hin:

> *„Wahrlich, ich sage dir: Heute wirst du mit mir im Paradies sein“* (Lk 23,43).

Dieser Ort, das Paradies, wird an anderer Stelle von Jesus der „Schoß Abrahams“ genannt.

> *„Es geschah aber, dass der Arme starb und von den Engeln in Abrahams Schoß getragen wurde“* (Lk 16,22).

Nach dem physischen Tod sind Gläubige an dem Ort, wo die gläubigen Verstorbenen des Alten und Neuen Testaments versammelt sind (hier wird Abraham genannt). Im Alten Testament scheint der Scheol (NT: Hades, Totenreich) mehr ein Ort zu sein, wo Menschen in einem Dämmerzustand leben. Dieser Ort wird uns für verstorbene Christen jedoch geschildert als ein Ort tiefer Gewissheit und Geborgenheit. Aber es ist noch nicht die „Endstation“, der Himmel, den wir erreichen werden.

Die Existenz im Totenreich ist ein Wachzustand (Luk 16,19-31). Im Alten Testament wird der verstorbene Samuel in diesem Reich der Toten im Wachzustand geschildert (1.Sam 28). Das Ereignis auf dem Berg der Verklärung macht ebenso deutlich, dass ein Mose und Elia keinen sogenannten „Seelenschlaf" halten, sondern wach und bereit zum Erscheinen in dieser Welt sind (Mt 17,1-9).

Ein weiterer Beweis dafür, ob wir nach dem Tod wach sind oder schlafen, finden wir bei den Märtyrern vom 5. Siegel in Off 6,19-11.

> ***„Und als es das fünfte Siegel öffnete, sah ich unter dem Altar die Seelen derer, die geschlachtet worden waren um des Wortes Gottes und um des Zeugnisses willen, das sie hatten. Und sie riefen mit lauter Stimme und sprachen: Bis wann, heiliger und wahrhaftiger Herrscher, richtest und rächst du nicht unser Blut an denen, die auf der Erde wohnen"*** **(Off 6,9-10)?**

Also auch hier: Ein Wachzustand, aber noch nicht der Endzustand. Diesen werden sie erst erleben, wenn die Entrückung stattfindet und sie in Gottes ewige Welt entrückt werden (1.Thess 4,16-17).

Die Entrückung aller Gläubigen

Wenn die Gläubigen ihre irdische Existenz verlassen, werden sie nie mehr in diesen Zustand zurückkehren. Dieser Körper, den wir jetzt tragen, gehört dann für immer der Vergänglichkeit an. Nach unserem Tod werden wir nicht mehr in diese begrenzte Körperhaftigkeit zurückkehren. Die Sterblichkeit unserer physischen Existenz wird ein für alle Mal der Vergangenheit angehören. Der leibliche Tod trennt jeden Verstorbenen ein für alle Mal von dieser Welt und dem Körper, den er hier hatte und durch den man sich erkannte. Stirbt ein Kind Gottes und wird dann entrückt, kommt es nach Hause. Dann ist es am Ziel der himmlischen Herrlichkeit. Getrennt von der Welt der Sünde und des Todes darf es nun Gott schauen, für immer und ewig. Herausgerissen aus dem schrecklichen Gericht durch die Versöhnung mit Gott, wird es die ewige Freude genießen. Dann hat es das weit Bessere, als was diese Welt auch nur aufzubieten vermag.

Die meisten Christen kennen wohl das Wort von dem Völkermissionar Paulus an die Gemeinde Philippi:

> *„Ich habe Lust, abzuscheiden und bei Christus zu sein, denn es ist weit besser“* (Phil 1,23).

Ist diese Aussage im Philipperbrief so zu verstehen, dass wiedergeborene Menschen direkt nach ihrem leiblichen Tod in den Himmel kommen? Allgemein wird es so ausgelegt und verstanden, dass ein Nachfolger Jesu nach seinem Tod direkt in Gottes Herrlichkeit zu Jesus kommt. Aber stimmt das nach dem Wort des Neuen Testaments? Oder durchlaufen wir als Errettete nicht doch eine Zwischenstation, bevor wir in den Himmel entrückt werden? Was sagt die Bibel dazu? Und: Sagt sie überhaupt etwas dazu? Fragen, denen wir uns nun in der Heiligen Schrift nähern und eine Antwort darauf finden wollen. Derselbe Apostel Paulus, der den Philipperbrief schrieb, schrieb im 1. Brief an die Gemeinde in Thessaloniki:

> *„Denn dies sagen wir euch in einem Wort des Herrn, dass wir, die Lebenden, die übrig bleiben bis zur Ankunft des Herrn, den Entschlafenen keineswegs zuvorkommen werden. Denn der Herr selbst wird beim Befehlsruf, bei der Stimme eines Erzengels und bei <dem Schall> der Posaune Gottes herabkommen vom Himmel, und <u>die Toten in Christus werden zuerst auf-</u>*

> *erstehen; danach werden wir, die Lebenden, die übrig bleiben, zugleich mit ihnen entrückt werden in Wolken dem Herrn entgegen in die Luft; und so werden wir allezeit beim Herrn sein"* (1.Thess 4,15-17).

Nach dieser Aussage gibt es für die Gläubigen, die vor der Wiederkunft Jesu für seine Gemeinde schon verstorben sind, eine Entrückung aus dem Totenreich. Das ist die „Herausauferstehung" (exanástasis), von der Paulus im Philipperbrief spricht (3,11). Erst danach werden sie zeitgleich mit allen dann noch lebenden Gläubigen zum Herrn entrückt. Erst jetzt realisiert sich: dann werden wir allezeit beim Herrn sein. So hat es Gott in seiner Weisheit geordnet und in seinem Wort niederschreiben lassen.

Paulus schreibt im Philipperbrief so, als ob es keine Zwischenstation zwischen Tod und ewiger Herrlichkeit gäbe. Aber warum? Wohl deshalb, weil er jeden Moment mit der Entrückung rechnete. Damit wäre er ja danach sofort bei Christus.

Zu Lebzeiten sind errettete Menschen schon „in Christus". Sie erleben Gottes Nähe, seine Hilfe und seinen Schutz. Doch diese Nähe zu Gott wird im Totenreich bei Weitem übertroffen. Und aus diesem Ort werden die Gläubigen dann in einem zukünftigen Ereignis in einem Augenblick hin zu Christus in die himmlische Herrlichkeit entrückt (1.Kor 15,51-52). Dort wartet das Schönste, das Beste, das Größte. Im Angesicht Jesu wird dann endgültig ihre Sehnsucht gestillt. Die vergebliche Suche nach dem Paradies hier auf dieser Erde viollzieht sich. Es kommt das Wort zur

Aus dem Totenreich werden wir in einem Augenblick hin zu Christus in die himmlische Herrlichkeit entrückt.

Erfüllung, mit dem Jesus seine Abschiedsrede von den Jüngern einleitete:

> *„Und wenn ich hingehe und euch eine Stätte bereite, so komme ich wieder und werde euch zu mir nehmen, damit auch ihr seid, wo ich bin"* (Joh 14,3).

> *„Vater, ich will, dass die, welche du mir gegeben hast, auch bei mir seien, wo ich bin, damit sie meine Herrlichkeit schauen, die du mir gegeben hast, denn du hast mich geliebt vor Grundlegung der Welt"* (Joh 17,24).

Wenn diese Entrückung in den Himmel bald geschieht, werden manche Leser dieser Zeilen mit bei diesem Ereignis sein. Paulus rechnete zu Lebzeiten damit, wie das aus manchen Äußerungen von ihm hervorgeht (1.Thes 4,17; 2.Thes 2,1; Tit 2,13). An dieser Tatsache hatte Paulus keinen Zweifel, weil er nicht an der gewaltigen Kraft Gottes zweifelte:

> *„Denn unser Bürgerrecht ist in <den> Himmeln, von woher wir auch <den> Herrn Jesus Christus als Retter erwarten, der unseren Leib der Niedrigkeit umgestalten wird zur Gleichgestalt mit seinem Leib der Herrlichkeit, nach der wirksamen Kraft, mit der er vermag, auch alle Dinge sich zu unterwerfen"* (Phil 3,20-21).

Der Zeitpunkt der Wiederkunft Jesu

Paulus, der die Wiederkunft Jesu erwartete, starb und nach ihm viele andere Christen bis heute, ohne dass die Entrückung geschehen wäre. Das hat schon manchen Spott der Zeitgenossen hervorgerufen. Petrus schreibt damals schon davon:

„... und zuerst dies wisst, dass in den letzten Tagen Spötter mit Spötterei kommen werden, die nach ihren eigenen Begierden wandeln und sagen: Wo ist die Verheißung seiner Ankunft? Denn seitdem die Väter entschlafen sind, bleibt alles so von Anfang der Schöpfung an“ (2.Petr 3,3-4).

Deshalb müssen wir uns nicht über manche scharfzüngige sarkastische Äußerungen wundern, wenn wir von der Wiederkunft Jesu sprechen. Die Wiederkunft Jesu wurde schon immer mit Häme bedacht und hat bis heute viel Hohn und Zynismus geerntet. Mehr bleibt wohl einem Menschen nicht übrig, der keine lebendige Hoffnung hat und ohne die Leitung des Heiligen Geistes in seinen arg begrenzten Überlegungen gefangen ist:

„Der irdisch gesinnte Mensch aber lässt sich nicht auf das ein, was vom Geist Gottes kommt. Torheit ist es für ihn, und er kann es nicht verstehen, weil es nur mithilfe des Geistes beurteilt werden kann “ (1.Kor 2,14 EÜ).

Deshalb wollen wir uns nicht in die Ecke drängen lassen, wenn Schmähreden und beißender Spott wegen dieser Hoffnung auf uns niederprasseln. Jesus kommt wieder, darauf dürfen wir ganz gewiss hoffen und uns freuen. Neben Paulus sehnten sich nach dem Tag viele andere, an dem sie in Gottes ewige Welt eingehen dürfen.

In der Erwartung der Wiederkunft Jesu mahnt die Bibel jedoch zur Nüchternheit, weil Gott uns in seiner Weisheit den einen Tag verborgen hat, damit wir auf alle Tage achthaben:

„Von jenem Tag aber und jener Stunde weiß niemand, auch nicht die Engel in den Himmeln, auch nicht der Sohn, sondern der Vater allein“ (Mt 24,36).

> *„Was aber die Zeiten und Zeitpunkte betrifft, Brüder, so habt ihr nicht nötig, dass euch geschrieben wird. Denn ihr selbst wisst genau, dass der Tag des Herrn so kommt wie ein Dieb in der Nacht“* (1.Thess 5,1-2).

Jesu Wiederkunft wird für alle überraschend sein, zu einem Zeitpunkt, wo wir nicht damit rechnen. Allerdings sagte der Herr das baldige Zurückkommen im letzten Buch der Bibel auf die Erde voraus.

> *„Siehe, ich komme bald und mein Lohn mit mir, um einem jeden zu vergelten, wie sein Werk ist“* (Offb 22,12).

Das kleine Wörtchen „bald“ hat allerdings für manche Verwirrung gesorgt. Im griechischen Grundtext hat dieses Wort noch einen anderen Klang: „schnell“, „überraschend“, „plötzlich“. Gerade dann, wenn wir meinen, dass seine Wiederkunft momentan wohl nicht dran ist, wird Jesus wiederkommen. Jesus spricht von der Möglichkeit, von seiner Wiederkunft kalt erwischt zu werden. In den Gleichnissen vom Himmelreich deutet er das an (Mt 25,1-10). Folglich sagt Jesus seinen Nachfolgern:

Gerade dann, wenn wir meinen, dass seine Wiederkunft momentan wohl nicht dran ist, wird Jesus wiederkommen.

> *„Deshalb seid auch ihr bereit! … so wird der Herr jenes Knechtes kommen an einem Tag, an dem er es nicht erwartet, und in einer Stunde, die er nicht weiß“* (Mt 24,44.50).

Dabei dürfen wir ganz fest wissen: Egal, ob wir noch leben oder schon gestorben sind, niemand kann uns mehr von Gott und seiner Liebe trennen. Weder Tod noch Leben können eine trennende Wirkung auf Gottes Kinder haben:

> *„Denn ich bin überzeugt, dass weder Tod noch Leben, weder Engel noch Gewalten, weder Gegenwärtiges noch Zukünftiges, noch Mächte, weder Höhe noch Tiefe, noch irgendein anderes Geschöpf uns wird scheiden können von der Liebe Gottes, die in Christus Jesus ist, unserem Herrn"* (Röm 8,38-39).

So können wir uns in unserer Überzeugung auf die felsenfesten Aussagen Gottes in seinem Wort stellen und verlassen. Kein Wort, das Gott gesprochen hat, wird sich in Luft auflösen. Denn dahinter steht immerhin der allmächtige Gott, der Himmel und Erde geschaffen hat. Jeder, der seinem Wort vertraut, ist auch gewappnet gegen all die Giftpfeile, die uns Gott und sein Wort als unzuverlässig erscheinen lassen wollen. Wenn jemand unser Vertrauen verdient, dann ist es der lebendige Gott. Und Gott beteuert mit Nachdruck, dass gerade darauf sein großer Segen liegt.

> *„Gesegnet ist der Mann, der auf den HERRN vertraut und dessen Vertrauen der HERR ist! Er wird sein wie ein Baum, der am Wasser gepflanzt ist und am Bach seine Wurzeln ausstreckt und sich nicht fürchtet, wenn die Hitze kommt. Sein Laub ist grün, im Jahr der Dürre ist er unbekümmert, und er hört nicht auf, Frucht zu tragen"* (Jer 17,7-8).

Schon viele seiner Verheißungen hat Gott in der Vergangenheit erfüllt. Denken wir nur an die vielen prophetischen Vorhersagen, die sich damals zur Zeit des Alten Testaments innerhalb von Tagen, Monaten und Jahren erfüllten (z. B. die Wegführung des Volkes Israel nach Babel, wie es der Prophet Jeremia vorhersagte). Denken wir an die vielen Prophetien über den Messias Gottes (angefangen in 1. Mose 3,15). Als die Zeit erfüllt war, erfüllten sie sich im Kommen Jesu von Nazareth (Gal 4,4). Nicht irgendwie, sondern so wie Gott es vorhersagte. Warum sollte der allmächtige Schöpfer des Himmels und der Erde nicht die Zusagen erfüllen, die noch zukünftig sind?! Gibt es irgendeinen Grund, diesem Gott und seinem Wort zu misstrauen?

Sind Totenauferweckungen heute möglich und auch erstrebenswert?

Ob sie heute möglich sind, darauf können wir nur mit einem klaren „Ja" antworten. Gottes Macht ist nach wie vor ungebrochen. Der lebendig machende Geist wirkt auch heute noch und der Heilige Geist hat sein Büro nicht geschlossen. Wenn er will, kann er auch heute noch Menschen aus einem körperlich toten Zustand in einen lebenden Zustand versetzen und von den Toten zurückholen. Auch heute noch gilt das souveräne Wort eines allmächtigen Gottes:

> *„Denn des HERRN Wort ist wahrhaftig, und was er zusagt, das hält er gewiss … Wenn er spricht, dann geschieht es"* (Ps 33,4.9).

Was Jesus gestern möglich war, ist ihm auch heute möglich. Nach wie vor ist ihm alle Gewalt im Himmel und auf der Erde gegeben. Er bleibt Herr über Tote und Lebendige. Er hat die Schlüssel des Todes und des Totenreiches (Off 1,18).

Er ist der Gott, „der die Toten lebendig macht" (Röm 4,17). So sagt Jesus:

> *„Denn wie der Vater die Toten auferweckt und lebendig macht, so macht auch der Sohn lebendig, welche er will" (Joh 5,21).*

Die Evangelien im Neuen Testament berichten uns auch, wie das Alte Testament, von Totenauferweckungen. Die Totenauferweckungen zur Zeit Jesu zeigen, dass es sich durchweg um junge Menschen handelte. Vielleicht hat Jesus noch mehr Tote zum Leben erweckt. Denn nur ein sehr geringer Teil der Wunder Jesu werden in den Evangelien berichtet (Joh 21,25). Doch wird deutlich, dass Jesus die allermeisten verstorbenen Menschen in den drei Jahren seiner öffentlichen Wirksamkeit nicht auferweckt hat. Eine zusätzliche Frage wollen wir uns auch stellen: Ist heute eine Auferstehung der Verstorbenen erstrebenswert? Und warum geschieht heute so etwas äußerst selten (jedenfalls in unserem Land)? Ich habe schon manche Krankenheilung miterlebt, aber noch nie eine Totenauferweckung. Sicherlich gibt es Menschen, die so etwas gerne einmal erleben möchten. Manch einer wünscht sich seinen verstorbenen Ehepartner zurück, seine Eltern, sein geliebtes Kind, seinen guten Freund. All das ist nur zu verständlich!

Ist heute eine Auferweckung der Verstorbenen erstrebenswert?

Dennoch: Möchtest du sie gern wieder hier auf der Erde haben? Denke über diese Frage besser noch einmal nach! Ist es wirklich dein großes Verlangen, die Deinen wieder um dich zu haben? Möchtest du wirklich deinen geliebten Ehepartner aus der Herrlichkeit des Paradieses wieder in diese Welt voll Schmerz und Pein zurückholen? Soll er vielleicht noch einmal durch einen jahrelangen schmerzvollen Krankheitsprozess bis zu seinem Tod gehen? Sollen unsere Verstorbenen wirklich das Glück der ewigen Welt Gottes verlassen, nur damit wir sie wiederhaben? Haben sie nicht hier unten oft von der Unübertrefflichkeit dieses Ortes gesungen?!

Wie sieht es mit der Ernsthaftigkeit solchen Singens aus? Da wollen wir die Verstorbenen wieder herausholen und sie wieder zurück im Reich der Sünde, des Teufels und mancherlei Versuchungen haben? Ist es nicht genug für sie, einmal den Tod als letzten Feind erlebt zu haben? Und das nur, weil wir wollen, dass es uns durch ihre Gegenwart besser geht? Diese Sehnsucht ist gewiss nur zu verständlich, wenn der Tod schmerzliche Lücken in eine Ehe, Familie und Freundschaft gerissen hat. Aber es könnte auch selbstsüchtig sein, wenn wir rufen: „Herr, gib mir meine Eltern, meine Kinder zurück, gib mir meinen Freund zurück!"

Ich glaube nicht, dass wir genau wissen, worum wir bitten. Würde es dir und mir nicht leidtun, wenn wir sehen müssten, wie unser Auferstandener wieder mit der Anfechtung und Sünde zu kämpfen hat? Er hatte doch schon das Vollkommene genossen und das Glück der Erlösten bereits geschmeckt. Du würdest Schuldgefühle haben und sagen: „Nur weil ich es gewollt habe, holte ich ihn aus der Ewigkeit zurück. Nur weil es mir dienen sollte, habe ich ihn der Herrlichkeit beraubt und ihm sein unbeschreibliches Glück genommen!" Vor diesem Hintergrund sind wir wohl alle davon überzeugt, dass es besser ist, dem Herrn die Schlüssel des Todes und des Totenreiches zu überlassen (Off 1,18). Wenn es nach Jesu Gesichtspunkten dienlich und zur Vermehrung seines Ruhmes nötig ist, dann wird er auch in unserer Zeit Tote auferwecken. Denn es gilt für alle Zeit: Er ist „die Auferstehung und das Leben" (Joh 11,25)!

Wir sollten auch nicht nach leiblichen Auferstehungen trachten, weil wir glauben, dass es sensationell sei und solche Phänomene die Zeitgenossen endlich zum Glauben bringen würden. Gewiss kann das hier und da geschehen, dass Gott durch ein Wunder Menschen aus ihrem geistlichen Todesschlaf wachrüttelt. Aber denken wir an die Worte Jesu aus Lukas 16. Als der reiche Mann in der Qual war, wollte er seine noch lebenden Brüder warnen und bat:

> *„Ich bitte dich nun, Vater, dass du ihn (den verstorbenen Lazarus) in das Haus meines Vaters sendest, denn ich habe fünf Brüder, dass er ihnen eindringlich Zeugnis ablege, damit sie nicht auch an diesen Ort der Qual kommen!"*

Auf diese Bitte antwortet Abraham:

> *„Sie haben Mose und die Propheten. Mögen sie die hören"* (Lk 16,27-29)!

Darauf entgegnet der reiche Mann:

> *„Nein, Vater Abraham, sondern wenn einer von den Toten zu ihnen ginge, so würden sie Buße tun."*

Abraham aber wendet dazu ein:

> *„Hören sie Mose und die Propheten nicht, so werden sie sich auch nicht überzeugen lassen, wenn jemand von den Toten auferstünde"* (Lukas 16,30-31).

Vergessen wir nie: Trotz vieler Zeichen und Wunder, die Jesus als den Messias auswiesen, schlugen sie ihn ans Kreuz. Trotz des jubelnden Empfangs in Jerusalem „Gelobt sei, der da kommt" schrien die meisten einige Tage später: „Kreuzige ihn" (Mk 15,13-14).

Und die Menschen in Deutschland? Würden sie heute nicht dasselbe tun, auch wenn täglich einer von den Toten auferstehen würde? Nein, rettender Glaube wird nur in den seltensten Fällen durch außergewöhnliche Wunder hervorgerufen. Würden dadurch nicht eine Wundersüchtigkeit und ein Anspruchsdenken gegenüber Jesus geweckt und manifestiert?! Glaube, der Gott verherrlicht, kommt durch das Hören und Vertrauen auf das Wort Gottes. Er kommt durch unsere Zustimmung zu den Aussagen des göttlichen Wortes in der Bibel. Deshalb betont Paulus:

> ***„So kommt der Glaube aus der Predigt (wörtlich: hören), das Predigen aber durch das Wort Gottes"* (Römer 10,17).**

Und bedenken wir auch das: „wir wandeln durch Glauben, nicht durch Schauen" (2.Kor 5,7).

Bei allen theologischen Diskussionen und allem biblischen Wissen bleibt aber die große Spannung bestehen: Einerseits wollen wir dem allmächtigen Gott Wunder zutrauen und ihn in seiner Wirksamkeit nicht einengen. Andererseits aber wollen wir unseren Glauben nicht von Wundern abhängig machen, ob sie nun geschehen oder nicht. Zu jeder Zeit und in allen Situationen gilt es, dem Wort Gottes ungebrochenes Vertrauen zu schenken.

Unsere Begutachtung im Himmel

Wenn wir in der Entrückung zu dem Vater in sein himmlisches Reich kommen, dann folgt wohl als Nächstes unsere Beurteilung durch Jesus Christus, den Richter aller Menschen (Joh 5,22). Davon schreibt Paulus:

> *„Denn wir müssen alle vor dem Richterstuhl Christi offenbar werden, damit jeder empfange, was er durch den Leib <vollbracht>, dementsprechend, was er getan hat, es sei Gutes oder Böses“* (2.Kor 5,10).

Die eindeutige und klare Botschaft der Bibel ist: Nach unserem Tod wird ein göttliches Gutachten im Himmel über unser Leben in dieser Welt erstellt. In dieser Expertise geht es um unseren Lohn. Der göttliche Lohn orientiert sich an unserem Leben, wie wir es gelebt und was wir getan haben. Unsere Errettung orientiert sich ganz allein an unserer Stellung zu Jesus Christus (Eph 2,8-9).

Das will uns sagen: Unser Leben läuft auf eine letzte endgültige Untersuchung zu. Sie wird Gott sei Dank von Jesus selbst vorgenommen. Denn nur er ist in der Lage, ein Menschenleben umfassend und gerecht zu beurteilen. Nur er kennt mich wirklich weitaus besser, als wir uns selbst oder ein uns nahestehender Mensch jemals kennen könnten. Nur er weiß, was alles in mein Leben hineinflutete und es verborgen steuerte. Nur er kennt die vielen „Mitbestimmer“, die mein Leben entscheidend mit beeinflussten. Da werden wir

> *Dort werden wir das erste Mal wirklich gerecht beurteilt werden. Etwas, worauf wir in dieser Welt wahrscheinlich vergeblich warten.*

das erste Mal wirklich gerecht beurteilt werden. Etwas, worauf wir in dieser Welt wahrscheinlich vergeblich warten. Denn die Gutachten in dieser Welt werden meist von der Zunge vorgenommen, von der die Bibel sagt, dass sie eine Welt der Ungerechtigkeit darstellt (Jak 3,6).

Gott aber ist allwissend, barmherzig und deshalb auch gerecht. Wir können sicher sein, dass sein Urteil über uns in keinem Gebiet unseres Lebens ungerecht, parteilich, einseitig oder rechtswidrig sein wird. Deshalb ist es gut zu wissen, dass Jesus mein Leben einer letzten Bewertung unterziehen wird. Er ist derjenige, der mich liebt und mich durch sein Blut erkauft hat. Es ist der Gott, von dem die Bibel sagt, dass er Mitleid mit unseren Schwachheiten hat:

> *„Denn wir haben nicht einen Hohenpriester, der nicht Mitleid haben könnte mit unseren Schwachheiten, sondern der in allem in gleicher Weise <wie wir> versucht worden ist, <doch> ohne Sünde“* (Hebr 4,15).

Der barmherzige Hohepriester wird unser Leben mit einem Testat versehen und versiegeln, das ewig gültig ist. Es trägt die göttliche Handschrift seiner Heiligkeit und Liebe.

Diese letzte Beurteilung wird über unseren Stand (nicht unsere Existenz) in der himmlischen Welt entscheiden. Dabei geht es in dieser Einschätzung nicht um unsere ewige Errettung oder Verlorenheit. Das entscheidet sich hier in dieser Welt, wenn wir die Botschaft von dem Gekreuzigten hören. Bejahen wir in einer Entscheidung das stellvertretende Sterben Jesu für mich persönlich, dann gilt mir:

> *„Wahrlich, wahrlich, ich sage euch: Wer mein Wort hört und glaubt dem, der mich gesandt hat, <der> hat*

> *ewiges Leben und kommt nicht ins Gericht, sondern er ist aus dem Tod in das Leben übergegangen"* (Joh 5,24).

Nun sagt die Bibel aber auch, dass unser gesamtes Leben (=Werke) von Gott genau untersucht und belohnt wird:

> *„Denn einen anderen Grund kann niemand legen außer dem, der gelegt ist, welcher ist Jesus Christus. Wenn aber jemand auf den Grund Gold, Silber, kostbare Steine, Holz, Heu, Stroh baut, so wird das Werk (= gesamte Leben) eines jeden offenbar werden, denn der Tag wird es klarmachen, weil er in Feuer offenbart wird. Und wie das Werk eines jeden beschaffen ist, das wird das Feuer erweisen. Wenn jemandes Werk bleiben wird, das er darauf gebaut hat, so wird er Lohn empfangen; wenn jemandes Werk verbrennen wird, so wird er Schaden leiden, er selbst aber wird gerettet werden, doch so wie durchs Feuer"* (1.Kor 3,11-15).

Jesus wird mich in seiner Unbestechlichkeit (Feuer) beurteilen. Er bewertet uns nicht nach unserem gesellschaftlichen, politischen oder religiösen Prestige und Gewicht, das wir in dieser Welt hatten. Denn dann wären viele Menschen benachteiligt und einige wenige bevorzugt. Gott legt in dieser Begutachtung Kriterien an, die eine gerechte Beurteilung für alle Menschen ermöglichen. Das erkannte auch Petrus, als er zum ersten Mal einer Gruppe nichtjüdischer Zuhörer das Evangelium predigen sollte. Deswegen hatte er nicht

> *Er bewertet uns nicht nach unserem gesellschaftlichen, politischen oder religiösen Prestige und Gewicht, das wir in dieser Welt hatten.*

geringe Bedenken. Doch Gott überredete ihn und er kam zu der Erkenntnis:

> *„In Wahrheit begreife ich, dass Gott die Person nicht ansieht, sondern in jeder Nation ist, wer ihn fürchtet und Gerechtigkeit wirkt, ihm angenehm"* (Apg 10,34-35).

Blitzartig wurde Petrus klar, worauf Gott größten Wert legt. Wenn wir in diesem Gericht Lohn erwarten, dann ist es wichtig, auf den Grund zu bauen, der Jesus Christus selbst ist: Sein Heil, seine Wahrheit und Liebe, seine Gnade und Gerechtigkeit. Welche Stellung wir in der ewigen Welt Gottes einnehmen, hängt ganz entscheidend davon ab, ob wir das getan haben, was Gott in dieser Welt für uns bereitet hat:

> *„Denn wir sind sein Gebilde, in Christus Jesus geschaffen zu guten Werken, die Gott vorher bereitet hat, damit wir in ihnen wandeln sollen" (Eph 2,10).*

Gott hat also für jeden Erretteten gute Werke vorbereitet. Das befreit von jeglichem Druck, noch mehr tun zu müssen. Es nimmt dem falschen Ehrgeiz die Motivation. Wir brauchen uns nicht mehr zu profilieren. Es geht in der Beurteilung unseres Lebens darum, ob wir das getan haben, was Gott durch uns tun wollte. Lebten wir das aus, was Gott für uns ganz persönlich vorbereitet hatte? Gott wird uns nur für das belohnen, wozu er uns berufen hat. Nur diese Werke kommen in die positive Wertung.

Letztlich ist es wie bei einem Athleten. Er wird nur nach der Leistung belohnt, die von ihm erwartet wurde und für die er angetreten ist. Tritt er als Kugelstoßer an, so wird von ihm kein Weitsprung erwartet. Ist er als 100-Meter-Läufer nominiert, dann ist es beim Sprint völlig unerheblich, wie hoch er springen kann. Und er muss in der Bahn laufen, für die er ausgewählt wurde. Er darf z. B. als 10.000-Meter-Läufer nicht querfeldein laufen. Alles, was der Athlet außerhalb der Norm und Bestimmung für den Wettbewerb leistet, kann ihm keine Medaille bescheren.

> ***„Wenn aber auch jemand am Wettkampf teilnimmt, so erhält er nicht den Siegeskranz, er habe denn gesetzmäßig (nach den Regeln) gekämpft"*** (2.Tim 2,5).

Deshalb ist es so wichtig, dass jeder, der zu Jesus gehört, auch seine persönliche Berufung kennenlernt. Nur für sie gibt uns Gott die Kraft und die Gaben, um sie zu leben. Wenn Gott einen Mann für einen Zwölfstundenjob beruft, dann gibt er ihm auch die Kraft dazu. Ebenso wie für eine Mutter, die vier Kinder großzuziehen hat, mit allen Anforderungen Tag und Nacht. Ist der Nachfolger Jesu vollzeitlich für das Reich Gottes berufen, dann sucht Gott ihn dort. Ist er für einen Beruf außerhalb der Gemeinde Jesu als Beamter oder Handwerker berufen, dann will Gott ihn dort sehen und segnen.

> ***„Wie jeder eine Gnadengabe empfangen hat, so dient damit einander als gute Verwalter der verschiedenartigen Gnade Gottes! ... wenn jemand dient, <so sei es> als aus der Kraft, die Gott darreicht, damit in allem Gott verherrlicht werde durch Jesus Christus"*** (1.Petr 4,10-11).

Jesus schaut bei unserer Belohnung nicht zuerst auf unsere Stundenzahlen, in denen wir unserer Arbeit nachgehen. Ihm geht es in allem zuerst darum, dass wir bei den unterschiedlichsten Tätigkeiten der Frucht des Geistes Raum geben, die uns durch den Heiligen Geist gegeben wurde:

> *„Die Frucht des Geistes aber ist: Liebe, Freude, Friede, Langmut, Freundlichkeit, Güte, Treue, Sanftmut, Enthaltsamkeit“* (Gal 5,22-23).

Jesus sieht unsere Beweggründe und unser Wesen an, wie wir gelebt haben und mit Mitmenschen umgegangen sind. Er schaut auch darauf, ob wir unsere vorhandene Zeit in Verantwortung vor ihm ausgenutzt haben. Das wird er in Ewigkeit überreichlich belohnen. Ihm geht es darum, dass wir ihm mit seinen Gaben und in seiner Gesinnung Jesu dienten. Es geht um seine Demut und Sanftmut, seine Direktheit, Klarheit und Weisheit, seine Barmherzigkeit und Freundlichkeit. So lebte Jesus. Und so dürfen wir es in seiner Kraft auch tun.

Deshalb sollte ich diesen Wesenszügen Jesu besondere Beachtung schenken. Ich sollte darauf Wert legen, dass Jesus aus mir strahlen und durch mich wirken kann. Und ich sollte mir die Frage stellen: Lebe ich Gottes persönliche und einzigartige Berufung? Lebe ich sie auch in der Kraft, die Gott dazu schenkt? Wird dabei Jesu demütiges und liebevolles Wesen deutlich? Nicht mehr und nicht weniger sucht er einmal bei mir. Was darüber hinaus ist, wird er nicht belohnen. Aber Jesus wird uns belohnen für alles, was in seinem Sinne war.

Jesus wird uns belohnen für alles, was in seinem Sinne war.

Christus kommt uns zu belohnen und zu krönen

Wenn er wiederkommt, so kommt er mit seinem Lohn für die Gläubigen:

> *„Siehe, ich komme bald und mein Lohn mit mir, um einem jeden zu vergelten, wie sein Werk ist“* (Off 22,12).

> *„… dass <du> den Lohn gibst deinen Knechten, den Propheten, und den Heiligen und denen, die deinen Namen fürchten, den Kleinen und den Großen“* (Offb 11,18).

Nicht wenige Christen haben zum Lohn Gottes ein gespaltenes Verhältnis. Sie fühlen sich unter Druck gesetzt, wenn es eine himmlische Belohnung geben soll. Andere weisen auf das Gleichnis von den Arbeitern im Weinberg hin (Mt 20,1-16). Dort bekommen für ihre Arbeit alle den gleichen Lohn. Dort ist der Lohn ein Bild für das, was alle bei ihren Bemühungen gleich bekommen. Und das ist nach Aussage des Neuen Testaments das ewige Leben. Das ist ganz und gar unabhängig davon, wie lange Christen in dieser Welt gelebt und wie viel sie gearbeitet haben.

Gott verfolgt mit dem Lohn einen bestimmten Gedanken. Zum einen erinnert er uns an seine Großzügigkeit und Liebe gegenüber uns. Deshalb sollten wir seinen Lohn auch nicht gering schätzen. Zum anderen wird dadurch auch deutlich, dass es nicht unwichtig ist, wie wir als Christen in der Welt leben. Er möchte uns mit diesen Gedanken an den Lohn auch entlasten, indem wir uns auf das konzentrieren, was er

Er möchte uns mit dem Gedanken an den Lohn entlasten, um befreit für ihn zu leben.

für uns schon längst in der Ewigkeit vorbereitet hat (Eph 2,10). Gott will, dass wir tief durchatmen und auch neu durchstarten können!

Die finale Bewertung unsers Lebens durch Jesus findet in den unterschiedlichen Siegeskränzen (oder „Kronen", je nach Bibelübersetzung) ihren Niederschlag. Dazu nimmt die Bibel bei der Krönung ein Ereignis aus der Sportwelt zur Illustration, das damals den allermeisten Lesern bekannt war. Die Festspiele in „Olympia" (im Südwesten Griechenlands) waren weit über die griechische Welt hinaus bekannt. Neben den Olympischen Spielen fanden noch die „Isthmisichen Spiele", nahe Korinth, statt. Der Siegeskranz wurde damals Sportlern in den verschiedenen Disziplinen verliehen. Paulus vergleicht den Einsatz in der Nachfolge Jesu mit den Kämpfern in der Arena. In jeder Disziplin ging und geht es für die Kämpfer um den Siegeskranz damals und die Medaillenplätze heute:

> *„Jeder aber, der kämpft, ist enthaltsam in allem; jene freilich, damit sie einen vergänglichen Siegeskranz empfangen, wir aber einen unvergänglichen"* (1.Kor 9,25).

Damals wurde nur der Sieger belohnt und gekrönt. Bei Jesus werden alle Christen belohnt, die nach den geistlichen Regeln der Bibel gekämpft haben. Diesen ewigen Siegeskranz, Ausdruck der göttlichen Belohnung, gilt es heute unter allen Umständen anzustreben und festzuhalten. Denn auch wir Christen sind in der Versuchung geneigt, das Wertvolle gegen Plunder einzutauschen:

> *„Ich komme bald. Halte fest, was du hast, damit niemand deinen Siegeskranz nehme"* (Offb 3,11)!

Jesus deutet schon in den Evangelien an, dass der Dienst für ihn die Ehrung durch den Vater nach sich zieht:

> *„Wenn mir jemand dient, so folge er mir nach! Und wo ich bin, da wird auch mein Diener sein. Wenn mir jemand dient, so wird der Vater ihn ehren“* (Joh 12,26).

Das muss man sich auf der Zunge zergehen lassen: Der himmlische Vater will uns ehren. Ihm genügt es nicht, uns als seine Kinder anzunehmen, nein, er setzt noch eins drauf: „Euch werde ich vor der ganzen unsichtbaren Welt ehren.“

In all dem geht es um den Lohn Christi. Er ist ein Geschenk Gottes. Wir wollen Gottes Geschenke unbedingt in Ehren halten. Wir wollen nichts für gering achten, was Gott sich für uns ausgedacht hat. Dieser Gedanke jedoch sollte keinen falschen Ehrgeiz anstacheln oder uns noch mehr unter Druck setzen. Es geht beim Lohn um die innere Einstellung zu dem, was Gott uns gerne in seiner Großzügigkeit schenken würde. Diese Belohnung wird schon im AT angedeutet:

> *„Siehe, der Herr, HERR, kommt mit Kraft, und sein Arm übt die Herrschaft für ihn aus. Siehe sein Lohn ist bei ihm, und seine Belohnung <geht> vor ihm her“* (Jes 40,10; s.a.: 62,11).

Jesus selbst weißt immer wieder auf den Lohn hin, gerade auch für die verfolgte Gemeinde:

> *„Freut euch und jubelt, denn euer Lohn ist groß in den Himmeln; denn ebenso haben sie die Propheten verfolgt, die vor euch waren“* (Mt 5,12).

Hier spricht Jesus von Geschmähten, Verfolgten und Verleumdeten um Jesu willen. Es geht um Menschen, die bereit waren, unter Druck und Leid zu ihrem Erlöser Jesus zu stehen. Er macht damit auch deutlich, dass Leid und Verfolgung um seines Namens willen einen Sinn haben, der sich nicht immer in dieser Welt erschließt. In der Ewigkeit aber wird er all denen reichen Lohn schenken, die ihr Leben nicht liebten, sondern Jesus die Treue hielten (Mt 16,24-26).

Lohn stellt Jesus für die in Aussicht, die solche Menschen lieben, die es nach den Maßstäben dieser Welt nicht wert sind:

> *„Und wenn ihr liebt, die euch lieben, was für einen Dank habt ihr? Denn auch die Sünder lieben, die sie lieben. Und wenn ihr denen Gutes tut, die euch Gutes tun, was für einen Dank habt ihr? Auch die Sünder tun dasselbe ... Doch liebt eure Feinde, und tut Gutes, und leiht, ohne etwas wieder zu erhoffen! Und euer Lohn wird groß sein, und ihr werdet Söhne des Höchsten sein; denn er ist gütig gegen die Undankbaren und Bösen“* (Lk 6,32-33.35).

Besonders Paulus als Apostel, Prophet und Lehrer für die Nationen, hat Entscheidendes über den Lohn zu sagen:

> *„Der aber pflanzt und der begießt, sind eins; jeder aber wird seinen eigenen Lohn empfangen nach seiner eigenen Arbeit ... Nach der Gnade Gottes, die mir gegeben ist, habe ich als ein weiser Baumeister den Grund gelegt; ein anderer aber baut darauf; jeder aber sehe zu, wie er darauf baut“* (1.Kor 3,8.10).

Paulus baute Gemeinde auf der von Christus gelegten Grundlage. Dafür wird Gott ihn einmal belohnen. Deshalb schreibt er an die Gemeinde in Korinth, dass sie darauf achten soll, worauf sie baut und mit was sie baut:

> *„Wenn jemandes Werk bleiben wird, das er darauf gebaut hat, so wird er Lohn empfangen"* (1.Kor 3,14).

Für den zu empfangenden Lohn sind die Hintergedanken unseres Herzens und die Liebe ausschlaggebend:

> ***„So verurteilt nichts vor der Zeit, bis der Herr kommt, der auch das Verborgene der Finsternis ans Licht bringen und die Absichten der Herzen offenbaren wird! Und dann wird jedem sein Lob werden von Gott"*** **(1.Kor 4,5).**

> ***„Denn Gott ist nicht ungerecht, euer Werk zu vergessen und die Liebe, die ihr zu seinem Namen bewiesen habt, indem ihr den Heiligen gedient habt und dient"*** **(Hebr 6,10).**

Gott übersieht und überhört nichts. Das vergessen wir leider viel zu oft. Lesen Sie einmal dazu nur die drei Bibelstellen: 4.Mose 11,1; 12,2; Hes 35,13. Dem allgegenwärtigen Gott entgeht kein Wort, das wir ausgesprochen haben. David sagt, dass er sogar unsere Worte kennt, bevor wir sie artikulieren (Ps 139). Er weiß, ob wir gerade sitzen oder liegen, aufstehen oder mit dem Auto unterwegs sind. Er ist mit allem, aber auch wirklich allem vertraut. Egal, was uns begegnet und uns ausmacht, er weiß es ganz genau. Keine Regung unseres Herzens ist ihm unbekannt. Er ist deshalb auch der Einzige, der eine gerechte Beurteilung unseres Lebens vornehmen kann und wird. Mit großer Freude gibt er uns den Lohn und sein Lob. Gott tut beides gerne: Er segnet uns gerne (Jer 32,40-42) und wird uns auch gerne loben und belohnen!

Nach der Bibel nimmt der Gedanke des Lohnes einen großen Raum ein und ist deshalb Gott sehr wichtig. Er hat ihn sich für uns ausgedacht. Deshalb sollten wir ihn nicht verachten oder kleinreden. Im Himmel werden wir ihn gewiss empfangen. Und wir werden bestimmt viel, viel mehr bekommen, als wir uns jetzt ausdenken und erträumen können.

All die erwähnten Gedanken sollten ein großer Anreiz sein, unser Leben ganz neu auf ihn auszurichten und ihm zu weihen. Trotz all der Unvollkommenheiten, die wir noch an uns tragen. Trotz all der Macken, die an uns wie Klebmasse haften. Trotz all der Fehltritte, die immer wieder in unserem Leben geschehen. Die immer wieder erneute Hingabe an Christus ist alternativlos. Alles andere wirft uns nur zurück und zu Boden. Deshalb: Stehe auf, da wo Du Dich jetzt befindest. Bekenne Jesus, was zwischen Dir und ihm steht. Bitte ihn um Vergebung für Deine Schuld und schenke ihm neu Dein Leben. Gib ihm Verfügungsgewalt über alles, was Du bist und besitzt. Er wird sie nur zu Deinem Vorteil ausnutzen.

Für jeden in der Jesusnachfolge geht es um eine letzte Absicht: Ich will Gott gefallen. Seinen Lohn will ich nicht geringschätzen. Denn er entspringt den liebenden und großzügigen Gedanken Gottes. Er hat sich einen Lohn für seine heute noch „kämpfende und leidende Truppe“ ausgedacht. Und nie sollten wir das für belanglos und minderwertig erachten, was Gott sich als Belohnung für seine Leute ersonnen hat.

Im Wort Gottes wird uns von den unterschiedlichen Kränzen, als Ausdruck des Lohnes, berichtet:

> *„Schon jetzt liegt für mich der (Sieges-)Kranz der Gerechtigkeit bereit, den mir der Herr, der gerechte Richter, an jenem Tag geben wird, aber nicht nur mir, sondern allen, die sehnsüchtig auf sein Erscheinen warten“* (2.Tim 4,8; EÜ).

> *„Glückselig der Mann, der die Versuchung erduldet! Denn nachdem er bewährt ist, wird er den Siegeskranz des Lebens empfangen, den der Herr denen verheißen hat, die ihn lieben“* (Jak 1,12).

> *„Fürchte dich nicht vor dem, was du leiden wirst! Siehe, der Teufel wird <einige> von euch ins Gefängnis werfen, damit ihr geprüft werdet, und ihr werdet Bedrängnis haben zehn Tage. Sei treu bis zum Tod! Und ich werde dir den Siegeskranz des Lebens geben“ (Off 2,10).*

> *„Und wenn der Oberhirte offenbar geworden ist, so werdet ihr den unverwelklichen Siegeskranz der Herrlichkeit empfangen“* (1.Petr 5,4).

Gott will nichts unbelohnt lassen, was wir in seinem Namen getan und unterlassen haben. **Jesus liebt es uns zu ehren. Es ist ihm eine Freude uns Gutes zu tun und uns zu belohnen. Er wird seine Freunde auszeichnen vor der gesamten himmlischen Welt.** Weiß er doch nur zu gut, durch welche Gluthitze der Versuchungen und Drangsale seine Gemeinde gegangen ist und bis heute geht.

Doch eine Krone war keiner der Menschen würdig sie zu tragen. Es war die **Dornenkrone**, die allein unser Herr und Heiland tragen durfte. Nur er war der Sündlose, der unsere Erlösung durch sein Kreuz erlitt und erkämpfte. Deshalb werden alle Christen in der Ewigkeit vor seinem Thron ihre Siegeskränze abnehmen und niederwerfen. IHM ALLEIN geben sie alle Ehre und Anbetung (Off 4,10; 5,14).

Weitere Gedanken zum Lohn finden sich im letzten Hauptkapitel des Buches, wo es um unsere ewige Stellung und Tätigkeit geht.

Können Christen ihren Lohn verlieren?

Paulus schreibt in dem für diese Frage so wichtigen Kapitel drei des 1. Korintherbriefes:

> *„... wenn jemandes Werk verbrennen wird, so wird er Schaden leiden, er selbst aber wird gerettet werden, doch so wie durchs Feuer“* (1.Kor 3,15).

Der Ausdruck „Schaden leiden“ ist im Kontext für den Verlust des Lohnes gebraucht. Hier wird aber auch deutlich, dass mit Schaden nicht der Verlust des ewigen Lebens gemeint ist, weil unsere Errettung aus Gnaden bestehen bleibt (Eph 2,8-9).

Jesus weist in der Bergpredigt darauf hin, dass wir Lohn verlieren, wenn falsche Motive uns leiten. Unsere Beweggründe, das, was uns handeln lässt bzw. blockiert, ist bei unserem Vater im Himmel das Entscheidende. Er hat keine Lust auf Heuchelei und Scheinheiligkeit. Er ist ein Feind aller Frömmelei, die uns in ein besseres Licht bei anderen stellen soll:

> *„Habt acht auf eure Gerechtigkeit, dass ihr <sie> nicht vor den Menschen übt, um von ihnen gesehen zu werden! Sonst habt ihr keinen Lohn bei eurem Vater, der in den Himmeln ist. Wenn du nun Almosen gibst, sollst du nicht vor dir her posaunen lassen, wie die Heuchler tun in den Synagogen und auf den Gassen, damit sie*

> *von den Menschen geehrt werden. Wahrlich, ich sage euch, sie haben ihren Lohn dahin. Und wenn ihr betet, sollt ihr nicht sein wie die Heuchler; denn sie lieben es, in den Synagogen und an den Ecken der Straßen stehend zu beten, damit sie von den Menschen gesehen werden. Wahrlich, ich sage euch, sie haben ihren Lohn dahin"* (Mt 6,1-2.5).

Gerade die fromme Heuchelei verdirbt so vieles im Leben von Christen. Und sie deckt Jesus unerbittlich auf. Achten wir deshalb darauf, dass sich solche Gedanken nicht in uns einnisten und uns verseuchen.

> *Gerade die fromme Heuchelei verdirbt so vieles im Leben von Christen. Jesus deckt sie unerbittlich auf.*

Auch Johannes unterstreicht den Gedanken, dass wir Lohn verlieren können:

> *„Seht auf euch selbst, damit ihr nicht verliert, was wir erarbeitet haben, sondern vollen Lohn empfangt"* (2.Joh 1,8)!

Das soll uns nicht stressen. Solche Worte möchten uns auf das konzentrieren, was wir im Namen Jesu und in seiner Kraft tun dürfen.

Die himmlische Hochzeit von Bräutigam und Braut

Nach unserer Begutachtung und der Belohnung wird das Hochzeitsmahl des Lammes folgen. Hier findet die Vereinigung des geistlichen Christus, dem Bräutigam, und seiner Gemeinde, der Braut, statt. Diese wird dann den einen Christus für alle

Ewigkeit darstellen, mit Christus als Haupt und der Gemeinde als seinem Leib. Dann ist Realität, was heute noch Gegenstand des Glaubens ist. Die Bibel berichtet von der Hochzeit in der Offenbarung, wo Gott zu Johannes sagt:

> ***„Schreibe: Glückselig, die eingeladen sind zum Hochzeitsmahl des Lammes! Und er spricht zu mir: Dies sind die wahrhaftigen Worte Gottes“*** **(Off 19,9).**

Die Braut, die sich aus allen an Jesus Christus Gläubigen darstellt, ist eine Gabe des Vaters an seinen Sohn. Allein im hohenpriesterlichen Gebet Jesu lesen wir siebenmal die Redewendung Jesu, wenn es um seine Nachfolger geht: „Die du mir gegeben hast“ (Joh 17,2.6.7.9.24). Der Vater hat seine Braut für seinen Sohn ausgewählt, vor Grundlegung der Welt (Eph 1,4). Die Entscheidung Gottes beruht allein in seiner souveränen Gnade und ist frei von jedem Irrtum und jeder Ungerechtigkeit. Sein Blick fiel auf mich und Sie. Und das hat er bis heute nicht bereut. Nach wie vor sind Gottes Gnadengaben und seine Berufungen unbereubar (Röm 11,29). Das Vaterherz Gottes schlug höher, als seine Gnadenwahl auf Sie und mich fiel. Vergessen wir daher nie, welch ein Preis der Vater bereit war, für jeden Einzelnen von uns Menschen zu zahlen:

> ***„Denn ihr wisst, dass ihr nicht mit vergänglichen Dingen, mit Silber oder Gold, erlöst worden seid von eurem eitlen, von den Vätern überlieferten Wandel, sondern mit dem kostbaren Blut Christi als eines Lammes ohne Fehler und ohne Flecken“*** **(1.Petr 1,18-19).**

Er erwählte und berief diejenigen, die bereit waren, die Bedingungen für die Zugehörigkeit zu Jesus und dem Vater zu akzeptieren. Paulus spricht im Epheserbrief von der „Herrlichkeit seines Erbes in den Heiligen“ (Eph 3,17). Durch das Leiden und Sterben Jesu definiert sich auch unwiderruflich unser ewiger unvergänglicher Wert! Somit gehört die Gemeinde Jesu einerseits dem Vater, aber auch dem Sohn. Jesus spricht diese Wahrheit im Gebet zu seinem himmlischen Vater aus:

> *„… und alles, was mein ist, ist dein, und was dein ist, mein – und ich bin in ihnen verherrlicht“* (Joh 17,10).

Der Sohn hat die Braut des Lammes mit seinem Blut für Gott erkauft (Off 5,9). Gott nimmt dieses Bild von der Hochzeit des Bräutigams mit seiner Braut, um einerseits die tiefe Liebe und andererseits die unauflösliche Verbindung zwischen beiden aufzuzeigen.

Deshalb soll an dieser Stelle noch die Frage erlaubt sein: Sehnen wir uns nach unserem himmlischen Bräutigam? Richten wir unser ganzes irdisches Treiben darauf aus, ihm einmal mit gutem Gewissen in die Augen schauen zu können? Beugen wir uns noch vor Gott über die Tage, an denen wir dahindösten und die Hoffnung auf die Herrlichkeit Gottes keine Rolle mehr spielten? Warum nur nehmen Geld, Arbeit, Geschäft, Urlaub, Sport, Auto, Smartphone, … uns so gefangen? Vernebeln sie uns nicht so oft den Blick auf unsere himmlische Hochzeit? Warum nur schlafen wir geistlich zu viel und wachen zu wenig? Warum nur habe ich Kompromisse mit der Sünde geschlossen?

> *Warum nur gleichen die Zusammenkünfte von Christen in dieser Welt oft mehr einer Gemeinschaft von Kühlschränken?*

Warum ist unsere Liebe zu Jesus so oft auf dem Gefrierpunkt? Warum nur gleichen die Zusammenkünfte der Braut des himmlischen Bräutigams in dieser Welt oft mehr einer Gemeinschaft von Kühlschränken? Wenn einer die „Klappe" aufmacht, strömt nur Kälte hervor. Macht er sie zu, brummt er wieder eine Weile, bis er seinen alten Kältestand erreicht hat. Warum nur? Haben wir das Größte und Wichtigste auf dem Weg zum Himmel verloren? Wir streiten um Bohnen, wo es doch um Kronen geht. Unsere menschliche Verdrehtheit und Verdorbenheit schreit zum Himmel. Die Klage Gottes gegen die Priester Israels ist mir eine ständige Mahnung, wenn ich sie lese:

> *„Ein Sohn ehrt den Vater und ein Knecht seinen Herrn. Wenn ich nun Vater bin, wo ist meine Ehre? Und wenn ich Herr bin, wo ist meine Furcht? spricht der HERR der Heerscharen zu euch, ihr Priester, die ihr meinen Namen verachtet. Doch ihr sagt: ‚Womit haben wir deinen Namen verachtet?'"* (Mal 1,6).

Wenn ich heute etwas wirklich im Blick zurück bereue, dann ist es meine mangelnde Gemeinschaft mit Jesus, meinem Bräutigam. Meine Beziehung zu ihm war gewiss von viel Einsatz, Eile, Eifer und Ehrgeiz geprägt. Aber auch von zu wenig Liebe zu ihm. Warum nur hatte ich so wenig Leidenschaft für Jesus, warum nur so wenig Lust am Herrn? Ich bereue all die Begegnungen, wo Menschen meine Liebe zu Jesus vergeblich bei mir suchten. Es tut mir so unendlich leid für die Jahre, die mir „die Heuschrecke, der Abfresser und der Vertilger und der Nager gefressen haben" (Joel 2,25). Gott verhieß damals seinem Volk, dass er ihm diese Jahre erstatten möchte. Nach nichts mehr sehne ich mich als danach, dass Gott mir die verbleibenden Jahre mit einer großen Liebe zu ihm und auf seine Wiederkunft erfüllt. Ich würde so gerne „seine Erscheinung lieben" (2.Tim 4,8)!

In unserer verbleibenden Zeit wollen wir nicht vergessen, dass die Uhr tickt. Sollten wir doch alle die Worte bedenken, die Paulus an seinen Mitarbeiter Titus schrieb:

> *„Denn die Gnade Gottes ist erschienen, um alle Menschen zu retten. Sie erzieht uns dazu, uns von der Gottlosigkeit und den irdischen Begierden loszusagen und besonnen, gerecht und fromm in dieser Welt zu leben, während wir auf die selige Erfüllung unserer Hoffnung warten: auf das Erscheinen der Herrlichkeit unseres großen Gottes und Retters Christus Jesus. Er hat sich für uns hingegeben, um uns von aller Schuld zu erlösen und sich ein reines Volk zu schaffen, das ihm als sein besonderes Eigentum gehört und voll Eifer danach strebt, das Gute zu tun"* (Tit 2,11-14; EÜ).

Der Himmel – keine Versuchung, keine Sünde, kein Tod

Wir können in dieser Welt nicht denken ohne die beeinträchtigenden Folgen des Sündenfalls. Dieser bescherte uns den tiefen Absturz in die Welt des Bösen. Die Sünde ist gegenwärtig und übt ihre grausame Diktatur aus. Allgegenwärtig, scheinbar allmächtig regiert sie. Alle Bereiche menschlichen Handelns hat sie fest im Griff. Sie bestimmt den Menschen umfassend, seine Gedanken, sein Gefühlsleben und sein Wollen. Gnadenlos und brutal ist ihre Herrschaft. Diese führt in eine tiefe Versklavung. Jeder Mensch leidet unter ihrer zersetzenden Gewalt. Sie zerstört den Menschen in seiner Gottebenbildlichkeit und hält ihn auf Distanz von seinem Schöpfer und Erlöser. Sie drängt ihn weg von dem Gott, der in Jesus Christus ihre dämonische Herrschaft gebrochen hat. Damit verhindert sie radikale befreiende Lösungen, persönlich und global. Besonders in Beziehungen spielt sie ihre Überlegenheit aus. **Sie gaukelt dem Menschen vor, dass das Leben unter Gott einengend, freudlos, langweilig und menschenunwürdig sei.**

Dahinter steht Satan, der sein Gift dem einzigartigen Ebenbild Gottes injizierte. Sünde ist nicht ohne den Widersacher Gottes zu denken. Er ist die Quelle, aus der die Sünde sich nährt. Gerade im Eigenwillen, der Widerspenstigkeit gegen Gott manifestiert sie ihre Daseinsberechtigung. Sie emanzipiert ihn, aber immer nur in eine Richtung: in Distanz zu Gott. Die

Sünde bezirzt den Menschen, selbst Gott sein zu wollen und nach eigenen Regeln zu leben. Ihr Programm lautet: Selbstbestimmung, Selbstverwirklichung und Selbstverherrlichung. So bleibt der Sünder auf sich selbst geworfen und einsam. Er unterliegt einer verderblichen Fehleinschätzung, ob in der Überheblichkeit oder in der Minderwertigkeit. Er ist verwirrt und orientierungslos, wenn es um seine zeitliche und ewige Bestimmung von seinem Schöpfer geht. Trotz aller Intelligenz mit all ihren Vorzügen kann sich der Mensch nicht freischwimmen von seinen dunklen Geheimnissen.

Die Sünde steuert das einzigartige Ebenbild Gottes haargenau an dem ewigen Ziel vorbei: Dem Himmel, der ewigen Gemeinschaft mit Gott in einer unbeschreiblichen Herrlichkeit. In dieser Zielverfehlung produziert der Mensch auf dieser Erde eine Menge Schadstoffe, die die Atmosphäre im menschlichen Miteinander vergiftet. Sie verhindert durch die Gier nicht nur die Balance in dem wirtschaftlichen Nord-Süd-Gefälle. Sie hetzt Ehepartner, Familien und Völker aufeinander los. Nur auf den eigenen Vorteil bedacht steuert sie den Menschen und lässt so unüberbrückbare Kluften und statt eines Miteinanders ein Gegeneinander entstehen. Sie hinterlässt eine Spur von Perversion und Ausbeutung, Disharmonie und Tränen, Lug und Betrug, Gewalt und Mord.

Von der Wiege bis zur Bahre ist sie ständiger Begleiter aller Menschen. Den letzten Triumph, wo sie mächtig ihr Haupt erhebt, ist der leibliche Tod (Röm 6,23). Dort schlägt sie noch einmal erbarmungslos zu, ohne jede Rücksicht auf Geschlecht, Alter und sozialen Stand.

Diese und noch viele andere Auswirkungen der Verderben ausbreitenden Sünde schreien geradezu nach einem Neuanfang. Nur ein neuer Mensch, eine neue Welt könnte Abhilfe schaf-

Die verderblichen Auswirkungen der Sünde schreien geradezu nach einem Neuanfang.

fen. Die Menschheitsgeschichte hat aber tausendfach bewiesen, dass alle Versuche, dies herbeizuführen, kläglich scheiterten. Woran? An der Sünde im Menschen. Die Erfahrung zeigt: Nirgends ist der Mensch macht- und hilfloser als gegenüber der dämonischen Weltmacht Nr. 1, der Sünde. Bei seinen besten Absichten steht er ihr ohnmächtig gegenüber. Rettungslos ist er in ihr gefangen. Immer ist sie ihm einen Schachzug voraus, bis zum endgültigen Schach-Matt.

In Offenbarung 21 lesen wir ein prophetisches Wort über die Zukunft der zu Gott gehörenden Menschen. Wir hören von einem neuen Himmel und einer neuen Erde:

„Und ich sah einen neuen Himmel und eine neue Erde; denn der erste Himmel und die erste Erde waren vergangen, und das Meer ist nicht mehr " (Off 21,1).

Hier verheißt Gott das, was der Mensch sich erträumte, aber nie erreichte: einen neuen Himmel und eine neue Erde, in denen Gerechtigkeit das Miteinander regelt. Aber dieser neue Himmel und die neue Erde können erst dann in Erscheinung treten, wenn das Erste vergangen ist. Dieses Erste bezieht sich auf den ersten Himmel und die erste Erde, von Gott erschaffen. In diese Schöpfung brach das Unheil der verheerenden Sünde durch die Verführung Satans hinein. Gott aber hat sich vorgenommen: „Sieh, ich mache alles neu" (Off 21,5).

Der neue Himmel und die neue Erde werden von keinem Unheil der Sünde mehr erreicht. Dort, wo Gott wohnt, wo sein Thronsaal ist, wird – wie schon jetzt – Herrlichkeit Gottes triumphieren. Dort hat dann Unreines keinen Zugang mehr. Warum? Weil das Erste und damit auch die Sünde vergangen sind.

Die Kinder Gottes werden fern von allem Einfluss der Sünde und des Teufels sein. Im Himmel wird es keinen Zutritt mehr für all das geben, was diese Welt so negativ besetzte.

Alle, die zu Jesus gehören, werden einmal Teilhaber dieser Herrlichkeit in Gottes Gegenwart werden. Wann? Nun, wenn die 1. Auferstehung geschieht, dann werden wir Gott dem Wesen nach gleich sein. Dann ist wirklich das Erste für immer vergangen:

> *„Geliebte, jetzt sind wir Kinder Gottes, und es ist noch nicht offenbar geworden, was wir sein werden; wir wissen, dass wir, wenn es offenbar werden wird, ihm gleich sein werden, denn wir werden ihn sehen, wie er ist“* (1.Joh 3,2).

Deshalb sagt die Bibel:

> *„Glückselig und heilig, wer teilhat an der ersten Auferstehung! Über diese hat der zweite Tod keine Macht, sondern sie werden Priester Gottes und des Christus sein und mit ihm herrschen die tausend Jahre“* (Off 20,6).

Das ist unsere Hoffnung. Eine lebendige und begründete Hoffnung, weil Jesus von den Toten auferstanden ist. Er hat genau dafür sein Leben geopfert, damit wir für alle Ewigkeit bei ihm wohnen und uns in seiner Gegenwart ohne Ende freuen dürfen.

Der Himmel – eine sündenfreie Zone

Durch den Sündenfall in der Welt der Engel wurde auch der geschaffene sichtbare und unsichtbare Himmel verschmutzt.

Durch die Rebellion Satans mit seinen Engeln gegen Gott im Himmel wurden ja auch himmlische Orte verunreinigt. Aber in der Ewigkeit wird nichts Sündiges mehr diesen Ort der ewigen Herrlichkeit betreten. Nichts wird mehr die Gemeinschaft mit dem lebendigen Gott stören und zerstören können. Keine Sünde mehr unsere Gemeinschaft mit Gott unterbrechen. Denn Satan, seine Engel, der Tod werden in der ewigen Gottestrennung und Gottesferne sein.

Heute ist der Himmel ein Ort, wo schon große Freude herrscht. Besonders darüber, wenn eine echte Abkehr von sündigen Wegen und eine Hinwendung zu Gott geschieht.

> *„Ich sage euch: So wird Freude im Himmel sein über einen Sünder, der Buße tut, <mehr> als über neunundneunzig Gerechte, die die Buße nicht nötig haben“* (Lk 15,7).

> *„So, sage ich euch, ist Freude vor den Engeln Gottes über einen Sünder, der Buße tut“* (Lk 15,10).

Was für eine tiefe, bleibende Freude wird durchdringen, wenn unsere Gemeinschaft mit Gott nie mehr durch die Sünde eingetrübt wird.

Der Himmel – eine versuchungsfreie Zone

Dort können wir nie mehr zum Bösen hin durch unser sündiges Wesen versucht werden. Einen Zutritt für die versucherische Schlange wie im Garten Eden wird es nicht geben. Der erlöste Mensch wird keinem Gehorsamstest mehr unterzogen. Sein Vertrauen zu Gott wird nie mehr geprüft. Er ist dem Wesen nach ganz und gar Jesus gleich. Es wird keine sündige, teuflische Versuchung und Anfechtung mehr unser Herz erreichen und verdunkeln. Kein schmutziger Gedanke wird mehr unsere Beziehung zu Gott trüben. Kein böser Gedanke mehr unsere Freude trüben.

Wir werden völlig rein in unseren Gedanken und unserer Fantasie sein. Wir werden uns nie mehr vor Gott schämen müssen. Im Himmel ist keine Vergebung mehr nötig. Denn wir werden nie mehr irgendeinen sündigen Gedanken haben, der uns von Gott trennt. Wir werden frei sein von jeglicher Selbstüberschätzung, Überheblichkeit, Gier, Stolz und Hochmut. Nie mehr werden wir über jemand anderes oder uns selbst destruktiv, verleumdend sprechen. Eine Bewertung durch den lebendigen Gott wird es nach unserem Eintritt in die ewige Herrlichkeit nie mehr geben. Keine fremde, listige Stimme wird mehr unser Ohr erreichen. All das, was im Garten Eden an Bösem präsent war, wird im Himmel nicht mehr aufzufinden sein. Es ist der von Gott vollendete Zustand, in den wir eingetreten sind und den wir niemals mehr verlassen werden.

Wir werden völlig rein in unserer Fantasie sein. Nie mehr werden wir uns vor Gott schämen müssen.

All das, was uns in diesem Leben so sehr beschwerte, weil wir zu Jesus gehörten, wird unser Maß an Herrlichkeit in der Ewigkeit nur vermehren:

> *„Denn das schnell vorübergehende Leichte unserer Bedrängnis bewirkt uns ein über die Maßen überreiches, ewiges Gewicht von Herrlichkeit“* (2.Kor 4,17).

Mit solch einem Ausblick lässt es sich wirklich in all den Versuchungen, denen wir in dieser Welt noch ausgesetzt sind, aushalten. Auf uns wartet ein Zustand, in dem Zweifel und Verzweiflung nie mehr unser Gemüt deprimieren und verwüsten können.

Der Himmel – eine todfreie Zone

In dieser Welt ist der Tod allgegenwärtig. Jede Sekunde sterben weltweit Menschen, manchmal unter den grausamsten Bedingungen. Verkehrsunfälle reißen junge Menschen aus dem Leben. Der Krebs und andere heimtückische Krankheiten schlagen unbarmherzig zu und zerren junge Mütter, Ehefrauen, Väter, Söhne und Töchter heraus aus ihren Familien. Kriegerische und terroristische Auseinandersetzungen lassen jeden Tag Menschen verbluten und zerfetzen. SoldatInnen kehren nie mehr nach Hause zurück und die Zivilbevölkerung leidet oft unsäglich unter seinem vernichtenden Regiment. Niemand ist dem allgegenwärtigen Tod entzogen. Und letztlich tragen wir alle durch die Sünde das Todesurteil in uns. Nichts ist uns sicherer als der Tod.

In der Bibel wird der Tod nicht als eine Erlösung gesehen. Er ist der letzte Feind der Menschen, der seinen weltweiten Siegeszug durch die Macht der Sünde und des Teufels angetreten hat. Im Hebräerbrief lesen wir von den schrecklichen Auswirkungen, die der Tod auf die Menschen ausübt:

> *„Weil nun die Kinder Blutes und Fleisches teilhaftig sind, hat auch er in gleicher Weise daran Anteil gehabt, um durch den Tod den zunichte zu machen, der die Macht des Todes hat, das ist den Teufel und um alle die zu befreien, die durch Todesfurcht das ganze*

Leben hindurch der Knechtschaft unterworfen waren“ (Hebr 2,14-15).

Der Tod war das Gericht Gottes über den Sünder.

„Und Gott, der HERR, gebot dem Menschen und sprach: Von jedem Baum des Gartens darfst du essen; aber vom Baum der Erkenntnis des Guten und Bösen, davon darfst du nicht essen; denn an dem Tag, da du davon isst, musst du sterben“ (1.Mose 2,16-17)!

Der Tod trat damals dann auf zweifache Weise ein. Zuerst starben Adam und Eva geistlich, und dann körperlich. Zuerst wurde ihre bis dahin ungetrübte Beziehung zu Gott zerstört. Anstelle der Harmonie, der ungetrübten Freude und des tiefen Friedens krochen lähmende Angst und Friedlosigkeit in ihr Herz. Das waren und sind bis heute die Folgen des geistlichen Todes. Diesen geistlichen Tod, die Trennung vom Vaterhaus, finden wir später beim Gleichnis vom verlorenen Sohn wieder. Von ihm sagt der Vater:

„Denn dieser mein Sohn war tot und ist wieder lebendig geworden, war verloren und ist gefunden worden. Und sie fingen an, fröhlich zu sein“ (Lk 15,24).

Damit meinte der Vater nicht, dass sein Sohn in der Fremde gestorben sei. Nein, es war die fehlende Gemeinschaft mit dem Vater, die solche Diagnose „tot“ den Vater stellen ließ.

Aus der schrecklichen Sklaverei der Todesfurcht hat uns Jesus durch seinen Tod und seine Auferstehung befreit. Der Tod, der Gegenstand mancher Ängste ist und als das Ende angesehen wurde, ist durch Jesus der Beginn der Herrlichkeit geworden.

In der Ewigkeit wird es keinen Tod mehr geben, weder geistlich noch körperlich. Denn das Erste ist vergangen. Wie könnte es auch anders sein?

> *„... und der Tod wird nicht mehr sein, noch Trauer, noch Geschrei, noch Schmerz wird mehr sein: denn das Erste ist vergangen"* (Off 21,4).

Paulus schreibt über das vollkommen andere, unseren ewigen Zustand und die Verwandlung, durch wie wir einmal gehen werden:

> *„Denn dieses Vergängliche muss Unvergänglichkeit anziehen und dieses Sterbliche Unsterblichkeit anziehen. Wenn aber dieses Vergängliche Unvergänglichkeit anziehen und dieses Sterbliche Unsterblichkeit anziehen wird, dann wird das Wort erfüllt werden, das geschrieben steht: ‚Verschlungen ist der Tod in Sieg'"* (1.Kor 15,53-54).

Das ist und bleibt im Vergleich zu allen Religionen, die jemals menschlichen Gehirnen entsprungen sind, ohne jede Konkurrenz. Welcher Religionsstifter oder Philosoph, welcher Politiker kann mit seinem Programm ewiges und unzerstörbares Leben garantieren?! Nur Jesus Christus allein hat

> *„... den Tod zunichte gemacht, aber Leben und Unvergänglichkeit ans Licht gebracht durch das Evangelium"* (2.Tim 1,10).

Der Himmel – eine leid- und schmerzfreie Zone

Wenn es keine Sünde, keine Versuchung, keinen Tod im Himmel mehr gibt, dann ist es nur folgerichtig, dass es auch kein Leid und keinen Schmerz mehr gibt. Keine Trauer wird mehr unser Herz belasten. Körperliche und seelische Schmerzen werden ein für alle Mal der Vergangenheit angehören. Keine Krankheit wird mehr unseren verherrlichten Auferstehungsleib plagen. Kein Arztbesuch oder Krankenhausaufenthalt mehr nötig sein. Kein Krebsgeschwür wird unseren Leib mehr zerstören. So schreibt der Evangelist Johannes über das Neue:

> *„Und er wird jede Träne von ihren Augen abwischen, und der Tod wird nicht mehr sein, noch Trauer, noch Geschrei, noch Schmerz wird mehr sein: denn das Erste ist vergangen. Und der, welcher auf dem Thron saß, sprach: Siehe, ich mache alles neu. Und er spricht: Schreibe! Denn diese Worte sind gewiss und wahrhaftig"* (Off 21,4-5).

Auf diese tröstenden, hoffnungsvollen Worte Gottes können wir uns genauso verlassen, wie auf die Gewissheit der Vergebung unserer Sünden in dieser Welt. Denn hinter Gottes Wort steht Gottes Allmacht. So war es bei der ersten Schöpfung von Himmel und Erde. So war es bei der Erlösungstat Jesu am Kreuz. Die gleiche Kraft war in der Auferstehung wirksam. Und so wird es auch bei der Schöpfung der neuen Welt und unseres neuen Geistkörpers sein. Er wird unerreichbar für alles sein, worunter wir in dieser Welt so sehr litten.

Der Himmel – eine fluchfreie Zone

Das, was wir von dieser Welt nicht sagen können, dass sie ohne Fluch ist, wird aber im Himmel unumstrittene Realität sein.

> *„Und keinerlei Fluch wird mehr sein; und der Thron Gottes und des Lammes wird in ihr sein; und seine Knechte werden ihm dienen“* (Off 22,3).

Damit ist der Himmel frei von allen Folgen der Sünde. Der Fluch der Sünde wird dort nicht mehr aufzuspüren sein. Die Flüche, von der die Bibel an vielen Stellen spricht (5.Mo 28,15-68; Jer 17,5-7), gehören im Himmel der Vergangenheit an, an die niemand mehr denken wird. Keine Götzen werden uns mehr faszinieren und von Gott wegziehen. Keine falschen Versprechungen wie im Garten Eden können uns dort unter den Fluch Gottes bringen (1.Mo 3,16-19). Der Teufel hat keinen Zugang mehr zu den Menschen. Seine verlockenden Angebote können unsere Ohren und Augen nie mehr verführen. Frei von Neid, Eifersucht, Ehr- und Geltungssucht wird unser Streben sein. Nie mehr werden wir uns aufplustern. Wir wollen nur Gott auf dem Thron sehen.

Keine falschen Versprechungen wie im Garten Eden können uns dort unter den Fluch Gottes bringen.

Hier wird keiner mehr den anderen wegen seiner Stellung und Macht, die Gott ihm gibt, scheel anschauen. Niemals wird mehr Missgunst unser Herz durchziehen. Neidlos können wir uns freuen, wenn andere mit uns ihm dienen. Wir sind gerne seine Knechte, weil er uns so geliebt hat. Und wo die Liebe herrscht, hat der Fluch keine Chance mehr. Denn wir wissen, wozu Jesus gekommen war und am Kreuz starb:

„Christus hat uns losgekauft von dem Fluch des Gesetzes, indem er ein Fluch für uns geworden ist – denn es steht geschrieben: ‚Verflucht ist jeder, der am Holz hängt!'" (Gal 3,13).

Sein Tod, seine Sühne hat uns heute schon von dem Fluch der Gottesferne befreit. Seine erlösende Gnade lässt uns heute schon wissen, dass wir zu Gott gehören, ganz und gar. Schon jetzt wissen wir, dass Jesus den Fluch der Sünde für uns getragen hat. Dieser Fluch hatte den Tod und die Gottesferne zur Folge. Und das hat Jesus am Kreuz überwunden und zunichte gemacht. Das alles lässt uns jetzt schon Gott danken und ihn anbeten.

Der Himmel – eine gerichtsfreie Zone

Gottes Zorn und Gericht sind eine biblische Realität. Sie gelten für diese Zeit und für die Ewigkeit. In den Evangelien wird immer wieder warnend auf diese Tatsche hingewiesen:

„Wer an ihn glaubt, wird nicht gerichtet; wer aber nicht glaubt, ist schon gerichtet, weil er nicht geglaubt hat an den Namen des eingeborenen Sohnes Gottes" (Joh 3,18).

„Wer an den Sohn glaubt, hat ewiges Leben; wer aber dem Sohn nicht gehorcht, wird das Leben nicht sehen, sondern der Zorn Gottes bleibt auf ihm" (Joh 3,36).

Oft hat Gott in der Geschichte der Völker und auch seines Volkes bewiesen, dass sein Zorn eine Realität ist. Ohne seine Gerichte sind Gott und die Bibel nicht zu verstehen. Als gerechter

Richter steht es ihm zu, zornig zu sein und zu richten. Das ist nicht mit unseren Zornesausbrüchen zu vergleichen. Sie sind oft begleitet von unbeherrschten Emotionen, die sich dann brutal in Worten und Handlungen äußern. Ich kann mich noch gut an den maßlosen Zorn meines Vaters erinnern, der sich nicht selten in Gewaltattacken entlud. Einmal schlug er meinen Bruder etwa eine halbe Stunde. Das sage ich nicht verurteilend. Ich bin seit meinem 20. Lebensjahr frei von jedem vergeltenden und richtenden Gedanken gegenüber meinem Vater. Er erlebte Gewalt in seinem Elternhaus noch in viel schlimmerem Maß. Deshalb musste ich ihm nichts nachtragen und konnte ihm alles vergeben. Aber solche hemmungslosen Handlungen im Zorn haben nicht das Geringste mit Gott zu tun.

Jesus hat am Kreuz den Zorn und das Gericht Gottes an unserer Stelle getragen. Somit ist jeder davon frei, der sich Gott aufrichtig zuwendet und seine Vergebung sucht. Auch wenn wir uns noch manchmal von Gott verlassen fühlen und verdammende Gedanken in uns spüren, dürfen wir doch wissen, dass Gott uns nie mehr verdammen wird:

> *„Was sollen wir nun hierzu sagen? Wenn Gott für uns ist, wer gegen uns? Er, der doch seinen eigenen Sohn nicht verschont, sondern ihn für uns alle hingegeben hat: wie wird er uns mit ihm nicht auch alles schenken? Wer wird gegen Gottes Auserwählte Anklage erheben? Gott ist es, der rechtfertigt. Wer ist, der verdamme? Christus Jesus ist es, der gestorben, ja noch mehr, der auferweckt, der auch zur Rechten Gottes ist, der sich auch für uns verwendet"* (Röm 8,31-34).

Das werden wir dann im Himmel in Vollkommenheit schmecken und sehen, wie freundlich der Herr zu uns Menschen ist.

pich zu kehren. Wir sind sehr einseitig im Predigen geworden. Nur eben ganz anders als noch vor Hunderten von Jahren. Als Christen gehen wir um solch ein wirklich „brennend heißes" Thema wie die Hölle wie die Katze um den heißen Brei. Wir bestimmen selektiv, was wir aus der Bibel bezeugen und in unsren Bibelgesprächskreisen verwenden wollen. Den Vorwurf, unzeitgemäßen mittelalterlichen Vorstellungen von einer Hölle anheim zu fallen, vermeiden wir mit allen rhetorischen Stilmitteln. Wir wollen als aufgeklärte Menschen gelten, die nicht den Marsch zurück ins wirklich finstere Mittelalter antreten wollen.

Im tiefsten Inneren glauben wir vielleicht, mit der Botschaft von der Hölle würden wir uns die wenigen Zuhörer vergraulen, die noch eine Kirche aufsuchen. In Zeiten sinkender Mitgliederzahlen findet die Botschaft von der Hölle nur wenig Platz in unseren Überlegungen. Ob wir Angst haben, uns damit den Zugang zu den von Gott geliebten Menschen zu verbauen? Ist die Botschaft vom breiten und schmalen Weg wirklich hemmend für den Aufbau und die Entwicklung unserer Gemeinden? Viele befürchten, dass mit der Betonung eines richtenden Gottes uns die Leute davonlaufen. Dann hätten wir im wahrsten Sinne des Wortes „fortlaufenden" Erfolg. Das jedoch gilt es unter allen Umständen zu vermeiden. Ob Jesus auch so dachte und von daher seine Predigtthemen gestaltete? Gerade auf dem Höhepunkt seiner öffentlichen Wirksamkeit predigte Jesus sehr unzeitgemäß. Das Resultat: „Von da an gingen viele seiner Jünger nicht mehr mit ihm" (Joh 6,66). Und, psychologisch anscheinend sehr ungeschickt, stellte er gerade in diesem Moment seinen engsten Mitarbeitern auch noch die Frage: „Wollt ihr auch weggehen?" (Joh 6,67).

Wir sollten uns heute schon die Frage stellen: Wollen wir aus dem liebenden und heiligen Gott ein perfekt gestyltes Schoßhündchen machen? Fein parfümiert und gepudert mit Gottes

Liebe, mit einem Schleifchen seiner Vergebungsbereitschaft versehen! Gerne flanieren wir so mit ihm, damit ja niemand auf falsche Gedanken über Gott kommt (als ob wir die nicht schon alle hätten!). Folgende Fragen sollten wir beantworten:

- Müssen wir Gott etwa an die Leine nehmen, weil er in seinen zeitlichen und ewigen Gerichten sein von uns sorgsam aufgebautes Image vermasselt?
- Ist der richtende Gott der Bibel etwa außer Rand und Band geraten?
- Gleicht er sich mit den Aussagen einer ewigen Verdammnis nicht den „Lokalgöttern" der Antike an, die rachsüchtig um sich schlugen?
- Müssen wir die aus den feingeistigen Fugen geratenen Schriftstellen verwerfen und entfernen?
- Ist der Gott der Bibel uns Christen nicht doch peinlich geworden?

Behalten wir jedoch die biblische Balance, dann werden wir keinen mit der Botschaft der Hölle mehr abschrecken als mit der Botschaft des Gekreuzigten. Beides offenbart eine Seite Gottes, die wir letztlich nie verstehen werden.

Bedenken wir auf den folgenden Seiten, dass die Nachricht von der Hölle in die Botschaft von einem liebenden, geduldigen und rettenden Gott eingebettet ist. Dieser Gott will, dass alle Menschen errettet werden und nicht in ihrer Verlorenheit verharren (1.Tim 2,4; Joh 3,18). Ihm ist das ewige Schicksal der Menschen noch nie egal gewesen. Und es wird ihm nie egal sein.

Warum nur sollten wir heute von der Hölle reden? Die Botschaft von der Hölle unterstreicht die Ernsthaftigkeit eines gerechten und heiligen Gottes. Die Botschaft von der Hölle ist auch eine Bußpredigt, die zur Umkehr von einem autonomen Lebensstil bewegen will. Sie will die Selbstsicheren aufrütteln, die Stolzen beugen, die Hochmütigen demütigen. Und sie will den Umkehrbereiten den Himmel aufschließen.

Wer vom Himmel spricht, darf von der Hölle nicht schweigen. Wir können und dürfen die Hölle nicht zugunsten des Himmels verschweigen. Dann würden wir unter das Urteil Gottes aus der Offenbarung fallen:

> *„Ich bezeuge jedem, der die Worte der Weissagung dieses Buches hört: Wenn jemand zu diesen Dingen hinzufügt, so wird Gott ihm die Plagen hinzufügen, die in diesem Buch geschrieben sind“* (Off 22,18).

> *„... und wenn jemand von den Worten des Buches dieser Weissagung wegnimmt, so wird Gott seinen Teil wegnehmen von dem Baum des Lebens und aus der heiligen Stadt, von denen in diesem Buch geschrieben ist“* (Off 22,19).

Es besteht zu allen Zeiten die nicht geringe Gefahr, dass wesentliche Wahrheiten verschwiegen werden. Die Rede von der Hölle ist genauso neutestamentliche Lehre (Mt 5,22.29f; 10,28; 18,9; 23,15.33; Mk 9,43.45.47; Lk 12,5; Jak 3,6) wie die Rede vom Himmel. Und bekanntlich hat Jesus selbst am meisten von der Hölle gesprochen.

Die Rede von der Hölle ist genauso neutestamentliche Lehre wie die Rede vom Himmel.

Wie spricht die Bibel von der Hölle?

Bevor wir über die Hölle sprechen, soll noch eine kurze Klärung der unterschiedlichsten biblischen Begriffe in untenstehender Tabelle vorgenommen werden. Das soll es uns erleichtern, in den unterschiedlichen Bezeichnungen von Orten in der für uns noch unsichtbaren Welt eine Orientierung zu finden.

Ort	griech. Bezeichnung	Beschreibung
Himmel	**Ouranos**	Natürlicher Himmel Geistlicher Himmel als Geistort: Gottes Wohnort (Mt 5,34.45; Joh 6,32; 12,28; Off 4,1), seiner Engel und der ewig Erretteten. z.Z. auch noch Aufenthaltsort des Teufels und seiner Engel bis zu dem heute noch zukünftigen Ereignis in Off 12,7-8.
Hölle	**Gehenna**. (**Mt 5,22.29f; 10,28; 10,9; 23,15.33; Mk 9,43.45.47; Lk 12,5; Jak 3,6).** Es gibt das hebr. Wort gehinnom (das Tal Hinnom, südlich vom Tempelberg) und das entsprechende aramäische Wort wieder. Das war der ständige rauchende Ort, wo die Abfälle der Einwohner Jerusalems und ihrer Besucher verbrannt wurden.	Aufenthaltsort der ewig Verlorenen. Ein weiteres Wort für die ewige Verdammnis ist Feuer, *pür* (Mt 3,10.12;). Dieses Feuer ist unauslöschlich (Mt 3,12), ewig (Mt 18,8; 25,41) als ewige Strafe (Mt 25,46) und wird mit der Hölle verbunden (Mt 5,22; 18,9). Der „Feuerofen“, ein weiteres Bild für die Hölle, wird mit Weinen und Zähneknirschen verbunden (Mt13,42.50). Im Gericht über Sodom und Gomorra wird das Feuer mit Schwefel verbunden (Lk17,29).

	Im NT wird es durchgängig als der Ort ewiger Strafe für z. B. unversöhnte Menschen gebraucht.	In der Offenbarung wird noch der Feuersee erwähnt als Gericht über den Antichristen, den falschen Propheten, die Gottlosen, den Tod und das Totenreich (Off 19,20; 20,14.15). Dieser Tod ist der zweite Tod. Ebenso wird der Teufel in den Feuer- und Schwefelsee geworfen, wo seine Qual von den Ewigkeiten in die Ewigkeiten sein wird (Off 20,10).
Totenreich	**Hades** – Im AT: **Scheol**, der Ort ohne Hoffnung	Aufenthaltsort aller Toten (Mt 11,23; 16,18; Lk 10,15; 16,23). In Apg 2,27.31 wird ein Zitat von Ps 16,10 wiedergegeben.
Abgrund	**Abyssos** von: a = nicht und: bythos = Tiefe. Beide Worte habe die Bedeutung von bodenlos, abgrundlos.	Aufenthaltsort der Dämonen heute, des Geists des Antichristus und des Teufels (Luk 8,31; Off 9,1-11; 11,7; 17,8; 20,1.3). Nur in Röm 10,7 ist in einem Zitat (Ps 107,26) der Aufenthaltsort der Toten gemeint.
Abgrund	**Tartaros**	Ebenfalls Aufenthaltsort der Dämonen, die wohl sofort nach dem Sündenfall dort gebunden wurden um nicht auf der Erde wirksam werden zu können (2. Petr. 2,4).

Wir sehen, dass die Bibel sehr differenziert von den einzelnen Geistorten spricht. Durch diese Unterscheidungen werden wir bewahrt, alles in einen Topf zu werfen. Wo die Bibel unterscheidet, sollten wir es auch tun. Das ist keine Haarspalterei, sondern ein Folgen den Gedanken Gottes, wie er sie uns mitgeteilt hat. Dabei brauchen wir keine Angst vor neuen Gedanken zu haben, die uns zuerst einmal verunsichern. Bei unserer Hinwendung zu Jesus betraten wir auch neues Land. Das erforderte damals auch eine nicht geringe Überwindung in unseren Gedanken. Und Nachfolge Jesu heißt, dass Jesus uns weiterführt, in neue Erkenntnisse, in neues Land.

Warum nur werden bestimmte Aussagen über Gott verschwiegen?

Die nun folgenden Aussagen könnte bei einigen Christen eine Erschütterung in ihrem Gottesbild bewirken. Bis jetzt kennen sie nur den freundlichen Gott der Liebe, der Güte und der Barmherzigkeit. Alles, was nicht den Grundzügen der Liebe nach ihrem Verständnis entspricht, kann bei ihnen nicht mit Gott in Verbindung gebracht werden. Sie werden als menschliche Zufügungen zur Bibel gedeutet, die nicht dem Original der biblischen Schriften entsprechen würden. Andere sehen in den Ausführungen der Bibel über die Hölle nur ein grobes Missverständnis. Damit ist die Frage nach der Existenz einer realen Hölle auch eine Frage an unser Schriftverständnis. Trotz allen Wegdiskutierversuchen besteht die Bibel aber noch immer in der Form und mit dem Inhalt, der sie

Gott ist auch ein Gott des Lichts und damit der Heiligkeit, der Gerechtigkeit, des Zorns und des Gerichts.

seit Jahrtausenden auszeichnet. Und in der Bibel wird uns ein umfassendes Gottesbild hinterlassen. Sie hat es nicht nötig, einseitig und verlockend den Menschen jeweils nach dem Mund zu reden. Und biblische Verkündiger sollten kein Wetterfähnchen sein.

In der Bibel wird deutlich, dass Gott nicht nur ein Gott der Liebe ist. Er ist auch ein Gott des Lichts (1.Joh 1,5) und damit der Heiligkeit, der Gerechtigkeit, des Zorns und des Gerichts. In der Bibel stellt das allerdings keinen Widerspruch zu seiner Liebe, Güte und Barmherzigkeit dar. Im Gegenteil. Der Gott der Liebe ist nicht der liebe Gott. Er entspricht nicht einem schlaffen weichlichen Opi, der den Hintern nicht mehr hoch bekommt. Vergessen wir in den Überlegungen über die Hölle nie, was Gottes Liebe zum Inhalt hat. Die höchste Form seiner Liebe präsentiert das stellvertretende Opfer seines Sohnes auf Golgatha in seinem Leiden und Sterben. Dort ging es um alles andere, nur nicht um rührselige Stimmungen und Gefühle. Die dort geoffenbarte Liebe Gottes im Opfer Jesu für unsere Sünden ist ohne seine Gerechtigkeit und Heiligkeit nie zu verstehen. Denn seine Gerechtigkeit kann Sünde nicht übersehen. Seine Heiligkeit kann sie nicht akzeptieren. Und seine Liebe streicht seine Gerechtigkeit nicht durch, sondern unterstreicht sie überaus deutlich.

Wir lesen in der Heiligen Schrift: Geht es um Gott, sein Wesen und sein Handeln, so kann die Bibel auch einen ganz anderen Ton anschlagen als den, den wir von vielen Predigten und christlicher Literatur her gewohnt sind:

> *„Denn wenn wir mutwillig sündigen, nachdem wir die Erkenntnis der Wahrheit empfangen haben, bleibt kein Schlachtopfer für Sünden mehr übrig, sondern*

> *ein furchtbares Erwarten des Gerichts und der Eifer eines Feuers, das die Widersacher verzehren wird. Hat jemand das Gesetz Moses verworfen, stirbt er ohne Barmherzigkeit auf zwei oder drei Zeugen hin. Wie viel schlimmere Strafe, meint ihr, wird der verdienen, der den Sohn Gottes mit Füßen getreten und das Blut des Bundes, durch das er geheiligt wurde, für gemein erachtet und den Geist der Gnade geschmäht hat? Denn wir kennen den, der gesagt hat: ‚Mein ist die Rache, ich will vergelten'; und wiederum: ‚Der Herr wird sein Volk richten.' Es ist furchtbar, in die Hände des lebendigen Gottes zu fallen"* (Hebr 10,26-31)!

Blenden wir solch eine Stelle wie diese aus der Heiligen Schrift aus, dann haben wir ein einseitiges und damit falsches Gottesbild. Viele andere Hinweise in der Bibel unterstützen diese Aussage aus dem Hebräerbrief. Wir Christen haben es einfach nicht nötig, nur die Schokoladenseite Gottes hervorzuheben und diese vielleicht bis zum Erbrechen zu wiederholen. Wären die unzähligen Erwähnungen der Liebe in den Abertausenden Predigten wirklich vom Heiligen Geist inspiriert, dann hätten wir 90% weniger Probleme in den Kirchen. Warum aber knistert es nicht mehr, wenn wir von Gottes Liebe reden? Warum fangen so wenig Feuer? Liegt es etwa daran, dass wir den Hintergrund der Liebe Gottes unterschlagen haben? Wir müssen Gott nicht vor unseren Zeitgenossen verstecken, wie ein Kind vielleicht seinen heroinsüchtigen Vater vor seinen Freunden verstecken will. Wir müssen uns des Gottes der Bibel nicht schämen. Wir brauchen nicht verstohlen bestimmte Bibelstellen verschweigen, weil sie in den Ohren des Menschen im 21. Jahrhundert äußerst unangenehm klingen. Wir müssen als Christen die biblische Botschaft nicht häppchengerecht auf silbernem Tablett präsentieren. Wir brauchen auch keinen Gang im Sprechtempo höher zu schalten, wenn Bibelverse über die Hölle vorgelesen werden. Christen haben es nicht nötig, das zu unterdrücken, was uns Gott an für uns unangenehmen Aussagen in seinem Wort bewusst hinterlassen hat. Unser Zeugnis darf sich nicht nach dem verdorbenen Geschmack des jeweiligen Zeitgeistes richten.

Botschafter spielen mit ihrer Entlassung, sollten sie die von ihrem Auftraggeber vermittelte Nachricht verfälschen. Wir verlieren als Christen jede Autorität, wenn wir an dieser Stelle gottlose Kompromisse machen. Die „Gute Nachricht", das Evangelium, darf nicht des Hintergrundes beraubt werden, der sie zu der besten Nachricht der Welt macht. Gottes Liebe gewinnt erst auf dem Hintergrund seiner Sündlosigkeit, Heiligkeit, seines Zornes und seines gerechten Gerichts über die Schuld der Menschen das Gewicht, das ihr die Bibel zumisst. Gottes Wort darf zu keiner Zeit einseitig dem eigenen Empfinden angepasst werden. Unter keinen Umständen dürfen wir den Menschen Sand in die Augen streuen. Es geht um Himmel oder Hölle, ewige Herrlichkeit oder ewiges schreckliches Gericht. Tun wir das, dann degenerieren wir zu religiösen Showmastern und Entertainern. Egal welches hohe Amt Christen auch in ihrer Kirche begleiten mögen.

Jesus hatte keine Angst vor seinem Publikum in aller Öffentlichkeit von der Hölle des Feuers zu sprechen. Warum? Weil die Konsequenz des göttlichen Gerichts in aller Schärfe kommen wird. Seine Liebe zu den Menschen gebot diese eindringliche Warnung. Alles andere wäre in Gottes Augen eine nicht zu überbietende Lieblosigkeit und Augenwischerei gewesen!

Wer ist der Herr der Hölle?

Viele mittelalterliche Vorstellungen über den Teufel haben einen bleibenden Eindruck hinterlassen. So ist noch heute der Gedanke vorherrschend, dass der Teufel der Boss in der Hölle sei. Diese Gedanken gehen besonders auf Dantes „Göttliche Komödie" zurück. Seine detaillierte Beschreibung der Hölle (L' inferno) hat sich tief in die Vorstellung der Menschen eingeprägt. Diese Vorstellung wird aber in der Bibel so nicht zu finden sein. So sagt Jesus unmissverständlich:

> ***„Und fürchtet euch nicht vor denen, die den Leib töten, die Seele aber nicht zu töten vermögen; fürchtet aber vielmehr den, der sowohl Seele als <auch> Leib zu verderben vermag in der Hölle"*** **(Mt 10,28)!**

Derjenige, der in die Hölle wirft, ist Jesus. Deshalb ist auch der allmächtige Gott allein zu fürchten. Das weiß der Teufel mit seinen Dämonen sehr genau (Mt 8,29; Jak 2,19). Nur wir Menschen haben das anscheinend vergessen. Die Hölle ist für den Teufel und seine Engel vorgesehen (Mt 25,41).

Wer ist nun zu fürchten? Durchaus, Menschen können furchterregend sein und uns große Qualen zufügen. Auch Dämonen können Menschen Furchtbares antun und sie auf unterschiedliche Weise in die Verzweiflung und in den Tod treiben. Aber all diese Qualen enden mit dem leiblichen Tod. Dann können uns weder Menschen noch Dämonen piesacken und foltern. Nach dem Tod sind wir nur noch in der Hand Gottes. Dann wird er uns gerecht beurteilen. Furchtbar wird es für bestimmte Menschen sein, in die Hand des allwissenden und allmächtigen Gottes zu fallen (Hebr 10,31). Denn allein dieser Gott wird uns nach seinen untrüglichen Maßstäben richten.

Und die alles entscheidende Frage an uns wird sein: Bist Du mit mir versöhnt durch das Blut Jesu, sein Opfer von Golgatha? Können wir Jesus in diesem Moment nicht als unseren Herrn und Heiland bekennen, dann spricht Gott sei ewiges Gerichtsurteil über uns. Und dann gelten die Worte, die in der Offenbarung nachzulesen sind:

> *„Aber den Feigen und Ungläubigen und mit Greueln Befleckten und Mördern und Unzüchtigen und Zauberern und Götzendienern und allen Lügnern ist ihr Teil in dem See, der mit Feuer und Schwefel brennt, das ist der zweite Tod"* (Offb 21,8).

> *„Und wenn jemand nicht geschrieben gefunden wurde in dem Buch des Lebens, so wurde er in den Feuersee geworfen"* (Offb 20,15).

Diesem Gericht kann keiner entfliehen. An Jesus Christus, dem Richter aller Menschen, kann sich keiner vorbeischleichen (Joh 5,22.27). Vor ihm wird jedes verantwortliche Wesen Rechenschaft über sein gesamtes Wirken ablegen müssen. Ob jedoch jemand in die Hölle oder den Himmel kommt, liegt allein daran, ob er in dieser Welt und Zeit Jesus als seinen Herrn bekannte:

> *„... wenn du mit deinem Mund Jesus als Herrn bekennen und in deinem Herzen glauben wirst, dass Gott ihn aus den Toten auferweckt hat, du errettet werden wirst. Denn mit dem Herzen wird geglaubt zur Gerechtigkeit, und mit dem Mund wird bekannt zum Heil"* (Röm 10,9-10).

Der Mensch spricht sich also selbst das Gericht. Nach seinen eigenen Worten wird er von Christus gerichtet werden.

> *„... denn aus deinen Worten wirst du gerechtfertigt werden, und aus deinen Worten wirst du verdammt werden“* (Mt 12,37).

Gott ist nach dem biblischen Zeugnis nicht nur der Herr des Himmels, sondern auch der Herr der Hölle. Er ist der liebende und auch der richtende Gott. Er spricht das letzte Wort über jedes einzelne von ihm geschaffene und verantwortliche Wesen in der sichtbaren und unsichtbaren Welt. Er schafft damit eine ewige Gerechtigkeit. Oder wollen Sie, dass ein Adolf Hitler mit seinen Schergen ohne sich unter ihre Sünden gebeugt zu haben Ihr Nachbar im Himmel wird?

Wenn die Bibel sagt, dass Gott einmal alles in allem sein wird (1.Kor 15,28), dann heißt das nicht, dass Gott nur in seiner Liebe alles in allem sein wird. Nein, Gott wird in seiner Liebe und in seiner Gerechtigkeit und Unbestechlichkeit alles in allem sein. Diejenigen, die durch das Blut Jesu Christi mit Gott versöhnt sind, werden ohne Strafe bei ihm in der ewigen Herrlichkeit sein. Und diejenigen, die nicht durch das Blut Jesu mit Gott versöhnt sind, werden in der Hölle, der ewigen Verdammnis sein. Gott kann mit Recht ein ewiges verdammendes Urteil über uns Menschen sprechen, weil er Jesus, seinen geliebten Sohn, für unsere Sünden hat richten lassen. Selbst wenn er seinen Sohn nicht in die Welt zur Versöhnung für unsere Sünden gesandt hätte, bliebe bei ihm das Recht zu verdammen. Verdammnis ist der selbsterwählte Weg des Menschen und nicht die Bestimmung Gottes. Denn der Mensch in seiner Widerspenstigkeit will sich weder durch die Schöpfung von der

Existenz Gottes überzeugen (Röm 1,18-20), noch durch seine menschenzugewandte Güte (Apg 14,17; Röm 2,4), noch durch die Warnungen in seinem Gewissen (Röm 2,14-16).

Wenn ich solche Gedanken niederschreibe, dann geht ein tiefer Schmerz durch mein Herz. Noch weitaus größer wird jedoch der Schmerz in Gottes liebendem Herzen über die ewig Verlorenen sein. Gottes Gerichte tasten seine Gerechtigkeit nicht im Geringsten an. Jedes Gericht Gottes ist gerecht und von keinem infrage zu stellen.

> *„Und ich hörte den Altar sagen: Ja, Herr, Gott, Allmächtiger, wahrhaftig und gerecht sind deine Gerichte"* (Offb 16,7).

Die Bibel berichtet uns nichts über die Hölle, damit wir uns darüber in klugen und bibelfesten Diskussionen ergehen. Jesus missfällt es, wenn wir andere mit Worten in der Luft zerreißen, auch wenn es mit zitierten Bibelstellen wäre. Er möchte uns durch die Botschaft von der Hölle nicht zum Diskutieren, sondern zu einem gotthingegebenen und liebevollen diakonisch-missionarischen Leben bewegen. Wir sollen nach seinem Willen den von ihm geliebten Menschen seine Liebe und seine Heiligkeit vor Augen stellen. Seine Geschöpfe sollen heute schon wissen, welcher Gott das eigentlich ist, der das Höchste und Beste seines Lebens für sie hingegeben hat: seinen geliebten Sohn, Jesus Christus. Und wer ihn hat, der hat alles. Und wer Jesus nicht hat, dem fehlt alles:

> *„Wer an ihn glaubt, wird nicht gerichtet; wer aber nicht glaubt, ist schon gerichtet, weil er nicht geglaubt hat an den Namen des eingeborenen Sohnes Gottes"* (Joh 3,18).

> *„Wer an den Sohn glaubt, hat ewiges Leben; wer aber dem Sohn nicht gehorcht, wird das Leben nicht sehen, sondern der Zorn Gottes bleibt auf ihm“* (Joh 3,36).

Diese ewigen, unumstößlichen Wahrheiten sollten unser gesamtes Engagement in dieser Welt als Christen bestimmen!

Wie wird die Hölle beschrieben?

Im griechischen Neuen Testament wurde für die Hölle das Wort „Gehenna“ benutzt. Damit gibt es das entsprechende hebräische und aramäische Wort „gehinnom“ wieder. Fälschlicherweise wurde in früheren Übersetzungen das Wort „Hades“ (Totenreich, z. B. Luk 16,23) auch mit Hölle übersetzt. Das führte zu manchen Missverständnissen. Gehinnom bezeichnete das Tal Hinnom, südlich vom Tempelberg in Jerusalem gelegen. In alttestamentlicher Zeit wurden dort von den Israeliten den Götzen Opfer gebracht, bis hin zu Menschenopfern. Als Jesus lebte, war dieses Tal die Müllhalde Jerusalems. Dort brannte, qualmte und stank es Tag und Nacht. Allen Unrats entledigte man sich dort. Jesu Zuhörern war damals also vor Augen, was „Hölle“, das Tal Hinnom, bedeutet. Ein ständig brennender, qualmender Ort.

Die Bibel verwendet viele Worte, womit sie die Hölle beschreibt. Es erweckt den starken Eindruck, dass das dem Heiligen Geist bei der Abfassung der Schrift sehr wichtig war, so eindeutig und abschreckend darüber schreiben zu lassen. All diese Worte bezeichnen einen bestimmten Zustand für die Betreffenden an einem bestimmten Ort. Dort regieren Hoffnungslosigkeit und Qual. Zusammen mit dem Teufel und seinen Dämonen werden die Menschen dort Gottes ewiges Strafurteil erleiden. Dabei wird also nicht der Teufel mit allerlei möglichen Qualen die Menschen schinden. Gott allein ist es, der in die Hölle wirft und dort bestraft. Er ist der unumschränkte Befehlshaber auch in diesem Teil seiner Schöpfung. Schon Jesus deutet das an:

> *„Dann wird er auch zu denen zur Linken sagen: Geht von mir, Verfluchte, in das ewige Feuer, das bereitet ist dem Teufel und seinen Engeln“* (Mt 25,41)!

> *„Und diese werden hingehen zur ewigen Strafe, die Gerechten aber in das ewige Leben“* (Mt 25,46; s.a.: Jak 2,13).

Zusammenfassend wird die Hölle im Neuen Testament mit unterschiedlichen Eigenschaften und Zuständen beschrieben:

Ort der Feigen, Ungläubigen, mit Greueln Befleckten, Mördern, Unzüchtigen, Zauberern, Götzendienern und aller Lügner	Off 21,8
Ort, an dem sich die Heuchler befinden	Mt 24,51
Ort des Weinens und des Zähneknirschens	Mt 8,12; 13,42.50; 22,13; 24,51; 25,30; Luk 13,28
Ort, wo die Verurteilten den Kelch des Zornes Gottes trinken und mit Feuer und Schwefel gequält werden, ohne Ruhe zu finden	Off 14,10-11
Äußerste Finsternis	Mt 8,2; 22,13; 25,30
Zweiter Tod	Off 2,11; 20,6.14; 21,8
Ewige Strafe	Mt 25,46
Ewiges Feuer, wo der Wurm nicht stirbt und das Feuer nicht erlischt	Mt 18,8; 25,41 Mk 9,48 (Jes 66,24)

Feuerofen	Mt 13,42.50;
Feuersee	Off 19,20; 20,14.15
Feuer und Schwefelsee	Off 14,10; 19,20; 20,10; 21,8
Hölle des Feuers	Mt 5,22
Verderben	Mt 7,13

In all diesen Worten wird eines deutlich: Sie wird als ein sehr realer Geistort beschrieben. Er befindet sich in der ewigen geistigen Welt. Er ist eine in der Bibel von Gott geoffenbarte Wahrheit und nicht das Produkt einer heiß gelaufenen oder krankhaften Fantasie. Es gibt nichts Schlimmeres, als in alle Ewigkeiten an diesem Ort zu sein.

Beim Nachforschen in der Bibel und beim Niederschreiben dieser Zeilen wird mir eines überaus deutlich: Bisher habe ich wohl viel zu lax und ohne den nötigen Nachdruck von dem gesprochen, was in Gottes Wort solch einen großen Raum einnimmt. Einerseits sträubt sich etwas in mir, das alles so deutlich zu benennen und niederzuschreiben. Ich überlege, ob ich nicht Worte der Bibel übersehen habe, die die Hölle nur symbolisch, aber nicht als real bezeichnen. Zu gerne würde ich das alles abschwächen und sagen, dass Gott hier nur warnen will, aber niemals den Vollzug seiner Aussagen wahrmachen wird. Aber ich kann es nicht sagen. Sonst müsste ich meinem Gewissen zuwiderhandeln. Auch hier soll Gottes Wort ohne meine gefühlsmäßigen Aufwallungen verfälscht wiedergegeben werden.

Abschwächen würde ich gerne alles, sagen, dass Gott hier nur warnen will, aber niemals seine Aussagen wahrmachen wird.

Wann findet die Bestrafung in der Hölle statt?

Im Allgemeinen herrscht die Vorstellung, dass die Menschen, wenn sie gestorben sind, anschließend sofort in den Himmel oder die Hölle kommen. Dass dies nicht so ist, wird in der Bibel an manchen Stellen deutlich. In die Hölle kommt erst dann jemand, wenn er von Gott beurteilt und dann entsprechend seiner Erkenntnis und seines gelebten Lebens verurteilt wurde, ein jeder nach seinen eigenen Taten:

> *„Und ich sah die Toten, die Großen und die Kleinen, vor dem Thron stehen, und Bücher wurden geöffnet; und ein anderes Buch wurde geöffnet, welches das des Lebens ist. Und die Toten wurden gerichtet nach dem, was in den Büchern geschrieben war, nach ihren Werken. Und das Meer gab die Toten, die in ihm waren, und der Tod und der Hades gaben die Toten, die in ihnen waren, und sie wurden gerichtet, ein jeder nach seinen Werken“* (Off 20,12-13).

Ohne göttliche Beurteilung geht niemand in die Ewigkeit. Bevor jemand von Gott für die Hölle abgeurteilt wird, muss er durch das Gericht Gottes. Dabei gibt es nur eine Ausnahme für die satanische Trinität: Den Teufel, den Antichristen und den falschen Propheten. Von ihnen wird nicht berichtet, dass sie nach ihren Werken gerichtet werden (Off 19,20; 20,10). Ebenso ergeht es dem Tod und dem Totenreich (Off 20,14). Anscheinend haben sie das Höchstmaß an Strafe erreicht. Dieses abschließende Gericht Gottes findet am Ende der Zeiten statt, vor Anbruch der Ewigkeit. Das Gericht der Menschen wird individuell in einer großen versammelten Menge von Menschen vollzogen. Jesus lässt diese Gedanken im Kapitel über die Himmelreichs-Gleichnisse anklingen.

> *„Der Sohn des Menschen wird seine Engel aussenden, und sie werden aus seinem Reich alle Ärgernisse zusammenlesen und die, die Gesetzloses tun; und sie werden sie in den Feuerofen werfen: da wird das Weinen und das Zähneknirschen sein“* (Mt 13,41-42).

> *„So wird es in der Vollendung des Zeitalters sein: die Engel werden hinausgehen und die Bösen aus der Mitte der Gerechten aussondern und sie in den Feuerofen werfen: da wird das Weinen und das Zähneknirschen sein“* (Mt 13,49-50).

Sowohl die noch Lebenden am Ende des Tausendjährigen Reiches als auch die Verstorbenen kommen in dieses Gericht. Hier werden nur Menschen gerichtet, die nicht errettet sind. Denn die Gläubigen werden nicht zusammen mit den Verlorenen gerichtet werden, wie Paulus es in einem seiner Briefe an die Korinther andeutet:

> *„Wenn wir aber vom Herrn gerichtet werden, so werden wir gezüchtigt, damit wir nicht mit der Welt verurteilt werden“* (1.Kor 11,32).

Gottes gerechtes Gericht über die Gottlosen

In diesem Gericht über die Gottlosen wird von Gott, dem gerechten Richter, das Strafmaß für jeden persönlich festgelegt. Dabei berücksichtigt Gott alle Faktoren, die einen Menschen so werden ließen, wie er war. Die Gerechtigkeit Gottes verlangt, dass jeder Mensch nach seinen eigenen Werken beurteilt wird. Dabei wird klar, dass es nicht egal ist, wie wir in dieser Welt unser Leben gestalten. Auch wird Gott alles ans Licht bringen. Nichts wird verborgen bleiben. Kein Wort, kein Gedanke, keine Unterlassung, keine Tat. Auch das, was ein Mensch in Gang gesetzt hat und nach seinem Tod weiterwirkt, wird beurteilt werden (1.Tim 5,25; Off 14,13).

Was z. B. ein Stalin, Hitler oder Mao in Gang setzten, wird ihnen alles in der Ewigkeit präsentiert werden. Dort werden sie das gerechte Strafmaß Gottes für ihr verbrecherisches Tun empfangen. Denn viele Despoten im Kleinen wie im Großen kommen in dieser Welt ungestraft davon. Dieses Strafmaß wird bei jedem Menschen verschieden sein. Gott schert nicht alle über einen Kamm. Das widerspräche seinem gerechten Wesen total. So lesen wir an manchen Stellen der Bibel, dass es ein unterschiedliches Strafmaß von Gott gibt:

> *„Doch ich sage euch: Tyrus und Sidon wird es erträglicher ergehen am Tag des Gerichts als euch“* (Mt 11,22).

> *„Doch ich sage euch: Dem Sodomer Land wird es erträglicher ergehen am Tag des Gerichts als dir“* (Mt 11,24).

> *„... die die Häuser der Witwen verschlingen und zum Schein lange Gebete halten! Diese werden ein schwereres Gericht empfangen“* (Lk 20,47).

> *„Jener Knecht aber, der den Willen seines Herrn wusste und sich nicht bereitet noch nach seinem Willen getan hat, wird mit vielen <Schlägen> geschlagen werden; wer ihn aber nicht wusste, aber getan hat, was der Schläge wert ist, wird mit wenigen geschlagen werden. Jedem aber, dem viel gegeben ist — viel wird von ihm verlangt werden; und wem man viel anvertraut hat, von dem wird man desto mehr fordern“* (Lk 12,47-48).

Über Gottes Beurteilung sollten wir uns keine Gedanken machen. Keinen einzigen Menschen wird Gott falsch eintaxieren.

Gott wird in seiner barmherzigen Gerechtigkeit die unterschiedlichsten Voraussetzungen und Gegebenheiten jedes einzelnen Menschen berücksichtigen. Wie Gottes Strafmaß ausfällt, darüber müssen und sollten wir uns keine Gedanken machen. Keinen einzigen Menschen wird er falsch eintaxieren. Alles wird er bei seinem Urteil erwägen und einbeziehen. Wir können es also getrost Gott überlassen, wie und wonach er uns Menschen einmal beurteilen wird. Nur er allein kennt wirklich die Herzen der Menschen mit ihren Abgründen. Es geht dem Menschen immer besser, wenn er das Gericht in Gottes Zuständigkeitsbereich lässt, in dem, was er sich allein vorbehalten hat. Die Mahnung Jesu „Richtet nicht" (Mt 7,1) gilt auch hier.

Wer wird einmal in der Hölle sein?

Müssten wir diese Frage als Christen beantworten, würde sie bestimmt sehr unterschiedlich ausfallen. Je nach Gemütslage oder persönlicher Prägung würde entweder niemand in die Hölle kommen oder wir wünschten uns spezielle persönlichen Widersacher dorthin. Aber auch hier spricht die Bibel eine deutliche Sprache. Sie umgeht weder das Thema noch bleibt sie in verschwommenen Aussagen stecken. Wenn wir auf die Mitteilung in Gottes Wort hören, dann entscheiden hier weder die Tagesform des Richters noch eine schnelle, unwirsche Überlegung. Auch ungezügelte Rachegefühle spielen hier keine Rolle. Gott hat sich in dieser Frage in seinem Wort schriftlich festgelegt, für alle Zeiten. Jeder kann sich daran orientieren. Egal zu welcher Zeit ein Mensch lebt, gleich in welcher Kultur er existiert oder wie alt er wurde. Jeder muss sich an den Kriterien orientieren, die Gott für entscheidend hält. So lesen wir im letzten Buch der Bibel, für wen die Hölle die Endstation sein wird. Und das beinhaltet einige Überraschungen:

> ***„Aber den Feigen und Ungläubigen und mit Gräueln Befleckten und Mördern und Unzüchtigen und Zauberern und Götzendienern und allen Lügnern ist ihr Teil** in dem See, der mit Feuer und Schwefel brennt; das ist der zweite Tod"* (Off 21,8).

Hier stehen Feige und Ungläubige mit Mördern und Zauberern in einer Reihe. Dabei spricht die Bibel von Menschen in ihrer Grundüberzeugung und Lebensausrichtung. Es geht z. B. bei der Definition von Lügner nicht darum, wer schon einmal gelogen hat, sondern wer vom Grundsatz ein Lügner ist und seinen Lebenslügen frönte. Denn letztlich sind alle Menschen Lügner (Röm 3,4). Aber bei der Definition Lügner müssen wir uns auch hier an der Bibel orientieren (1.Joh 2,4; 2,22; 4,20). Wer Vergebung für seine Lügen hat, und Jesus als Sohn Gottes anerkennt, der ist vom Grundsatz her kein Lügner mehr, sondern ein Kind Gottes, das gewiss auch noch lügen kann.

Die Generallüge, der die meisten Menschen anheimfallen, besteht in der Leugnung der Tatsache, dass Jesus allein der Weg zum Vater im Himmel ist (Joh 14,6; Apg 4,12). So wird der Erzlügner, der Antichrist als der bezeichnet, der den Vater und den Sohn abstreitet und Jesus als Messias und Retter verneint:

„Wer ist der Lügner, wenn nicht der, der leugnet, dass Jesus der Christus (der verheißene Messias des AT) ist? Der ist der Antichrist, der den Vater und den Sohn leugnet“ (1.Joh 2,22; s.a.: 1.Joh 4,3).

Jesus spricht von einer bedingungslosen Radikalität, um dem Feuer der Hölle zu entgehen. Und er warnt nicht vor etwas, das nicht existiert. Die Nichtexistenz der Hölle würde Jesu eindringlichen Warnungen Hohn sprechen. Mit seinen Worten wollte er auch nicht seine Zuhörer mit dem Höllenhund in den Himmel jagen. Es ging ihm um eine nicht zu überhörende Alarmierung vor einer Realität, die er für all diejenigen bereithält, die seinen Worten keinen Glauben schenken wollten. Das wird in drastischen Vergleichen überaus deutlich:

„Und wenn dein Auge dir Anlass zur Sünde gibt, so reiß es aus und wirf es von dir! Es ist besser für dich, einäugig in das Leben hineinzugehen, als mit zwei Augen in die Hölle des Feuers geworfen zu werden“ (Mt 18,9).

Und wer kommt nicht in die Hölle? Auch hier hat sich Jesus deutlich geäußert:

„Wahrlich, wahrlich, ich sage euch: Wer mein Wort hört und glaubt dem, der mich gesandt hat, <der> hat ewiges Leben und kommt nicht ins Gericht, sondern er ist aus dem Tod in das Leben übergegangen“ (Joh 5,24).

„Wer an den Sohn glaubt, hat ewiges Leben; wer aber dem Sohn nicht gehorcht, wird das Leben nicht sehen, sondern der Zorn Gottes bleibt auf ihm“ (Joh 3,36).

Dabei sind Christen nicht unbedingt die anständigeren Leute. Der sittliche Anstand kann keinen in den Himmel befördern. Die folgenden Worte unterstreichen noch einmal, dass die gesuchte und erfahrene Vergebung die Wasserscheide zwischen Himmel und Hölle ist:

> *„Oder wisst ihr nicht, dass Ungerechte das Reich Gottes nicht erben werden? Irrt euch nicht! Weder Unzüchtige noch Götzendiener, noch Ehebrecher, noch Lustknaben, noch Knabenschänder, noch Diebe, noch Habsüchtige, noch Trunkenbolde, noch Lästerer, noch Räuber werden das Reich Gottes erben. Und das sind manche von euch gewesen; aber ihr seid abgewaschen, aber ihr seid geheiligt, aber ihr seid gerechtfertigt worden durch den Namen des Herrn Jesus Christus und durch den Geist unseres Gottes"* (1.Kor 6,9-11).

In der Hölle werden einmal all diejenigen sein, die auf dem breiten Weg blieben, der in die Verdammnis führte (Mt 7,13). Sie hielten es nicht für nötig, die enge Pforte zum ewigen Leben zu suchen. Sie wiesen alle Hinweise Gottes auf dessen Existenz in der Schöpfung und dem Gewissen weit von sich (Ps 19,2; Röm 1,18-20; 2,14-16). Sie wollten in ihren sündigen Vergnügungen weiter schwelgen und nicht mit ihren Sünden brechen. Ihr Maßstab für ihr eigenes Handeln bestimmten sie selbst und zeigten Gott die kalte Schulter. Sie maßen sich immer an denen, die es noch schlimmer trieben als sie. Deshalb meinten sie in ihrer Selbstgerechtigkeit, dass sie keine Sünden hätten wofür sie Vergebung bräuchten (1.Joh 1,8.10). Jede War-

Vergebung durch das Blut Jesu wäre für sie eine Zumutung und ein Rückschritt gewesen.

nung ihres Gewissens und von anderen Menschen schlugen sie in den Wind. Sie stellten sich nie der Wahrheit und wiesen sie weit von sich. Die Vergebung durch das Blut Jesu wäre für sie eine Zumutung und ein Rückschritt ins finstere Mittelalter gewesen.

Dort in der Hölle werden auch alle Nachahmer des Göttlichen sein (2.Tim 3,8). Sie hatten nie eine persönlich Begegnung mit Jesus. Aber in ihrem Wahn äfften sie Jesus und seine Wunderwerke nach. Von ihnen sagt Jesus:

> *„Nicht jeder, der zu mir sagt: Herr, Herr! wird in das Reich der Himmel hineinkommen, sondern wer den Willen meines Vaters tut, der in den Himmeln ist. Viele werden an jenem Tage zu mir sagen: Herr, Herr! Haben wir nicht durch deinen Namen geweissagt und durch deinen Namen Dämonen ausgetrieben und durch deinen Namen viele Wunderwerke getan? Und dann werde ich ihnen bekennen: Ich habe euch niemals gekannt. Weicht von mir, ihr Übeltäter“* (Mt 7,21-23)!

Das sind Menschen, denen die Ehre bei Menschen sehr viel bedeutete und alles andere hintenan stellte. Sie suchten durch ihre außergewöhnlichen Machtdemonstrationen ihre Geltungssucht zu befriedigen. Aber der Wille Gottes war mit das Nebensächlichste in der Gestaltung ihres Lebens. Ihre Ehr- und Geltungssucht verhinderten den rettenden Glauben, das Vertrauen auf die Erlösung durch Jesus. Deshalb fragt Jesus die Theologen zu seiner Zeit:

> *„Wie könnt ihr glauben, die ihr Ehre voneinander nehmt und die Ehre, die von dem alleinigen Gott ist, nicht sucht“* (Joh 5,44)?

Ehre suchen ist etwas ganz Menschliches. Meist sind es die ganz „normalen" menschlichen Verhaltensweisen, die einen Menschen in der Trennung von Gott halten, für Zeit und Ewigkeit. Zur Zeit Noahs war es das Essen und Trinken, das Heiraten und sich Verheiraten lassen, das die Menschen abhielt, sich von Gott erretten zu lassen (Luk 17,27). Sie taten mit den Mahlzeiten und Hochzeiten nichts Schlimmes. Aber sie versäumten das zu tun, was sie einzig und allein vor der verderbenbringenden Flut retten konnte.

Gibt es nach dem Tod noch einen Ausweg aus der Hölle?

Die Hölle ist der zweite Tod, von dem die Bibel spricht. Er ist nach dem leiblichen Tod der ewige Tod. Nach den vorhergehenden Darlegungen ist dieser Ort und Zustand das Furchtbarste, das einem Menschen widerfahren kann. Hölle als der ewige Tod. Ewiger Tod wird hier als das ewige Getrenntsein von Gott und seiner Herrlichkeit verstanden. Und das empfindet der Mensch als das Schrecklichste, was ihm je widerfahren konnte.

Aber, so fragen Christen und Nichtchristen: Was ist mit den Menschen, die nie die Möglichkeit hatten, die Botschaft von Jesus zu hören? Nun gebe ich an dieser Stelle zu, dass ich immer wieder etwas ins Schwimmen komme, wenn mir diese Frage gestellt wird. Ich schwimme aber nicht, weil ich nichts zu dieser Frage sagen könnte. Sondern ich möchte am liebsten untertauchen, weil die Antwort in ihrer Konsequenz so unerträglich ist. Ich stehe dann in der Gefahr, mich für biblische Aussagen zu entschuldigen und mein Gegenüber zu besänftigen. Je älter ich werde, möchte ich ihm die harte Wahrheit nicht zumuten und befürchte etwas, dass er dann von Gott schlecht denken und sich endgültig von ihm abwenden könnte. Meine Angst ist dann, dass ich ein schlechter Zeuge von der Liebe und Freundlichkeit Gottes bin. Es könnte der schlechte Nachgeschmack zurückbleiben, dass Gottes grenzenlose Liebe doch einer Einschränkung unterzogen würde. Und das will ich auf keinen Fall. Ich möchte gerne, dass in der Ewigkeit einmal alle in Gottes Herrlichkeit sind. Keiner soll dort fehlen. Jeder soll einmal sehen, was für einen wunderbaren Gott und Vater und was für einen einzigartigen Herrn und Erlöser wir in Jesus Christus haben.

In diesen Gedankengängen muss ich mich wieder vom Geist Gottes an die „Kette" des Wortes Gottes legen lassen. Ich darf meinen Gefühlen und Gedanken nicht das letzte Wort überlassen. Es ist nicht unsere Aufgabe, uns in Aussagen zu verirren, die keine Denkung von der Bibel haben (1.Kor 4,6). Alle Empfindungen müssen sich in allen Fragen dem offenbarten Wort Gottes unterstellen. Nicht was ich denke und fühle ist ausschlaggebend, wenn es um Himmel oder Hölle geht. Nicht meine beschränkte Logik ist Orientierungspunkt. Nicht ich bin der Wissende, der Richtende, der alles weiß. Ich kann und muss nur das weitergeben, was geschrieben ist. Und das muss ich nach bestem Wissen und Gewissen auslegen. Denn ich habe eine große Verantwortung, wenn es um eine ewige Orientierung geht. Und diese Wegweisung kann ich nur aufgrund der Offenbarung in seinem Wort geben. Noch einmal: Da darf ich nichts hinzufügen und da darf ich nichts wegnehmen:

> *„Ich bezeuge jedem, der die Worte der Weissagung dieses Buches hört: Wenn jemand zu diesen Dingen hinzufügt, so wird Gott ihm die Plagen hinzufügen, die in diesem Buch geschrieben sind; und wenn jemand von den Worten des Buches dieser Weissagung weg-*

> *nimmt, so wird Gott seinen Teil wegnehmen von dem Baum des Lebens und aus der heiligen Stadt, von denen in diesem Buch geschrieben ist"* (Off 22,18-19).

So möchte ich nun oben gestellte Fragen nach bestem Wissen beantworten.

Zuerst müssen wir festhalten. Diese allerletzte Scheidung darf ich getrost dem Gott überlassen, der die Liebe ist. Er allein bestimmt in seiner Allwissenheit und Allmacht, wer sich zu ihm wirklich bekannte. Beachten sollten wir dabei auch, dass sich niemand für die Hölle entscheiden muss. Jeder Mensch, wenn er geboren wird, ist schon auf dem Weg, der in die Verdammnis führt (Mt 7,13). Er kann sich nur für Jesus und das ewige Leben entscheiden. Hören wir, was Jesus dazu sagt. Und er wusste, was er sagte und bezeugte nur das, was er gesehen hatte (Joh 3,11):

> *„Denn Gott hat seinen Sohn nicht in die Welt gesandt, dass er die Welt richte, sondern dass die Welt durch ihn errettet werde. Wer an ihn glaubt, wird nicht gerichtet; wer aber nicht glaubt, ist schon gerichtet, weil er nicht geglaubt hat an den Namen des eingeborenen Sohnes Gottes"* (Joh 3,17-18).

Nach den Worten Jesu befindet sich die Mehrheit der Menschen auf dem Weg, der in das ewige Verderben führt. Wie kann das Jesus sagen, wenn die Menschen doch noch leben? Jesus ist gegenüber uns ohne Illusionen, wenn es um das Herz des Menschen in seiner Widerspenstigkeit gegenüber Gott geht. Er weiß, dass sich die meisten Menschen nicht bekehren wollen. Was sagte er über die Bewohner Jerusalems:

> *„Jerusalem, Jerusalem, die da tötet die Propheten und steinigt, die zu ihr gesandt sind! Wie oft habe ich deine Kinder versammeln wollen, wie eine Henne ihre Küken versammelt unter ihre Flügel, und ihr habt nicht gewollt"* (Mt 23,37)!

Das ging Jesus sehr nahe und deshalb weinte er über Jerusalem (Luk 19,41-42). Jedem, der mit Jesus in einer engen Beziehung steht, wird es nicht anders als ihm ergehen. Jesus sah in die nahe und ferne Zukunft. Dort sah er das Gericht, das diejenigen erwartet, die seine Worte nicht suchen, hören und danach tun wollen. So sehen auch Menschen weiter, die Gottes Wort studieren und ernst nehmen. Es gibt einen doppelten Ausgang der Geschichte. So gewiss, wie die einen in das ewige Leben gehen, so gewiss gehen die anderen in das ewige Feuer. Heißt es nicht im Hebräerbrief:

> *„Und wie es den Menschen bestimmt ist, einmal zu sterben, danach aber das Gericht"* (Hebr 9,27).

So wird es sein: Nach dem physischen Tod wartet nicht eine neue Entscheidungsmöglichkeit, sondern das Gericht. Deshalb ist die Bitte des alten Mose aus den Psalmen so wichtig:

> *„Lehre uns bedenken, dass wir sterben müssen, auf dass wir klug werden"* (Ps 90,12).

Eine weitere Frage, die sich manche aufgrund von zwei Stellen im Petrusbrief stellen, lautet: Aber die Bibel sagt doch, dass Jesus nach seinem Tod am Kreuz im Totenreich war und hat den Toten die Botschaft verkündigt. Lesen wir diese beiden Stellen:

> *„In diesem ist er auch hingegangen und hat den Geistern im Gefängnis gepredigt“* (1.Petr 3,19).

> *„Denn dazu ist auch den Toten gute Botschaft verkündigt worden, damit sie zwar den Menschen gemäß nach dem Fleisch gerichtet werden, aber Gott gemäß nach dem Geist leben möchten“* (1.Petr 4,6).

Zuerst möchte ich festhalten, dass beide Bibelstellen wohl letztlich etwas ganz Verschiedenes ansprechen. Die erste Stelle in Kapitel 3 spricht von dem Zeitraum zwischen Kreuzigung und Auferstehung Jesu. In seinem Geist ging damals der Herr in das Totenreich, während sein Leib noch in der Gruft lag. Dort verkündigte Jesus seinen umfassenden und ewiggültigen Sieg. Von diesem hören nun die Menschen sowohl an dem Ort, wo die Erretteten sind, als auch an dem Ort, wo sich die Verlorenen befinden. Im Kontext geht es um sein stellvertretendes Leiden und Sterben am Kreuz, was auf dieser Erde geschah (1.Pter 3,18). Und in Kapitel 3 Vers 22 geht es um die triumphale Inthronisierung Jesu über alle Engel, Mächte und Kräfte nach seiner Himmelfahrt. Dazwischen liegt die sogenannte „Hadesfahrt“ Christi (Hades, das griechische Wort für das Totenreich). In diesem Abschnitt geht es also um den Triumph Christi auf der Erde, im Totenreich und im Himmel. Sein Sieg wurde auf allen Ebenen proklamiert.

Welchen Menschen hat Jesus nun dort u.a. im Totenreich gepredigt? Diese Frage klärt auch, ob diese Stelle etwas über eine Entscheidungsmöglichkeit nach dem Tod sagt:

> *„... <u>die einst ungehorsam gewesen waren, als die Langmut Gottes in den Tagen Noahs abwartete</u>, während die Arche gebaut wurde, in die wenige, das sind*

> *acht Seelen, durchs Wasser hindurch gerettet wurden"* (1.Petr 3,20).

Es waren Menschen, die damals nicht auf die unübersehbare Warnung Gottes im Archebau Noahs hörten. Sie verwarfen die Langmut Gottes. Gottes langes Warten über Jahrzehnte, ja Jahrhunderte auf ihre Umkehr war ergebnislos. Der Bau der Arche durch Noah sollte alle aufrütteln, die sich in trügerischer Sicherheit befanden. Dass solche Menschen nach dem Tod noch eine Möglichkeit zur Errettung hätten, ist dem Neuen Testament fremd. Dann könnten sich auch alle Einwohner von Sodom dort bekehren. Aber Jesus sagt, dass sie „nur" ein erträglicheres Gericht empfangen, weil die Einwohner von Sodom ihn nicht gehört hatten (Mt 11,24). Den Menschen, die vor Jesus lebten, verkündigt Jesus nun seinen Sieg vom Kreuz. Nicht zur Errettung von ehemals ungehorsamen Menschen tut er das. Im Totenreich wird lediglich der Sieg des Gottessohnes bekanntgegeben. Ginge es hier um die Möglichkeit der Errettung, hätte der Heilige Geist bei der Abfassung dieser Stelle wohl das Wort „evangelisieren", das Evangelium predigen, gewählt. Durch die Veröffentlichung Jesu an diesem Ort herrscht nun Gewissheit darüber, was Jesus tat und welche Auswirkungen das für alle Ewigkeiten hat. Der Aufruf zur Buße und eine mögliche Vergebung der Sünden fehlen hier.

Vergessen wir in den Überlegungen nicht, dass eine Proklamation des Sieges Jesu in der unsichtbaren Geisteswelt nicht mit der Verkündigung des Evangeliums hier in dieser Welt gleichzusetzen ist. Wer würde sich nicht für Jesus entscheiden, wenn er schon, wie der reiche Mann, im Totenreich in Qualen war (Luk 16,23)?! Angesichts der Schrecklichkeit dieser noch für uns heute unsichtbaren Realität könnte keine Entscheidung für

Jesus getroffen werden, die freiwillig, allein auf der Basis des gepredigten Wortes Gottes wäre. Das Grauenvolle ihres Zustandes würde nie ein Nein zu dem Angebot Gottes hervorbringen. Es wäre auch keine Glaubensentscheidung, „ein Nichtzweifeln an dem, was man nicht sieht (Hebr 11,1). Aber das Vertrauen auf das, was ich heute nicht sehe, ist der einzige Weg, um errettet zu werden.

Das Grauenvolle ihres Zustandes würde nie ein Nein zu Gottes Angebot hervorbringen.

Nun könnten manche sagen: Ja, aber hier geht es um Menschen, die etwas gesehen und gehört hatten am Beispiel Noahs. Was ist mit denen, die nichts gehört haben? Auch hier gilt zuerst und allein das allwissende Urteil Jesu, dem sich jeder Mensch beugen wird. Und das dürfen wir ganz getrost Jesus überlassen, wie er das regeln wird. Dennoch möchte ich auch hier Gottes Wort befragen. Lesen wir eine Stelle, die über die Wiederkunft Jesu spricht, wie sie sich vollzieht und was dabei geschieht. Sie geschieht

> *„… in flammendem Feuer. Dabei übt er Vergeltung an denen, die Gott nicht kennen, und an denen, die dem Evangelium unseres Herrn Jesus nicht gehorchen; sie werden Strafe leiden, ewiges Verderben vom Angesicht des Herrn und von der Herrlichkeit seiner Stärke“* (2.Thess 1,8-9).

Hier wird von zweierlei Menschengruppen gesprochen. Die einen kennen Gott nicht und die anderen waren dem verkündigten Evangelium ungehorsam. Das ist die wegweisende Antwort Gottes zu dieser Frage in seinem Wort. Mehr kann ich dazu nicht sagen. Weniger will ich dazu nicht sagen. Vergessen wir nicht, dass alle Menschen verloren sind und sich keiner dafür entscheiden muss.

Schauen wir uns die zweite Schriftstelle im 4. Kapitel des 1. Petrusbriefes an:

> *„Denn dazu ist auch den Toten gute Botschaft verkündigt worden, damit sie zwar den Menschen gemäß nach dem Fleisch gerichtet werden, aber Gott gemäß nach dem Geist leben möchten“* (1.Petr 4,6).

Folgende Frage stellt sich hier: Wer ist mit den Toten gemeint, denen das Evangelium, die gute Botschaft bezeugt wird? Dabei müssen wir bedenken, dass es in der Bibel leiblich und geistlich Tote gibt. Die leiblich Toten sind die Verstorbenen und die geistlich Toten sind lebende Menschen, die keine Beziehung zu dem lebendigen Gott haben. Im Textzusammenhang geht es um die Gläubigen, die durch ihren neuen Lebenswandel nicht mehr von ihren Mitmenschen (Lebenden) verstanden werden. In diesem Abschnitt wird uns die Auswirkung eines neuen Lebensstils auf die geistlich toten Menschen geschildert. Beide, die geistlich Lebenden und die geistlich Toten wird Gott einmal richten (4,5). Und den geistlich Toten ist die gute Botschaft Jesu Christi von den Christen damaliger Zeit vorgelebt und mit Worten bezeugt worden. Im Johannesevangelium lesen wir dazu:

> *„Wahrlich, wahrlich, ich sage euch, dass die Stunde kommt und jetzt da ist, wo die Toten die Stimme des Sohnes Gottes hören werden, und die sie gehört haben, werden leben“* (Joh 5,24-25).

Als Jesus auftrat und predigte, da brach die Stunde an, dass die geistlich Toten das Evangelium hörten. Diejenigen, die ihm recht gaben und glaubten, gingen aus dem geistlichen Tod, der Trennung von Gott, in das Leben, die Gemeinschaft mit Gott. Und Jesu Stimme war für die geistlich Toten damals unüberhörbar. Nicht wenige fanden das ewige Leben zu Lebzeiten. Der Übertritt vom Tod in das Leben findet im Zeitpunkt der Bekehrung und Wiedergeburt statt. So wie der Herr Jesus in der Geschichte vom verlorenen Sohn den Vater sprechen lässt:

> ***„Denn dieser mein Sohn war tot und ist wieder lebendig geworden, war verloren und ist gefunden worden. Und sie fingen an, fröhlich zu sein“*** **(Lk 15,24).**

Körperlich war er nicht tot, aber geistlich. Er lebte getrennt vom Vaterhaus.

Vielleicht können Sie diese Gedanken nachvollziehen. Vielleicht haben sie die unausgesprochene Erwartung, hoffentlich wird es anders sein. Eines können und wollen wir alle nicht, die Jesus liebhaben: Das Wort Gottes ignorieren oder sogar verdrehen. Vielleicht bewegen uns die Wort der Schrift doch, unseren eingefleischten Standpunkt noch einmal zu überdenken.

Wie lange wird die Bestrafung durch Gott in der Hölle sein?

Auch in der obigen Frage gilt: Wir müssen biblisch denken lernen. Wir müssen die Bibel fragen, ob sie auf bestimmte Fragen eine Antwort gibt. So auch in der Frage nach der Länge der Trennung von Gott und seiner Herrlichkeit.

Manche legen nun das Wort Ewigkeit (= Äon) für einen abgegrenzten Zeitraum aus. Es ist bestimmt nicht zu leugnen, dass „Äon" auch einen begrenzten Zeitraum darstellt. Doch es gibt auch die Verwendung von „Äon" für eine unbegrenzte Zeit. So wird das ewige Leben und die ewige Verdammnis in einem Satz bezeugt:

> *„Und diese werden hingehen zur ewigen Strafe, die Gerechten aber in das ewige Leben"* (Mt 25,46).

Sollte etwa das ewige Leben nur ein zeitlich begrenzter Abschnitt sein? Das ist wohl nicht anzunehmen. Geht es um die Zeitdauer der Strafe in der Hölle verwandt, drückt Äon m.E. eine unbegrenzte Zeit aus. Hier wird im Griechischen das Wort Äon zweimal im Plural verwandt: „Von den Äonen in die Äonen". Auf Deutsch übersetzt heißt das: „Von den Ewigkeiten in die Ewigkeiten". Luther übersetzt: „In alle Ewigkeit". Dieselbe Ausdrucksweise benutzt die Bibel auch dann, wenn es darum geht, die „Zeitdauer" der Existenz Gottes zu beschreiben. So lesen wir in der Offenbarung von Gottes Existenz:

> *„... der auf dem Thron sitzt, der da lebt von Ewigkeit zu Ewigkeit, ... der auf dem Thron sitzt, und den anbeten, der von Ewigkeit zu Ewigkeit lebt"* (Off 4,9-10; s.a.: 10,6; 15,7).

Von Ewigkeit zu Ewigkeit bedeutet in Bezug auf Gott: Ohne Anfang und ohne Ende. Diese Wortkombination „von Ewigkeit zu Ewigkeit" nimmt der Heilige Geist, wenn er über die Dauer der ewigen Qualen spricht. Damit meint er wohl einen unbegrenzten Zeitraum. Der Zustand der Trennung von Gott wird nicht eingegrenzt oder irgendwann beendet. Genauso wenig wie Gottes Existenz irgendwann aufhört und ein Ende findet, ist der herzbrechenden Trennung von Gott ein Ende gesetzt.

In der Offenbarung wird eine bestimmte Gruppe von Menschen herausgehoben, die in der antichristlichen Zeit den Antichristen anbeteten. Die Bibel nimmt diese Menschen als Beispiel für alle diejenigen, die der Verblendung durch Satan (2.Kor 4,4) Folge leisteten:

> *„Und ein anderer, dritter Engel folgte ihnen und sprach mit lauter Stimme: Wenn jemand das Tier und sein Bild anbetet und ein Malzeichen annimmt an seine Stirn oder an seine Hand, so wird auch er trinken vom Wein des Grimmes Gottes, der unvermischt im Kelch seines Zornes bereitet ist; und er wird mit Feuer und Schwefel gequält werden vor den heiligen Engeln und vor dem Lamm. Und der Rauch ihrer Qual steigt auf von Ewigkeit zu Ewigkeit (= von den Ewigkeiten in die Ewigkeiten); und sie haben keine Ruhe Tag und Nacht, die das Tier und sein Bild anbeten, und wenn jemand das Malzeichen seines Namens annimmt“* (Off 14,9-11).

In Offenbarung 19 geht es um die Hure Babylon und ihre Anhänger. In Offenbarung 20 geht es um den Teufel und seine ewigen Qualen.

> *„... Und ihr Rauch steigt auf von Ewigkeit zu Ewigkeit“* (Off 19,3).

> *„Und der Teufel, der sie verführte, wurde in den Feuer- und Schwefelsee geworfen, wo sowohl das Tier als auch der falsche Prophet sind; und sie werden Tag und Nacht gepeinigt werden von Ewigkeit zu Ewigkeit“* (Off 20,10).

Diese Bestrafung im Feuersee, der Hölle, wird auch als „der zweite Tod“ bezeichnet:

> *„Und der Tod und der Hades wurden in den Feuersee geworfen. Dies ist der zweite Tod, der Feuersee“* (Off 20,14; 21,8).

Aus all den vorher dargelegten Schriftstellen dürfte sich auch die Auslegung erledigt haben, die den zweiten Tod als Auslöschung der menschlichen Existenz versteht. Über die „zeitliche“ Endlosigkeit ewiger Qualen spricht der Herr Jesus unmissverständlich, wie es im Markusevangelium nachzulesen ist:

> *„Und wenn dein Auge dir Anlass zur Sünde gibt, so wirf es weg! Es ist besser für dich, einäugig in das Reich Gottes hineinzugehen, als mit zwei Augen in die Hölle geworfen zu werden, ‚wo ihr Wurm nicht stirbt und das Feuer nicht erlischt‘“* (Mk 9,47-48).

Tod, ewige, nie endende Qualen, Hölle, bedeutete die nie mehr zu überwindende Trennung vom Vaterhaus Gottes. Für immer sind Menschen von Gottes Herrlichkeit ausgeschlossen. Sie fahren die ewige Ernte ihrer gesäten Saat in dieser Welt ein. Und wer Jesus vertraute, dem Wort Gottes glaubte und danach tat, darf in die ewige und ungetrübte Gemeinschaft mit dem Vater und dem Sohn eintauchen. Welch eine unerbittliche Konsequenz Gottes, in beiderlei Richtung:

> *„Irrt euch nicht, Gott lässt sich nicht verspotten! Denn was ein Mensch sät, das wird er auch ernten. Denn wer auf sein Fleisch sät, wird vom Fleisch Verderben ernten; wer aber auf den Geist sät, wird vom Geist ewiges Leben ernten“* (Gal 6,8).

Nichts anderes wird einmal die Ernte unseres Lebens sein als das, was wir hier auf dieser Welt säten.

Eine kurze Zusammenfassung

Die Rede von der Hölle ist im Neuen Testament klar und verständlich. Ohne jegliche Umschweife wird sie in ihrer Realität kurz und knapp dargestellt. Auf Ausschmückungen und lange Erzählungen wird verzichtet. Dabei werden, wie so oft wenn es um geistige Wahrheiten und Realitäten geht, natürliche Begriffe wie Feuer und Schwefel verwandt, um die Schrecklichkeit dieses ewigen Geistortes und Zustandes darzustellen. Nichts ist zu viel davon geschrieben und nichts von ihrer Beschreibung ist nebensächlich oder überflüssig. Es liegt in dieser Botschaft von der Hölle eine unüberhörbare, scharfe und eindringliche Warnung. Dabei geht es um das ewige Getrenntsein von Gottes Herrlichkeit bei vollem Bewusstsein.

Die Bibel beschreibt ohne jegliche Umschweife, wer einmal an diesem Ort sein wird. Jeder kann sich an diesen Aussagen heute prüfen, ob er einmal an diesem Gerichtsort sein wird oder nicht. Gottes Absicht und Ziel mit den Menschen ist nicht seine Verdammnis, sondern seine Erlösung. Dafür hat Gott alles getan. Bei seinem ersten Kommen auf die Erde vor 2000 Jahren kam Jesus nicht, um die Welt zu richten, sondern um sie retten (Luk 19,10; Joh 3,17). Diese Errettung wird dem Menschen allein in dem Opfer des Sohnes Gottes angeboten. Angesichts der möglichen ewigen Verdammnis gilt die Aufforderung der Bibel nach wie vor:

Es liegt in dieser Botschaft von der Hölle eine unüberhörbare, scharfe und eindringliche Warnung.

> *„Wer sollte nicht fürchten, Herr, und verherrlichen deinen Namen? Denn du allein <bist> heilig"* (Off 15,4).

Keiner wird in der Ewigkeit bereuen, Jesus Christus als seinen Herrn und Erlöser in dieser Welt bekannt zu haben. Keiner wird es in der Ewigkeit für einen Vorzug halten, diesen Jesus abgelehnt und verleugnet zu haben. Die schaurigsten und quälendsten Worte in der Ewigkeit werden wohl sein: „Jetzt hätte ich in Gottes Herrlichkeit sein können. Aber mein Stolz hat mich darum betrogen." Die Hölle in ihrer erschreckenden Wirklichkeit ist weder ein Witz noch eine Bagatelle. Schrecklich wird es für diejenigen sein, die sie heute der Lächerlichkeit preisgeben und Gott damit die kalte Schulter zeigen! Die Wasserscheide zwischen Himmel und Hölle stellt das Bekenntnis zu Jesus heute dar:

> *„Jeder nun, der sich vor den Menschen zu mir bekennen wird, zu dem werde auch ich mich bekennen vor meinem Vater, der in den Himmeln ist. Wer aber mich vor den Menschen verleugnen wird, den werde auch ich verleugnen vor meinem Vater, der in den Himmeln ist"* (Mt 10,32-33).

So war es, so ist es und so bleibt es!

Endlich: für immer daheim

Wer aus seiner Heimat auswandert und in ein neues Land zieht, der hat Fragen. Die meisten will er vor der Einreise beantwortet haben. Am neuen Ort will er sich etwas auskennen, damit er dort sein Leben gestalten kann. Ist es nicht auch so mit dem Himmel? Auf viele Fragen nach dem Himmel habe ich versucht, eine Antwort anhand der Bibel zu geben. Nun warten noch einige Antworten, wenn es um unsere ewige Existenz im Himmel geht. Denn keiner von uns war schon einmal dort und kann über unser ewiges Leben dort verlässlich antworten. Etwas völlig Neues und anderes wartet auf uns. Und es ist nur zu verständlich, dass ein neues, unbetretenes Land auch Zweifel und Ängste auslöst. Diese gehören zu uns Menschen wie Haut und Nägel. Dabei gibt es eine letzte Nagelprobe für unseren Glauben. Sind die Aussagen der Bibel wirklich wahr, entsprechen sie der Realität? Kann es die Ewigkeit wirklich so geben, wie die Bibel davon spricht? Weitere Fragen können lauten:

- Auf welche Weise existiere ich dort?
- Was wird mein Leben im Himmel bei Gott ausfüllen?
- Was werden meine Tätigkeiten in der nie endenden Ewigkeit sein?
- Auf welche Weise werde ich Gott dort dienen?

- Werden alle Christen die gleiche Stellung im Himmel innehaben?
- Werde ich teilhaben an der himmlischen Herrschaft Christi?
- Wie wird diese Herrschaft aussehen?
- Inwieweit werde ich Christus gleich sein?
- Wird es mit der Zeit dort nicht zu monoton und langweilig zugehen?

Vom Glauben ins Schauen

Im Himmel werden wir vom Glauben ins Schauen kommen. In dieser Welt kennen wir Gott nur durch Glauben. Hier haben wir die Anfechtungen und Versuchungen, die nur der Glaubende hat. Hier spüren wir den kalten Wind, der uns ins Gesicht bläst. Bedrohliche Umstände scheinen uns zu erdrücken. Dabei erstarren wir manchmal. Wir spüren aber auch die Hitze der Auseinandersetzungen. Wir sind zwischen Kälte und Hitze oft hin und her geworfen. Trotz allem aber dürfen wir eine tiefe Gewissheit im Herzen haben:

> *„... den ihr liebt, obgleich ihr ihn nicht gesehen habt; an den ihr glaubt, obwohl ihr ihn jetzt nicht seht, <über den> ihr mit unaussprechlicher und verherrlichter Freude jubelt"* (1.Petr 1,8).

Im Himmel erfüllt sich nun die Verheißung Jesu aus der Bergpredigt:

> *„Glückselig, die reinen Herzens sind, denn sie werden Gott schauen"* (Mt 5,8).

Und in der Offenbarung lesen wir:

> ***„… sie werden sein Angesicht sehen; und sein Name wird an ihren Stirnen sein“*** (Off 22,4).

Das wird die Erfüllung der AT-Verheißung sein:

> ***„Ich aber, ich werde dein Angesicht schauen in Gerechtigkeit, werde gesättigt werden, wenn ich erwache, mit deinem Bild“*** (Ps 17,15).

Gott unverhüllt zu sehen, in seiner Reinheit, Liebe und Heiligkeit, das wird unsere tiefste und für alle Ewigkeiten unüberbietbare Freude sein.

Worauf können wir im Himmel hoffen:
- Auf die Erfüllung aller noch aller ausstehenden Verheißungen
- Auf eine nie gekannte Glückseligkeit und Freude
- Auf einen tiefen Frieden
- Auf eine alles umfassende Gerechtigkeit
- Auf Gott den Vater und seinen Sohn, Jesus Christus

Dann sind alle Zweifel und alle Skepsis verflogen. Ungewissheit, Bedenken und Ängste werden uns nie mehr beschweren. Wir sehen mit unseren Augen das erste Mal den Herrn. Wir erkennen, wie nahe er uns die ganze Zeit über in der Welt war. Wir schauen Jesus an, begreifen, erfassen, verstehen. Von diesem Moment an beglückt uns eine Lichtesfülle, die uns nur noch staunen und anbeten lässt.

Das, was wir als Christen wiederholt als mit das Schrecklichste ansehen, den Tod, das Sterben, ist für jeden Gläubigen der Beginn der nie endenden Freude. Dabei ist und bleibt der

Tod der letzte Peitschenhieb der Sünde und des Teufels. Doch können wir heute schon mit Paulus bekennen:

> *„‚Wo ist, Tod, dein Sieg? Wo ist, Tod, dein Stachel?' … Gott aber sei Dank, der uns den Sieg gibt durch unseren Herrn Jesus Christus" (1.Kor 15,55-57)!*

Ohne die Realität zu verleugnen, dass der Tod der letzte Feind des Menschen ist, wird doch dieser Tod der Eingang in die ewige Herrlichkeit sein. Von da an gibt es nur noch ungetrübte Gemeinschaft mit dem Vater und dem Sohn. Ein für alle Mal haben wir dann unsere Anfechtungen hinter uns, die uns manches Mal an den Rand der Verzweiflung brachten. Dort wird sich die Bitte Jesu an jedem, der durch den Heiligen Geist wiedergeboren ist, erfüllen:

> *„Vater, ich will, dass die, welche du mir gegeben hast, auch bei mir seien, wo ich bin, damit sie meine Herrlichkeit schauen, die du mir gegeben hast, denn du hast mich geliebt vor Grundlegung der Welt"* (Joh 17,24).

Dann erfüllt sich die Verheißung Jesu:

> *„… Ich gehe hin, euch eine Stätte zu bereiten. Und wenn ich hingehe und euch eine Stätte bereite, so komme ich wieder und werde euch zu mir nehmen, damit auch ihr seid, wo ich bin"* (Joh 14,2-3).

In den Augen unseres Herrn ist unser Tod ein herrliches Ereignis. Er ist ja der Übergang in das Schauen der Herrlichkeit Gottes. Dann hat Jesus uns endlich an seiner Seite. Dann brauchen wir nicht mehr an Jesus zu glauben. Gewiss, für die

Hinterbliebenen löst der Tod oft eine tiefe Trauer aus, die auch nach Jahren die Seele noch tief schmerzen kann. Manche verbluten an dieser Wunde, die sich nicht mehr stillen lassen will. Doch der verstorbene Nachfolger Jesu darf Teilhaber an seiner Herrlichkeit sein. Für ihn ist es weit besser, schreibt Paulus (Phil 1,23). Deshalb lesen wir im Alten Testament:

In den Augen Gottes ist unser Tod ein herrliches Ereignis.

> *„Kostbar ist in den Augen des HERRN der Tod seiner Frommen“* (Ps 116,15).

Übertreten wir die Schwelle hin zur Ewigkeit, dann erwartet uns der, der aus tiefer Liebe zu mir sein kostbares, sündloses Leben opferte. Nach der Entrückung wird mich mein Erlöser empfangen (1.Thess 4,16f.). Dort wird er mich an sein Herz drücken und mir alle Tränen abwischen. Er wird mir mein Leben in dieser Welt mit all seinen Rätseln und seinem Leid aus seiner Sicht erklären. Dann muss ich nicht mehr glauben, dass mir alle Ereignisse zum Guten mitwirkten, dann weiß ich es unerschütterlich. Die auf vielerlei Weise manchmal elende Zeit als Christ ist vorbei. Für immer bin ich allen Kümmernissen und Trostlosigkeiten entrückt! Dann kann ich nur aus vollem Herzen den anbeten, der auf dem Thron sitzt, meinen Siegeskranz abnehmen und mich vor ihm niederwerfen (Off 4,10-11).

Die Niederungen meiner irdischen und allzu begrenzten Denkweise habe ich für immer verlassen. Dann kann ich denken, wie Gott denkt. Für die heutige Zeit gilt aber noch:

> *„Denn meine Gedanken sind nicht eure Gedanken, und eure Wege sind nicht meine Wege, spricht der Herr. Denn <so viel> der Himmel höher ist als die Erde, so sind meine Wege höher als eure Wege und meine Gedanken als eure Gedanken“* (Jes 55,8-9).

Aus vollem Herzen kann ich dann diesen Vers unterstreichen. Alle schweren, mühevollen Wege, alle Sackgassen, alle Irrwege sehe ich nun in einem neuen Licht.

Erfüllte Sehnsucht

Eine oft gestellte und auch berechtigte Frage lautet: „Wie werden wir die „Zeit“ dort ausfüllen?“ – „Wird das nicht langweilig werden, wenn wir vielleicht jeden Tag dieselbe Tätigkeit verrichten?“ – „Ist eine nie endende Ewigkeit überhaupt erstrebenswert?“ Diese Fragen folgen gleich der am meisten gestellten Frage über den Himmel: „Werde ich dort meinen Ehepartner, meine Eltern und Kinder, meine Freunde und Bekannten treffen?“

So fragen wir Menschen. Und man merkt, es sind nur allzu menschliche Fragen. Man könnte auch sagen: Wir haben keinen Schimmer von dem, was unser Leben in Gottes Herrlichkeit füllen wird. Wir beeilen uns natürlich schnell zu sagen, wir werden ihm dienen. Es gliche für manche Hektiker und Aktionisten einem Albtraum, wenn es dort nichts zu tun gäbe. Denn wir alle haben keine Lust, ich karikiere, den ganzen Tag dahinzudösen, von einem Wölkchen auf das andere zu springen, auf den Knien rumzurutschen, Palmen zu wedeln, die goldenen Gassen zu kehren und Halleluja zu singen.

Ich persönlich glaube, dass wir mit solchen Fragen nur unsere Hilflosigkeit beim Umgang mit dem Thema „Ewigkeit“

offenbaren. Und wir teilen dadurch noch mehr von uns mit: Unsere verkümmerte Beziehung zu unserem himmlischen Vater und seinem Sohn Jesus Christus. Wenn ich ehrlich auf die Frage nach der Ewigkeit aus dem Stegreif antworten sollte, dann habe ich wirklich keine Ahnung. Nur eines weiß ich und das habe ich erfahren: Wenn Gottes Friede und die Freude an ihm mein Herz berühren, dann frage ich weniger nach meiner Tätigkeit im Himmel! Ein auf Gott hin geschaffenes Wesen wie wir wird beim Anblick Gottes eine unbeschreibliche Erfüllung erleben. Sein ganzes Wesen wird von einem nie endenden Freudenfeuer erfasst.

Mir persönlich würde es voll und ganz genügen, meinen Vater im Himmel und meinem Herrn Jesus Christus den ganzen Tag über anzuschauen. Mit ihm ungetrübte Gemeinschaft zu haben. Denn ich weiß, Gemeinschaft mit dem lebendigen Gott nutzt sich nicht ab und kann niemals langweilig sein. Friede und Freude Gottes brauchen sich nicht auf. Das Einssein mit ihm wird nie und nimmer belanglos und einförmig. Es steckt voller neuer Entdeckungen und Überraschungen. Letzte und tiefste Erfüllung erlebt der Mensch allein in Gott. Auch würde es mir für alle Ewigkeit reichen, ihm Danke zu sagen. Denn was wäre ich ohne Jesus? Verloren, ohne Hoffnung, ein elender Zigeuner am Rande des Universums.

Dank und Anbetung dafür, dass

- er mich in dieser Welt nicht aus den Augen verloren hat
- er mich gesucht und erwählt hat und bis heute dazu ungebrochen steht
- er mich ertragen, getragen und ans Ziel gebracht hat
- seine bewahrende Hand vom ersten Atemzug über meinem Leben war

- sein Blut mich reinwusch von all meinen hässlichen Sünden
- sein Geist mir die Gewissheit des ewigen Lebens in allem Auf und Ab gab

Die Bibel sagt schon von den Gläubigen im Millennium, der tausendjährigen Friedensherrschaft Christi auf der erneuerten Erde:

> *„Da wurde unser Mund voll Lachen und unsere Zunge voll Jubel. Da sagte man unter den Nationen: ‚Der HERR hat Großes an ihnen getan'"* (Ps 126,2)!

Ein Jubel wird unser Herz durchdringen, sodass wir jeden Augenblick „bereuen", den wir nicht schon früher beim Herrn waren. Schon jetzt gilt, was Albert Knapp (1798–1864) in einer Liedstrophe so ausdrückte: „Jesus zu kennen und Jesus zu haben, dies ist das herrlichste Los in der Welt."

Ob wir diese alle Dimensionen sprengende Gemeinschaft mit Jesus in dieser Welt zu selten erfahren? Wie können wir recht über den Himmel reden, wenn wir Jesu Nähe nur selten beglückend erleben?! Unsere menschlichen und irdischen Vorstellungen heute müssen anhand der Bibel und der persönlichen Berührung durch Gott revidiert und gesprengt werden. Über den Himmel zu reden ohne die innige, herzliche Gemeinschaft mit Jesus, erstickt in hölzernen Richtigkeiten.

Über den Himmel zu reden ohne die herzliche Gemeinschaft mit Jesus erstickt in hölzernen Richtigkeiten.

Das Geheimnis Gottes ist Christus, der Gekreuzigte. Er muss uns durch den Heiligen Geist offenbart werden. Dann werden wir uns auch mehr auf den Himmel freuen können. Denn

> *„... ‚was kein Auge gesehen und kein Ohr gehört hat und in keines Menschen Herz gekommen ist, was Gott denen bereitet hat, die ihn lieben.' Uns aber hat Gott es geoffenbart durch den Geist, denn der Geist erforscht alles, auch die Tiefen Gottes. Wir aber haben nicht den Geist der Welt empfangen, sondern den Geist, der aus Gott ist, damit wir die <Dinge> kennen, die uns von Gott geschenkt sind"* (1.Kor 2,9-12).

Hier spricht Paulus von dem Geheimnis Christi. Die unterstrichenen Textworte sollen hervorheben, dass es dabei auf die Offenbarung des Geistes Gottes ankommt. Wozu? Damit uns die Herrlichkeit Christi heute immer mehr geoffenbart wird und wir uns auf die Herrlichkeit bei Jesus freuen. Bei unseren Überlegungen gilt es, unsere begrenzten und auch oft irreführenden Gedanken zu durchschauen und abzulegen. Sie führen uns einfach nicht weiter. Für uns gilt heute die ganze Konzentration auf den Himmel:

> *„Denn unser Bürgerrecht ist in <den> Himmeln, von woher wir auch <den> Herrn Jesus Christus als Retter erwarten"* (Phil 3,20).

Der Hebräerbrief schreibt über die Gläubigen im Alten Testament:

> *„Diese alle sind im Glauben gestorben und haben die Verheißungen nicht erlangt, sondern sahen sie von fern und begrüßten sie und bekannten, dass sie Fremde und ohne Bürgerrecht auf der Erde seien. Denn die,*

die solches sagen, zeigen deutlich, dass sie ein Vaterland suchen. Und wenn sie an jenes gedacht hätten, von dem sie ausgezogen waren, so hätten sie Zeit gehabt, zurückzukehren. Jetzt aber trachten sie nach einem besseren, das ist nach einem himmlischen. Darum schämt sich Gott ihrer nicht, ihr Gott genannt zu werden, denn er hat ihnen eine Stadt bereitet" (Hebr 11,13-16).

Unsere Sehnsucht auf den Himmel hat eine biblische Legitimation. Wir warten nicht auf eine verbesserte irdische Ebene. Erfüllte Sehnsucht kann es für uns nur im Himmel geben:

„Darum seid fröhlich, ihr Himmel, und die ihr in ihnen wohnt" (Off 12,12)!

„Und ich sah einen großen weißen Thron und den, der darauf saß, vor dessen Angesicht die Erde entfloh und der Himmel, und keine Stätte wurde für sie gefunden" (Off 20,11).

Das ist wohl eine sehr deutliche Aussage über die jetzige Schöpfung von Erde und Himmel. Für sie wird es in der neuen Schöpfung keinen Platz geben.

Wir kommen für immer zur Ruhe

Bekanntlich wird unser Leben in dieser Welt zunehmend von Zeitdruck, Hetze und Hektik bestimmt. Innere Unruhe lässt den Menschen kaum mehr zur Ruhe kommen. Wir werden von Terminen gejagt und wir jagen uns selbst, weil wir zu viel in unser Leben reinpacken. Hohe Ansprüche werden an uns gestellt. Und wir stellen sie selbst an uns. Die Suche nach der Anerkennung und dem Lob anderer perfektioniert unseren Stress. Räume, wo wir allein mit uns selbst sein können, werden immer enger und die Zeit immer knapper. Handy und Smartphone werden immer mehr zu allgegenwärtigen Begleitern. Eine technische Errungenschaft jagt die nächste. Und überall wollen gerade jüngere Menschen dabei sein. Stille über einen längeren Zeitraum ertragen wir nicht mehr. Man kann es sich scheinbar nicht leisten abzuhängen und nicht mehr Schritt zu halten.

Wer nicht in den Zeittrends drin ist, der ist schnell draußen. Wieder reinkommen ist schwer, manchmal unmöglich. So müssen wir hellwach sein, um ja keine Entwicklung und keinen Trend zu verpassen. Noch nie war der Zeitgeist so schnell, so unnachgiebig und unerbittlich hart. Da steigt Angst hoch und dadurch werden wir übersensibilisiert. Das spüren wir in unseren Beziehungen. Wenn es nicht so läuft, wie wir uns das vorstellen, dann werden wir laut und Beziehungen werden gekappt. Egal, wie sehr Dritte darunter leiden, wie die vielen Scheidungskinder.

Und ich selbst? Ich stehe mittendrin. Im Di-Stress, im Abspulen von Terminen und Gesprächen. Meine jahrzehntelangen Schlafstörungen lassen grüßen. Aber ich war schon als Baby notorisch unruhig. Das setzte sich in einem starken Bewegungsdrang in den einzelnen Lebensabschnitten fort. Bis heute. Und der Reisedienst, das ständige Unterwegssein seit 1977 im In- und Ausland, wirkt meiner inneren Unruhe nicht gerade entgegen. Wenn ich dann von der Ruhe im Himmel lese, dann steigt eine große Sehnsucht danach in mir hoch. Trotz allen geistlichen Übungen und Bemühungen ist es mir bis heute nicht gelungen, über einen längeren Zeitraum wirklich zur Ruhe zu kommen. Selbst sie lassen mich unter Druck kommen. Natürlich kenne ich die Verheißung Jesu aus Matthäus 11:

„Kommt her zu mir, alle ihr Mühseligen und Beladenen! Und ich werde euch Ruhe geben. Nehmt auf euch mein Joch, und lernt von mir! Denn ich bin sanftmütig und von Herzen demütig, und ‚ihr werdet Ruhe finden für eure Seelen'" (Mt 11,28-29).

Doch das Ergebnis bei mir ist oft dürftig. Von Zeit zu Zeit spüre ich, wie sehr ich innerlich angespannt bin. Ständig klopfen unerledigte Arbeiten bei mir an. Zur Ehrenrettung Jesu muss ich auch sagen, dass es lange nicht mehr so unruhig in mir und um mich ist, wie in früheren Zeiten. Vor Jahren glich ich mehr einem Orkan (so drückte es mal meine Frau aus). Das Älterwerden fordert wohl auch hier seinen Tribut. Doch über Jahrzehnte abgespulte Verhaltensweisen haben sich verselbständigt. Sie sind nur schwer in eine andere Richtung zu steuern. Und so lebe ich dem Tag entgegen, an dem ich dann ein für alle Mal zur Ruhe kommen werde. Ruhe vor Anforderungen, Terminen, Telefonanrufen und den vielen Mails. Und nicht zuletzt Ruhe vor mir selbst, meinem Ehrgeiz, meiner Ehrsucht, meinem etwas Sein wollen.

Wir finden auch Ruhe vor sündigen Verlockungen, von Gott gesetzte Grenzen zu überschreiten. Die Versuchung wird nie mehr bei mir anklopfen. Kein Kampf, kein Überwinden wird mehr nötig sein. Keine Sorgen mehr ums Geld oder Ängste vor drohenden Krankheiten. Nie mehr muss ich mich sorgen um unsere Kinder, Enkel und Freunde. Ich bin dann für immer vor Gott zur Ruhe gekommen. Die Welt, in der ich aufwuchs, lebte, arbeitete, kämpfte und sündigte wird nicht mehr sein. Das Erste ist für immer vergangen. Ich bekomme einen neuen Namen, eine neue Identität, die nur ich kenne (Off 2,17). Nun bin ich heil, umfassend und für immer. Dann habe ich für immer Ruhe von meinem geplagten und angefochtenen

Menschsein. Satan wird mir nie mehr in die Quere kommen. Er kann mich nicht mehr in seine verheißungsvollen Fallen locken. Die jetzt noch zukünftige Verheißung wird sich dann hundertprozentig an jedem erfüllen, der Jesus als seinen Herrn in diesem Leben wählte:

> *Ich habe für immer Ruhe von meinem geplagten und angefochtenen Menschsein.*

> ***„Und ich hörte eine Stimme aus dem Himmel sagen: Schreibe: Glückselig die Toten, die von jetzt an im Herrn sterben! Ja, spricht der Geist, damit sie ruhen von ihren Mühen, denn ihre Werke folgen ihnen nach"*** **(Off 14,13).**

Auf diese Ruhe dürfen sich Kinder Gottes heute schon freuen. Und das ist der tiefe Grund der Ruhe: Zum ersten Mal werde ich mich ganz durch Gottes Augen sehen und wahrnehmen. Ich sehe mich dermaßen bejaht und geliebt, wie ich es mir immer gewünscht hatte. Kein nagender Zweifel mehr an mir, meinem Charakter, meinem Können und Nichtkönnen. Kein Schatten der Selbstanklage fällt mehr auf meinen Geist. Endlich kann ich es glauben, dass Gott mich rundherum liebt. Seine Augen sehen mich an und da ist nichts mehr, was mich in Angst und Unruhe versetzt. Ein stiller nicht mehr zu steigender Friede durchzieht mein Herz. Ich muss mich nicht mehr beweisen. Alles, was ich kann, ist nicht mehr wichtig. Hier zählt nur noch mein Sein: Ein geliebtes und mit dem Blut Jesu freigekauftes Kind des himmlischen Vaters. So viel war und bin ich meinem Vater wert. Diese Liebe, dieser Kaufpreis schreibt meinen nicht zu überbietenden Wert fest. Das ist die Qualität des ewigen Lebens, jetzt und für immer

Ich weiß: Schon heute steht es mir frei, zur Ruhe zu kommen. Das geschieht dann, wenn die Ewigkeit in mich einbricht, Jesus bei mir ankommt, ich ihn neu erfassen kann. Zur Ruhe komme ich, wenn ich spüre, dass Gott für mich ist und für mich kämpft (2.Mose 14,14). Die Wellen der Unruhe legen sich, wenn ich weiß, dass Gott mich hochschätzt und zu mir steht. Dass er an meiner Seite bleibt und sich meinetwegen nicht schämt. Er steht zu mir selbst dann, wenn ich wieder einmal die unheilvollen eigenen Wege gegangen bin. In schlechten Gedanken, in verletzenden Worten und beschämenden Taten. Er nimmt mich immer wieder in seiner Liebe auf und gewährt mir einen Platz an seinem Herzen. In einem Lied wird der Grund dieser Ruhe in Gott treffend geschildert:

Du bleibst an meiner Seite, du schämst dich nicht für mich.
Du weißt, ich bin untreu und dennoch gehst du nicht.
Du stehst zu unserer Freundschaft. Obwohl ich schwierig bin,
hältst du mir die Treue, gehst mit mir durch dick und dünn.
Du bist treu, Herr, an jedem neuen Tag. Du bist treu,
Herr, auch wenn ich versag,
bist du treu, Herr. Unerschütterlich hält deine Treue mich,
du bleibst mir treu.

Tobias Gerster

Durch die Treue Gottes zu mir muss ich mich nicht verachten und aufgeben. Gottes Freundschaft zu mir steht auf keinem brüchigen Fundament. Durch die Vergebung reinigt er mich von meinem schlechten Gewissen. Ruhe kehrt dort ein, wo ich meine Sünden vor ihm bekennen und der Reinigung von all meiner Verschmutzung glauben darf. So heißt es in einem Lied von Julius Anton Eugen von Poseck (1816–1896), wenn es um das Fundament unserer Ruhe heute geht:

1. Auf dem Lamm ruht meine Seele, betet voll Bewund'rung an.
Alle, alle meine Sünden hat Sein Blut hinweggetan.

2. Sel'ger Ruhort! – Süßer Friede füllet meine Seele jetzt.
Da, wo Gott mit Wonne ruhet, bin auch ich in Ruh' gesetzt.

3. Ruhe fand hier mein Gewissen,
denn Sein Blut – o reicher Quell!
Hat von allen meinen Sünden mich gewaschen rein und hell.

4. Und mit süßer Ruh' im Herzen
geh' ich hier durch Kampf und Leid,
ew'ge Ruhe find' ich droben in des Lammes Herrlichkeit.

5. Dort wird Ihn mein Auge sehen,
dessen Lieb' mich hier erquickt,
dessen Treue mich geleitet, dessen Gnad' mich reich beglückt.

6. Dort besingt des Lammes Liebe seine teu'r erkaufte Schar,
bringt in Zions sel'ger Ruhe ihm ein ew'ges Loblied dar.

Und im Hebräerbrief lesen wir die Verheißung Gottes:

> *„Denn auch uns ist eine gute Botschaft verkündigt worden … Wir gehen nämlich in die Ruhe ein als die, die geglaubt haben … Also bleibt noch eine Sabbatruhe dem Volk Gottes übrig. Denn wer in seine Ruhe eingegangen ist, der ist auch zur Ruhe gelangt von seinen Werken wie Gott von seinen eigenen"* (Hebr 4,2.3.9.10).

Damit heute schon beschenkt zu sein ist unglaublich. Dafür tut der Heilige Geist alles in mir. Ständig will er mir erklären, dass ich bei Jesus Ruhe finde. Einfach ab-hängen, ihn ranlassen, an meine Sorgen und Ängste. Mich auf das konzentrieren, was er für mich auch an guten Werken vorbereitet hat (Eph 2,10). Seine Berufung leben. Darüber darf sich eine große Dankbarkeit gegenüber unserem Herrn und Gott Luft machen. Im Lobpreis, in der Anbetung, in der Hingabe an ihn und seine Arbeit in und für diese von ihm geliebte Welt. Er kann sich einfach nicht damit zufrieden geben, dass es noch so viele Menschen gibt, für die Jesus gestorben ist und die nichts davon wissen.

Wir dürfen Gott in Vollendung dienen

Der Dienst für Gott wird unsere Freude an dem lebendigen Gott nicht schmälern. Im Gegenteil! Hier erfassen wir in aller Klarheit, wie befreiend es für ein Geschöpf Gottes ist, ein Diener Gottes zu sein. Es wird uns eine tiefe Erfüllung sein, wenn wir dann frei von aller Anfechtung, Sünde und Beschränkung Gott dienen können. Dieser Dienst für ihn wird die Freude an ihm wach halten. Wir werden sehen, welche tiefe Erfüllung es ist, seinem Schöpfer und Erlöser in ungebrochener Leidenschaft zu gehorchen. Dieser Dienst stillt unser tiefstes Verlangen, Gott zu danken für Golgatha. Mein Dienst wird frei sein von aller Aufsässigkeit, allem Widerwillen, aller Lustlosigkeit. Bedingungslos und gerne werden wir seine Aufträge ausführen. Ähnlich, wie bei einem Sklaven, der von jemandem freigekauft wurde und nun ein Schloss bewohnen darf. Oder, wie ein Bettler, der hört, dass er Erbe eines Millionenvermögens ist. Er darf die stinkenden zerrissenen Klamotten wegschmeißen, seinen Schlafplatz unter der Brücke verlassen. Er ist frei von allen verachtenden Blicken anderer.

Wir werden ihm dienen, aber ohne jeglichen Di-Stress. Frei von aller Hetze und allem Zeitdruck. Kein hektischer Betrieb wird uns im Himmel erreichen. Kein Selbstruhm wird diesen Dienst beflecken. Hier will sich niemand mehr profilieren. Konkurrenzdenken ist ein Fremdwort im Himmel. Die niederen Motive und Triebe sind für immer auf Eis gelegt und endgültig abgestorben. Nur seine Ehre wird das Streben bei unserem Dienen sein. Wie befreiend wird das sein! Klar und durchsichtig können wir seine Anweisungen ausführen. Die Verherrlichung Gottes in unserem Dienst wird von einer nie endenden Anbetung Gottes begleitet. Wir tauchen ein in Gottes Friede, seine Herrlichkeit und Majestät, seine Ehre, sein Lob und seinen Dienst. Und dabei ist Gott genauso glücklich darüber wie wir, die wir seine Bestimmungen ausführen.

Wir tauchen ein in Gottes Frieden, seine Herrlichkeit und Majestät, sein Lob und seinen Dienst.

Wie nun der Dienst konkret aussehen wird, das lässt Gott in seinem Wort offen. Allgemein wird er darin bestehen, dass wir ihn anbeten und in seiner Autorität herrschen werden. Auch beim Dienst für ihn wird sich Gott etwas dabei gedacht haben, wie er seine geliebten Kinder in der Ewigkeit beschenken und steinreich machen kann. Uns dürfen die Worte Gottes genügen, die er in der Offenbarung für uns niederschreiben ließ:

> *„Darum sind sie vor dem Thron Gottes und dienen ihm Tag und Nacht in seinem Tempel; und der auf dem Thron sitzt, wird über ihnen wohnen“* (Off 7,15).

> *„und seine Knechte werden ihm dienen“* (Off 22,3).

Darauf dürfen wir uns jetzt schon freuen und wissen: Das Allerschönste kommt noch! Ohne jegliche Korruptheit, Machtspiele, Geldgier, Unterdrückung, Versklavung und Unfreiheit. Wir sind frei so über Gott zu denken, wie er über sein von ihm geschaffenes und über alles geliebtes Gegenüber denkt. Das verleiht unserem Dienst Glanz und Strahlkraft. Wie schön, gut und wertvoll wäre es, wenn diese Gedanken uns heute schon motivieren und in unserem Tun und Lassen begleiten würden. Nur was ganz für Jesus getan wird, befreit und erfreut auch.

Wir herrschen mit Christus

Gegenwärtig dienen wir Gott in den Menschen, die Jesus kennen und die ihn noch nicht kennen. Heute übt die Gemeinde Jesu im geistlichen Bereich schon Herrschaft aus. Paulus schreibt von Christen als Menschen, „die im Leben herrschen" (Röm 5,17). Das sind Leute, die von der Gabe der geschenkten Gerechtigkeit und der überfließenden Gnade leben. Ihre Königsherrschaft (Off 1,6) ist heute verborgen und tritt nur zeichenhaft an die Oberfläche. Diese Machtausübung von Kindern Gottes vollzieht sich z. B. darin, dass wir unseren Geist und Körper für Gott in den Dienst stellen. Auch in der geschenkten Vollmacht über dämonische Geister zeigt sich die von uns ausgeübte Herrschaft (Luk 10,19). Aber es ist eben eine geistliche Herrschaft.

Seit der Aussendung durch Jesus gleichen Boten Jesu den Schafen, die Jesus unter die Wölfe in dieser Welt sendet (Mt 10,16; Luk 10,3). Was gewiss nicht bedeutet, dass wir nur Fußabtreter für andere sein sollen. Solch eine Aussage Jesu ist für Menschen, die nach mehr Macht und Geltung streben, bestimmt nichts Erstrebenswertes. Aber es ist von ihm so vorgegeben. Die Ausbreitung des Reiches Gottes geschieht nicht mit militärischen Armeen und durch politische Kriege. Die von Gott geschenkte Vollmacht äußert sich nicht in einer lokalen oder sogar globalen politischen Herrschaft der Gemeinde Jesu auf dieser Erde. Noch nicht. Aus diesem Grunde sollten wir von Gedanken Abstand nehmen, die nur unseren Dünkel und unseren ungeistlichen Drang nach öffentlicher Anerkennung und Macht zu befriedigen suchen.

Anstreben sollten wir jedoch eine Erhöhung, die Gott all denen verheißt, die sich selbst demütigen:

> *„Wer sich aber selbst erhöhen wird, wird erniedrigt werden; und wer sich selbst erniedrigen wird, wird erhöht werden"* (Mt 23,12).

In Bezug zu einer irdischen Herrschaft gilt auch das Wort Jesu im Gespräch mit Pilatus. Dort machte der Herr deutlich, inwieweit er in der heutigen Zeit eine politische Herrschaft aufrichten will:

> *„Jesus antwortete: Mein Reich ist nicht von dieser Welt; wenn mein Reich von dieser Welt wäre, so hätten meine Diener (gemeint sind Engel) gekämpft, damit ich den Juden nicht überliefert würde, jetzt aber ist mein Reich nicht von hier"* (Joh 18,36).

In seinem ersten Kommen löste Jesus nicht die Machtfrage in den weltpolitischen Reichen. Diese wird er auch noch lösen. Später, wenn er vom Himmel her wiederkommt (Off 19,11-21). Er kam vor 2.000 Jahren, um die Schuldfrage zu lösen. Diese Priorität gibt auch unseren Auftrag heute von Gott vor. Dabei ist „unser Leben mit Christus verborgen in Gott", wie es der Apostel

Paulus in Kolosser 3,3 schreibt. Die Gemeinde heute ist keine Körperschaft, die die Geschicke dieser Welt in Politik, Wirtschaft und Gesellschaft mit äußerer Macht lenkt. Die Machtfrage dieser Welt wird erst in der Gerichtszeit und dem sich anschließenden tausendjährigen Reich überaus deutlich von Christus gelöst. Heute kann es gewiss auch sein, dass dort, wo Christen ihrer Verantwortung vor Gott gerecht werden, sie in politische und gesellschaftliche Strukturen positiv hineinwirken. Aber dies ist mehr ein „Nebenprodukt" ihres gelebten Lebens unter der Herrschaft Jesu. Die Nüchternheit gebietet, dass wir nichts anderes anstreben als das, was Jesus uns beispielhaft vorgelebt hat. Wir sollten immer nur in der Nachfolge Jesu sein! Wo er und die Apostel die Schwerpunkte setzten, da wollen wir sie auch setzen. Was heute noch in geistlicher und weithin unsichtbarer Weise gilt, wird im Millennium öffentliche politische Realität sein:

> *„... und er verkündet Frieden den Nationen. Und seine Herrschaft <reicht> von Meer zu Meer und vom Strom bis an die Enden der Erde"* (Sach 9,10).

> *„Und der HERR wird König sein über die ganze Erde; an jenem Tag wird der HERR einzig sein und sein Name einzig"* (Sach 14,9).

Diese Worte von der Herrschaft Jesus, über die ganze Erde haben sich bis heute nicht erfüllt. Seit Pfingsten steht die Gemeinde Jesu unter dem Zeichen des Kreuzes. „Nachfolge ist Bindung an den leidenden Christus", so fasste Bonhoeffer einmal die Existenz des Christen in dieser Welt zusammen. Paulus fasst dies in den Worten zusammen:

> *„dass niemand wankend werde in diesen Bedrängnissen. – Denn ihr selbst wisst, dass wir dazu bestimmt sind“* (1.Thess 3,3).

Dies wird so lange bleiben, bis der Herr seine Gemeinde zu sich in den Himmel entrückt und mit ihr wiederkommen wird, um in dieser Welt sein Reich aufzurichten (Off 19,11-20,6).

Der göttliche Auftrag zum Bauen, Bewahren über die Schöpfung und dem Herrschen über die Tierwelt hat einen Knacks erlitten (1.Mo 1,18.26; 2,15; 3,1-6). Dieser einschneidende Fakt wird heute jedoch oft übersehen: Im Sündenfall traten Adam und Eva ihr Herrschaftsrecht an Satan ab. Seit diesem Zeitpunkt sind sie die Beherrschten. Die Sünde herrscht über sie, der Teufel herrscht über sie und nicht zuletzt der Tod, der letzte Feind des Menschen, übt seine grausame Herrschaft über sie aus (1.Kor 15,26; Hebr 2,15). Aus dem Herrscher wurde der beherrschte Sklave. Dort, wo der Mensch heute Herrschaft ausübte, pervertierte diese allermeist durch die in ihm wohnende Sünde, bis in den Raum der Kirche Jesu Christi hinein:

> *„Das alles sah ich und richtete mein Herz auf alles Tun, das unter der Sonne getan wird, zur Zeit, da der Mensch über den Menschen Gewalt hat zu seinem Unglück“* (Pred 8,9).

Deshalb verbinden wir Machtausübung oft mit Mangelhaftigkeit, Ungerechtigkeit, Bestechlichkeit und Arroganz, Brutalität. Aus dem Wissen über missbrauchte Macht können wir uns nur sehr schlecht vorstellen, dass es durch uns eine perfekte Machtausübung im Himmel geben soll. Wir haben persönlich zu viele negative Erfahrungen mit Ausübung von Gewalt gemacht. Machtmissbrauch ist an der Tagesordnung. Von daher wünschen sich nicht wenige Christen im Himmel eine machtfreie Zone. Der Gedanke, dass sie selbst einmal im Himmel herrschen sollen, ruft bei Christen Unbehagen hervor. Himmel ist für uns mehr eine kuschelweiche Komfortzone.

Im Himmel aber werden wir frei von aller Sünde Macht so ausüben, wie Gott Macht ausübt. Wenn wir einen Blick weit voraus in Ewigkeit werfen, dann lesen wir:

> *„Und die vierundzwanzig Ältesten, die vor Gott auf ihren Thronen sitzen, …“* (Off 11,16).

Nicht nur Gott sitzt auf dem Thron, nicht nur das Lamm sitzt zur Rechten des Vaters auf dem Thron. Nein, auch die 24 Ältesten (= alle Gläubigen des Alten und Neuen Bundes) sitzen auf ihren Thronen. Und wer auf dem Thron sitzt, übt Herrschaft aus. Der Thron ist ein Sinnbild für Autorität, Machtposition, Befehlsgewalt und Herrschaft. Einmal stritten die Jünger darum, wer wohl der Größte unter ihnen sei. Da zeigte Jesus ihnen unmissverständlich, dass wahre Größe im Reich Gottes darin besteht, dass wir einander dienen. Doch das Herrschen für seine Jünger schließt Jesus nicht aus:

> *„.. und ich verordne euch, wie mein Vater mir verordnet hat, ein Reich, dass ihr esst und trinkt an meinem Tisch in meinem Reich und auf Thronen sitzt, die zwölf Stämme Israels zu richten“* (Lk 22,29-30).

Bis heute jedoch lässt Gott weite Teile der Gemeinde Jesu im Schmelzofen der Trübsal, der Bedrängnis, des Leids. Die große Frage lautet nun: wozu tut Gott das alles? Er will uns so zu geduldigen Christen heranbilden. Und was ist Gottes Ziel dabei:

> *„... wenn wir ausharren (erdulden), werden wir auch mitherrschen“* (2.Tim 2,12).

Dieses Mitherrschen wird wesensgleich und synchron sein zur ewigen Herrschaft Jesu (Off 11,15.17). Schon im 1000-jährigem Reich werden Menschen mit Christus auf und über diese Erde herrschen:

> *„... und <ich sah> die Seelen derer, die um des Zeugnisses Jesu und um des Wortes Gottes willen enthauptet worden waren, und die, welche das Tier und sein Bild nicht angebetet und das Malzeichen nicht an ihre Stirn und an ihre Hand angenommen hatten, und sie wurden lebendig und herrschten mit dem Christus tausend Jahre ... sie werden Priester Gottes und des Christus sein und mit ihm herrschen die tausend Jahre“ (Off 20,4.6).*

Das ist die Erfüllung der Vorankündigungen in Kapitel 2,26-27 und 5,10 in der Offenbarung. Jedoch geht die Bibel über diese tausendjährige Mitregentschaft der Gläubigen hinaus: „... sie werden herrschen von Ewigkeit zu Ewigkeit“ (Off 22,5). Schon in den Evangelien spricht Jesus in dem Gleichnis von den anvertrauten Pfunden von dem ewigen Lohn der Gläubigen, der sich in einer Herrschaft ausdrückt:

> *„Und er sprach zu ihm: Recht so, du guter Knecht! Weil du im Geringsten treu warst, sollst du Vollmacht über zehn Städte haben. Und der zweite kam und sagte: Herr, dein Pfund hat fünf Pfunde eingetragen. Er sprach aber auch zu diesem: Und du, sei über fünf Städte“* (Lk 19,17-19)!

In diesem Gleichnis Jesu von einer Herrschaft über mehrere Städte wird nichts anderes ausgedrückt als der Lohn, der sich in der Machtausübung der Gläubigen in der Ewigkeit zeigen wird. Ein Teilaspekt des Herrschens zeigt sich im Richten:

> *„Oder wisst ihr nicht, dass die Heiligen die Welt richten werden? Und wenn durch euch die Welt gerichtet wird, seid ihr dann nicht würdig, über die geringsten Dinge zu richten? Wisst ihr nicht, dass wir Engel richten werden“* (1.Kor 6,2-3)?

Heute in dieser Zeit und Welt kann allein eine ehrfürchtig gelebte Gemeinschaft mit Gott den Menschen vor der Ausübung pervertierter Herrschaft bewahren. Ehrfurcht vor Gott bewahrt vor vielen Sünden. Auch vor der Sünde des Machtmissbrauchs. Zu oft wird der reißende Wolf in uns mit göttlicher Autorität verwechselt. Christliche Ehen, Familien und Gemeinden würden eine ungeahnte Kraft entfalten, wenn von Jesus abgeleitete Vollmacht in Demut und Sanftmut dort herrschen würde.

Wir beten an vor dem Thron der Herrlichkeit

Ohne die Anbetung Gottes verkommt das Leben eines Christen zu einem organisierten Leerlauf.

Anbetung des lebendigen Gottes, dazu ist der Mensch von ihm geschaffen. Anbeter ist das, was der Vater heute sucht (Joh 4,23-24). Ohne die Anbetung Gottes verkommt das Leben eines Christen zu einem organisierten Leerlauf.

In der Offenbarung lesen wir davon, dass eine bestimmte Menschengruppe einmal vor Gottes Thron stehen und ihn anbeten wird. Diesen Blick in die Zukunft gewährt uns Gott schon heute. Gottes ultimatives Ziel wird uns hier mit unserer Errettung gezeigt. Wir werden einmal im himmlischen Thronsaal vor Gott sein und ihn sehen. Dafür hat Gott uns geschaffen. Dazu hat Christus uns durch seinen Tod am Kreuz erlöst. Nach unserem leiblichen Tod sind wir in einer nie endenden Herrlichkeit, die auch die kühnsten Fantasien an Schönheit, Klarheit, Freude und Erfüllung weit übersteigt. So lesen wir im letzten Buch der Bibel von dem Ziel unserer Erlösung:

> *„Und rings um den Thron (Gottes) <sah ich> vierundzwanzig Throne, und auf den Thronen saßen vierund-zwanzig Älteste, bekleidet mit weißen Kleidern, und auf ihren Häuptern goldene Siegeskränze ... So werden die vierundzwanzig Ältesten <u>niederfallen</u> vor dem, der auf dem Thron sitzt, und den <u>anbeten</u>, der von Ewigkeit zu Ewigkeit lebt, und werden ihre <u>Siegeskränze niederwerfen</u> vor dem Thron und sagen: <u>Du bist würdig</u>, unser Herr und Gott, die Herrlichkeit und die Ehre und die Macht zu nehmen, denn du hast alle Dinge erschaffen, und deines Willens wegen waren sie und sind sie erschaffen worden“* (Off 4,4.10-11).

In Offenbarung 4 wird uns die Anbetung des Vaters geschildert. Jesus selbst klärt seine Jünger darüber auf, wonach der Vater heute, in dieser Zeit, schon sucht:

> *„Es kommt aber die Stunde und ist jetzt, da die wahren Anbeter den Vater in Geist und Wahrheit anbeten werden; denn auch der Vater sucht solche als seine Anbeter“* (Joh 4,23).

Von nun an gibt es keine Selbstanbetung mehr. Götzen zur Anbetung sind im Himmel auch nicht mehr vorhanden. Der verblendete Mensch erfindet ja in seinem unerlösten Zustand alles Mögliche, vor dem er sich niederwirft. Das kommt daher, dass der Mensch zur Anbetung des lebendigen Gottes geschaffen ist. Findet er Gott nicht, dann wirft er sich vor allem Möglichen auf die Knie. Paulus schreibt davon entlarvend über die Primitivität des Götzendienstes im Römerbrief (Röm 1,20-23). Heute betet der Mensch lieber ein wohlgeformtes Stück Blech an, bevor er vor seinem Schöpfer seine Knie beugt und ihm die Ehre gibt.

Diese Anbetung des Vaters beginnt damit, dass die Gläubigen vor Gott niederfallen und ihre Siegeskränze (Zeichen der Belohnung von Gott) vor ihm niederwerfen. Vor dem Thron Gottes ist der Gläubige vollkommen erlöst zur ungehemmten Anbetung. Auch ist er letztlich erst hier ganz bereit, seine „Siegeskränze" abzunehmen und niederzuwerfen. Erst in völliger Freiheit von der blendenden Macht der Sünde und des Teufels erkennt er seine tiefste Bestimmung: Gott anbeten.

In dieser Geste der demütigen Selbsterniedrigung vor Gott kann er aufatmen und muss nicht mehr denjenigen spielen, der er gar nicht ist. Die Anbetung Gottes befreit ungemein, und das schon heute. Welche unglaublichen Glücksgefühle werden erst unser Herz durchfluten, wenn wir den Vater und den Sohn in Ewigkeit anbeten werden?! Welche tiefe Erfüllung werden wir spüren, wenn wir unsere Knie vor unserem Erlöser Jesus Christus beugen?! Besonders werden wir Jesus für den einen Satz in Gethsemane anbeten: „Nicht mein Wille, sondern der deine geschehe" (Luk 22,42). Denn da geschah die unabdingbare Voraussetzung für unsere Erlösung. In völliger Einheit mit den Engeln Gottes werden wir Jesus, das Lamm Gottes, anbeten. In

Offenbarung 5 schaut Johannes die Anbetung des Sohnes, der völlig eins mit dem Vater ist:

> *„Und ich sah: und ich hörte eine Stimme vieler Engel rings um den Thron her und um die lebendigen Wesen und um die Ältesten; und ihre Zahl war Zehntausende mal Zehntausende und Tausende mal Tausende, die mit lauter Stimme sprachen: Würdig ist das Lamm, das geschlachtet worden ist, zu empfangen die Macht und Reichtum und Weisheit und Stärke und Ehre und Herrlichkeit und Lobpreis. Und jedes Geschöpf, das im Himmel und auf der Erde und unter der Erde und auf dem Meer ist, und alles, was in ihnen ist, hörte ich sagen: Dem, der auf dem Thron sitzt, und dem Lamm den Lobpreis und die Ehre und die Herrlichkeit und die Macht von Ewigkeit zu Ewigkeit! Und die vier lebendigen Wesen sprachen: Amen! Und die Ältesten fielen nieder und beteten an“* (Off 5,11-14).

Diese Beschreibung durch Johannes steht in Einklang mit dem, was Paulus in Philipper 2 über Jesus, den Sohn Gottes, schreibt:

> *„Darum hat Gott ihn (Jesus Christus) auch hoch erhoben und ihm den Namen verliehen, der über jeden Namen ist, damit in dem Namen Jesu jedes Knie sich beuge, der Himmlischen und Irdischen und Unterirdischen, und jede Zunge bekenne, dass Jesus Christus Herr ist, zur Ehre Gottes, des Vaters“* (Phil 2,9-11).

Wir, die wir Gott glauben durften, werden das freiwillig tun. Die aber, die Gott nicht glaubten, werden es auch tun. Wenn auch unfreiwillig. Johannes beschreibt in den beiden Kapiteln von Offenbarung 4 und 5 in menschlich verstehbaren Worten, was er sehen durfte. Er sah in einer Vorausschau das, was heute für Gottes Volk noch zukünftig ist.

In Offenbarung 7 schenkt uns Gott einen weiteren Blick in die zukünftige Herrlichkeit. Dort wird von den Menschen berichtet, die aus der großen Trübsal, der Zeit des Antichristen kommen und nicht das Malzeichen des Tieres annahmen. Nun stehen sie vor dem Thron Gottes:

> *„Nach diesem sah ich: und siehe, eine große Volksmenge, die niemand zählen konnte, aus jeder Nation und aus Stämmen und Völkern und Sprachen, stand vor dem Thron und vor dem Lamm, bekleidet mit weißen Gewändern und Palmen in ihren Händen. Und sie rufen mit lauter Stimme und sagen: Das Heil unserem Gott, der auf dem Thron sitzt, und dem Lamm! Und alle Engel standen rings um den Thron und die Ältesten und die vier lebendigen Wesen, und sie fielen vor dem Thron auf ihre Angesichter und beteten Gott an und sagten: Amen! Den Lobpreis und die Herrlichkeit und die Weisheit und die Danksagung und die Ehre und die Macht und die Stärke unserem Gott von Ewigkeit zu Ewigkeit! Amen. Und einer von den Ältesten begann und sprach zu mir: Diese, die mit weißen Gewändern bekleidet sind – wer sind sie, und woher sind sie gekommen? Und ich sprach zu ihm: Mein Herr, du weißt es. Und er sprach zu mir: Diese sind es, die aus der großen Bedrängnis kommen, und sie haben ihre Gewänder gewaschen und sie weiß gemacht im Blut des Lammes. Darum sind sie vor dem Thron Gottes und dienen ihm Tag und Nacht in seinem Tempel; und der auf dem Thron sitzt, wird über ihnen wohnen. Sie werden nicht mehr hungern, auch werden sie nicht mehr dürsten, noch wird die Sonne auf sie fallen noch irgendeine Glut; denn das Lamm, das in der Mitte des Thrones ist, wird sie hüten und sie leiten zu Wasser-*

> *quellen des Lebens, und Gott wird jede Träne von ihren Augen abwischen"* (Off 7,9-17).

Welch eine großartige Zukunft, welch eine unbeschreibliche Herrlichkeit, welch ein starker Trost auch heute für Kinder Gottes. Nicht wenige gehen durch tiefe und lange Täler. Manchen bleibt der Sinn ihres Leids verborgen. Die Puste in der Nachfolge droht auszugehen. In diesen Textpassagen wird eines unübersehbar deutlich: Alle Wege Gottes mit den erlösten Menschen enden im Licht und der dankbaren Anbetung. Jeder, der sein Leben im Blut Jesu hat reinigen lassen, wird einmal für alle Ewigkeiten vor dem Thron Gottes stehen. Egal, wie dunkel und schmutzig auch die Schichten seiner Persönlichkeit waren. Er ist dabei! Sein unperfektes Leben kann ihn nicht von der Liebe Gottes scheiden (Röm 8,38-39). Denn gerade für die kranken Menschen kam Jesus (Luk 5,31). Für nur einen Moment im ewigen Licht Gottes lohnt es sich, Jesus treu zu bleiben, egal wie unzumutbar auch der Weg in dieser Welt erscheint:

> *„Denn ich denke, dass die Leiden der jetzigen Zeit nicht ins Gewicht fallen gegenüber der zukünftigen Herrlichkeit, die an uns geoffenbart werden soll"* (Röm 8,18).

Wie recht Paulus damit hat, werden einmal alle Kinder Gottes bestätigen. Jesus ließ seine Leute nicht im Ungewissen über die nahe und ferne Zukunft. So sagte er seinen Nachfolgern in seiner Abschiedsrede:

> *„Wahrlich, wahrlich, ich sage euch, dass ihr weinen und wehklagen werdet, aber die Welt wird sich freuen; ihr werdet traurig sein, aber eure Traurigkeit wird zur Freude werden … Auch ihr nun habt jetzt zwar*

> *Traurigkeit; aber ich werde euch wiedersehen, und euer Herz wird sich freuen, und eure Freude nimmt niemand von euch. Und an jenem Tag werdet ihr mich nichts fragen"* (Joh 16,20.22-23).

Diese letzte Verwandlung von unserer Traurigkeit in die nie endende Freude steht noch aus. Sie ist noch eine gewaltige Steigerung der Freude, die die Christen zu Pfingsten und danach erlebten, als der Heilige Geist über sie ausgegossen wurde. Die zukünftige ungetrübte Freude ist Teil der Hoffnungsgewissheit, die der Heilige Geist als Tröster heute in unsere Herzen pflanzt. Diese lebendige Hoffnung lässt uns nicht zerschellen an Bergen von Sorgen und Klippen von Widerwärtigkeiten. Jedoch erst vor dem Thron der Herrlichkeit werden wir all die Rätsel unserer irdischen Existenz verstehen.

Diese Hoffnung lässt uns nicht zerschellen an Bergen von Sorgen und Klippen von Widerwärtigkeiten.

Was werden wir im Himmel sein?

„Meine Existenz im Himmel beginnt mit dem Moment, in dem ich Gott unverhüllt schauen werde. Darauf läuft unser Leben zu: IHN zu sehen.

> *„Geliebte, jetzt sind wir Kinder Gottes, und es ist noch nicht offenbar geworden, was wir sein werden; wir wissen, dass wir, wenn es offenbar werden wird, ihm gleich sein werden, denn wir werden ihn sehen, wie er ist"* (1.Joh 3,2).

Im Himmel werde ich all das in Vollendung sein, was ich hier auf dieser Erde schon verborgen in Christus bin (Röm 8,30; Eph 2,6; Kol 3,3-4). Hier und heute erlebe ich die vielen Vorzüge meiner Gotteskindschaft jedoch nur bruchstückhaft. Doch Christus lebt in mir, „die Hoffnung der Herrlichkeit" (Kol 1,27). Dort werde ich, wie schon jetzt, das geliebte Kind des Vaters sein, versehen mit göttlicher Herrlichkeit und Autorität. Alle Verheißungen der Bibel für mich in Bezug zur Ewigkeit werden dann an mir sichtbare Realität sein. In einer völlig neuen Existenzweise werde ich alle irdischen Beschränkungen von Raum und Zeit hinter mir lassen. Erfüllt mit einer unbeschreiblichen Freude komme ich zu meiner ewigen Bestimmung. Frei von allen Zweifeln und aller inneren Zerrissenheit kann ich meinen Gott schauen und anbeten. Tiefer Friede wird mein Sein vor Gott durchdringen. Nie mehr muss ich um Liebe und Anerkennung buhlen. Gottes Wesen wird mein Wesen sein. Frei von aller Geltungssucht kann ich mit anderen Kindern Gottes allein Gottes Ehre suchen.

In tiefem Frieden und frei von aller inneren Zerrissenheit kann ich Gott schauen und anbeten.

Welch ein riesiger Ballast wird dort von uns abfallen! Eine uns unbekannte Leichtigkeit „beflügeln". All das Mangelhafte, das Unvollkommene und das Versagen kann uns nie mehr beschweren. Dort werden wir vor Gott und anderen ohne jede Minderwertigkeit sein. Alles Fehlerhafte, Ungenügende, Kümmerliche und Stümperhafte wird von uns abgestreift sein – für immer. Wir sind frei von aller schnöden Eitelkeit und Ehrabschneiderei! Keine Defizite mehr im Charakter, keine Defekte mehr in den Genen. „Der Lahme wird springen wie ein Hirsch und die Zunge des Stummen jauchzen", sagt die Bibel (Jes

35,6). Nichts Schwaches und Unvollkommenes wird unsere Existenz dort beeinträchtigen.

Endlich sind wir frei von aller Angst, die uns mit ihren tausend Gesichtern so sehr beherrschte. Deshalb hat unsere Persönlichkeit im neuen Leib eine nie gekannte Stabilität und Sicherheit. Eine Geborgenheit in ungekanntem Ausmaß durchdringt unseren Geist. Nie mehr steigen unheilvolle Befürchtungen in uns hoch. Es gibt keine bedrückende Vorausahnung oder Erwartung von Schicksalsschlägen. Alles Dunkle, Böse und Sündige haben wir für immer hinter uns gelassen. Für keinen Gedanken müssen wir uns vor Gott schämen. Vergebung brauchen wir nicht mehr zu suchen. Das, was uns in dieser Welt unbedeutend und klein erscheinen ließ, wird für alle Ewigkeiten in der Versenkung verschwinden. Gott erhöht uns in einem unvorstellbaren Ausmaß. Ganz so, wie es seinem Charakter entspricht. Er belohnt doch so gerne das Niedrige, Schwache, das sich ihm zuwendet. Er macht das so gerne groß, was nichts vor der Welt bedeutete (1.Kor 1,26-29). War sein Sohn nicht der Unansehnlichste und Verachtetste (Jes 53,2-3)?!

Endlich sind wir frei von aller Angst, die uns mit ihren tausend Gesichtern so sehr beherrschte.

Wir werden uns baden in dem Meer der Liebe Gottes. Tag und Nacht schauen wir in sein freundliches Angesicht. Seine warmen und gütigen Augen strahlen uns an und wir erkennen, was für ein einzigartiger Gott sich über uns erbarmte und uns errettete. Wenn er zu uns sagen wird: „Du frommer Knecht, gehe ein in des Herrn Freude" (Mt 25,21.23), werden wir eine Welt betreten, die uns in die fortwährende Anbetung treibt. Hier wird uns klar: Solche Herrlichkeit konnten wir uns nie erarbeiten. Sie konnte uns nur aus Gnade zugesprochen werden.

Angesichts all des unverdient Guten haben wir das unwiderstehliche Bedürfnis, uns vor ihm niederzuwerfen (Off 4,10). Danksagung und Lobpreis durchdringen unser Herz vor seinem Thron bis in die letzten Schichten unseres neuen Seins. Dort erleben wir die umfassende Freiheit von aller Ichverseuchung und Ichumkreisung. Wir können endlich aufrichtigen Herzens sagen: „DU bist würdig." Keine versteckte Eitelkeit kann uns vor ihm befallen, kein Wort vernichtender Kritik uns dort ins Mark treffen. Wir sind sicher, wir sind zu Hause beim Vater. Worte der tiefen Anerkennung und Anbetung quellen aus unserem Mund. Übersprudelnde Freude treibt uns an, ihm Tag und Nacht zu dienen. Ohne Ermüdung. Ohne Langeweile. Die Verehrung unseres geliebten Gottes mit allen Fasern unseres neuen Seins wird unser tiefstes Bedürfnis sein. Wir sehnen uns besonders danach, ihm ewig zu danken für Golgatha. Dem Vater für die Hingabe seines innig geliebten Sohnes. Und Jesus für das Opfer seines Leibes und Lebens. Wozu tat er das? Nur um uns den Weg zu dieser nie endenden Herrlichkeit zu ebnen. Gerade für diese zukünftige Wirklichkeit gelten die Worte aus *„Der Kleine Prinz"* von *Antoine de Saint-Exupéry (1900–1944):* „Man sieht nur mit dem Herzen gut. Das Wesentliche ist für die Augen unsichtbar."

Am Ende seines bewegten Lebens schrieb der schwedische Dichter August Strindberg (1849–1912), als Ergebnis seines Ringens: „Rein herausgesagt, ich schreibe mein ganzes Unglück der einen Tatsache zu, dass ich gottlos gewesen bin. Ein Mensch, der die Verbindung mit Gott abgebrochen hat, kann keinen Segen empfangen. Alles Gerede davon, dass jeder seines eigenen Glückes Schmied sei, ist Spreu. ‚Wenn der HERR nicht das

In Bezug zu Jesus und dem Himmel können wir nur in Untertreibungen sprechen.

Haus baut, so arbeiten die Bauleute umsonst', das ist die ganze Wahrheit." Dem kann man eigentlich nichts mehr hinzufügen.

Bei all meinen Ausführungen über die Ewigkeit wird mir immer klarer, dass wir in Bezug zu Jesus und dem Himmel nur in Untertreibungen sprechen können. Die Vergleiche und Bilder der Bibel über die Ewigkeit, den Himmel, wollen andeuten, dass etwas unbeschreiblich Beglückendes auf uns wartet: die ungehinderte Gemeinschaft mit unserem Schöpfer und Erlöser. So dichtet der dänische Philosoph und Theologe Sören Kirkegaard (1813–1855) und gab damit seiner Ewigkeitshoffnung Gestalt:

„Noch eine kleine Zeit, dann ist's gewonnen,
dann ist der ganze Streit in Nichts zerronnen.
Dann kann ich laben mich an Lebensbächen
und ewig, ewiglich mit Jesus sprechen."

„Ein Tag, der sagt dem andern"

Ein Lied von Gerhard Tersteegen (1697–1769) soll dieses Buch beenden. Es weist uns noch einmal die Spur in dieser Welt hin zu dem ewigen himmlischen Ziel. Ich fand es im Internet unter „Kindergebetelied". Auch wenn die Sprache etwas altbacken und unmodern klingt, so sind doch die geistlichen Wahrheiten in diesem Gedicht auf klassische Weise dargelegt:

1. *Nun sich der Tag geendet,*
mein Herz zu Dir sich wendet
und danket inniglich.
Dein holdes Angesichte
zum Segen auf mich richte,
erleuchte und entzünde mich!

2. *Die Zeit ist wie verschenket,*
drin man nicht Dein gedenket,
da hat man's nirgend gut;
weil Du uns Herz und Leben
allein für Dich geben,
das Herz allein in Dir auch ruht.

3. *Ich schließe mich aufs Neue*
in Deine Vatertreue
und Schutz und Herze ein.
der Finsternis Geschäfte
und alle bösen Kräfte
vertreibe durch Dein Nahesein!

4. *Dass Du mich stets umgibest,*
dass Du mich herzlich liebest
und rufst zu Dir hinein,
dass Du vergnügst alleine
so wesentlich, so reine,
lass früh und spät mir wichtig sein!

5. *Ein Tag, der sagt dem andern,*
mein Leben sei ein Wandern
zur großen Ewigkeit.
O Ewigkeit, so schöne,
mein Herz an Dich gewöhne,
mein Heim ist nicht in dieser Zeit!

(Gerhard Tersteegen (1697–1769))

Weitere Titel von Helmut Blatt

Josua – in der Wüste gereift
Auf welchen Wegen Gott unsere Persönlichkeit entfaltet
ISBN 978-3-86122-855-4
288 Seiten, gebunden

Eine reife Persönlichkeit ist ein Mensch, der gelernt hat, auf ungesunde Verhältnisse gesund zu reagieren. Darum packt auch Gott die Geschenke, die er Ihnen macht, des Öfteren in ein Problem ein. So kommt er an sein Ziel mit Ihrem Leben: Sie entwickeln einen reifen Charakter, mit dem Sie Gott ehren und anderen zur Hilfe werden. Den spannenden und umkämpften Weg eines Menschen zu diesem Ziel beschreibt die Bibel an der Person des Josua. Diese große Gestalt des Alten Testaments meisterte unter widrigsten Umständen das Leben in der Wüste. So wurde Josua zu dem Mann, wie Gott ihn gedacht hatte. Seine Schwächen verwandelte Gott in Stärken, seine Unsicherheit in einen festen Charakter.

... nicht gegen Fleisch und Blut
ISBN 3-86122-743-6
328 Seiten, gebunden

Biblische Wahrheiten vertreten wir gemeinhin so lange, wie sie uns in den Augen unserer Zeitgenossen nicht lächerlich machen. Wie lange stehen wir zum biblischen Bild vom Menschen als einer vom Teufel angefochtenen Kreatur? Helmut Blatt führt seine Leser in diesem grundlegenden Bibelstudium zu einem ebenso gelassenen wie wachsamen und konsequenten Umgang mit dem „Fürst dieser Welt“ und seinen Machenschaften.

Jerry Bridges
Gott vertrauen
ISBN 978-3-86827-254-3
192 Seiten, Paperback

Leid ist ein schwieriges Thema. Wir alle sehen uns im Lauf unseres Lebens damit konfrontiert. Und auch wenn wir wissen, dass Gott unser Leben in seiner Hand hält, fällt es uns in Krisensituationen oft schwer, ihm vollumfänglich zu vertrauen. Leidvolle Erfahrungen wie eine Fehlgeburt, Arbeitslosigkeit, ein Autounfall, Probleme mit den Kindern, einem ungerechten Vorgesetzten u.a. vergraben wir oft tief in unserem Herzen.

Dieses Buch – voller Zuversicht, Trost und Rat! – will Gottvertrauen wecken. Es will uns ins Herz schreiben, dass Gott in allen Situationen der Herr unseres Lebens ist und alle Umstände und schmerzvollen Geschehnisse letztlich zu ihrem Besten führen wird.

John Stott
Das Kreuz
Zentrum des christlichen Glaubens
ISBN 978-3-86827-090-7
528 Seiten, Paperback

Das Kreuz ist das zentrale Symbol des christlichen Glaubens. Was genau es damit auf sich hat und warum Christus sterben musste, ist vielen Menschen aber unbekannt. Stott erklärt tiefgründig und doch allgemein verständlich die Bedeutung des Kreuzes.
In seiner sorgfältig angelegten Studie kombiniert der Autor eine hervorragende biblische Auslegung mit dem packenden Ruf an jeden Christen, in der Nachfolge des Gekreuzigten zu leben. Gleichzeitig geht er auf moderne Anfragen an die biblische Lehre des stellvertretenden Sühnetodes ein. In der englischsprachigen Welt avancierte das Buch zum Bestseller und wurde zu einem modernen Klassiker.

Stefan Kürle,
Wolfgang Winkler (Hrsg.)
Ich male meine Freude an den Himmel
Mutmachende Andachten für jeden Tag des Jahres
560 Seiten, Paperback

Auf dem Rückweg von einer Indianerkonferenz saß Alfredo neben mir auf dem Beifahrersitz unseres vollbesetzten Landrovers. Es war windig, kalt und dunkel. Ich schaltete die Heizung an und eine angenehme Wärme breitete sich aus. Alfredo wurde immer unruhiger und sah sich überall um. Nach einiger Zeit fragte er mich sichtlich verwirrt: „Wo hast du dein Feuer gemacht?“
Erst verstand ich nicht, doch dann ging mir ein Licht auf: Er meinte die angenehme Wärme im Wagen. Natürlich, wenn ihm kalt war, machte er in seiner Strohhütte ein Feuer und setzte sich daneben. Dass man in einem fahrenden Auto so etwas auch tun konnte, hatte er bis dahin noch nicht erlebt. Als ich ihn nach 2 Stunden Fahrt vor seiner Hütte absetzte, meinte er: „Ich steige nicht aus, dein Feuer gefällt mir!“

Geht es uns nicht manchmal auch so? Wir haben feste Vorstellungen, wie alles funktioniert oder wie Gott uns helfen sollte. Aber er geht oft ganz andere Wege, um uns zu „erwärmen“. Trauen wir es Gott zu, über unser Verstehen hinaus in unser Leben hineinzuwirken?